Klaus Weyer

Der Aufstieg der Karolinger

Die neuen Erkenntnisse

Klaus Weyer

DER AUFSTIEG DER KAROLINGER

Die neuen Erkenntnisse

Bibliografische Information der Deutschen Nationalbibliothek: Die Deutsche Nationalbibliothek verzeichnet diese Publikation in der Deutschen Nationalbibliografie; detaillierte bibliografische Daten sind im Internet über http://dnb.dnb.de abrufbar.

Umschlagabbildung Frontseite: Eddana, wohl ein Hedene, diktiert die Lex Ribuaria. Cod. Modena. Bild-Ausschnitt Biblioteca Capitolare, O.I.2, fol. 30r. Layout: Klaus Weyer, Kreuzwertheim

Lektorat und Register: Karola Wollein

Verlag: BoD · Books on Demand GmbH, Überseering 33, 22297 Hamburg, bod@bod.de

Druck: Libri Plureos GmbH, Friedensallee 273, 22763 Hamburg

ISBN: 978-3-8192-2722-6

Inhaltsverzeichnis

Einleitung

Schon wieder ein Buch über die Karolinger, denken jetzt bestimmt viele. Doch dieses Buch ist anders als die anderen. Ja, das sagen auch viele.

Fakten zählen, sonst nichts, überzeugen Sie sich selbst.

Das hervorragende Marketing und die wenigen Quellen, die zudem weitgehend aus dem Umfeld der siegreichen Partei der Karolinger stammen, bewirkten, dass im Laufe der Zeit die Merowinger als die Dummen und Einfältigen in der Geschichte dargestellt wurden, die Karolinger selbst wurden natürlich verherrlicht. Auch heute noch.

Dieses Buch berichtet über den rücksichtslosen Aufstieg beider Gruppen. Von den Merowingern und deren Nachfolgern, den Karolingern.

Beide hatten viele Gemeinsamkeiten.

Beide beherrschten das Kriegshandwerk per Excellence.

Beide benutzen die katholische Kirche für ihren Aufstieg. Wobei die Karolinger mit Pippin dem Jüngeren ab 751 in die Abhängigkeit des Papsttums gerieten.

Beide hatten einen außerordentlichen Machtinstinkt in der ersten Hälfte ihrer Herrscherzeit.

Beide schlossen rücksichtslose Bündnisse.

Beide schreckten vor nichts zurück, auch nicht vor dem Leben von Verwandten.

Eine zeittypische Brutalität war an der Tagesordnung. Die Westgoten, Vandalen, Hunnen und die Ostgoten praktizierten sie vorzüglich.

Der Aufstieg der Merowinger begann 482 n. Chr. mit Chlodwig I. und endete 751 mit der Absetzung des letzten Merowinger König Childerich III. durch den Karolinger Pippin den Jüngeren, mit Unterstützung der Kirche. Wobei die Merowinger sich größtenteils auch selbst dezimierten. Vor allem Fredegunde und ihr Sohn Chlothar II. ließen viele Verwandte umbringen.

7

Untersucht wird vor allem Ostfranken. Es gehörte seit ca. 500 n. Chr. zum Reich der Merowinger.

Die Beziehungen der Karolinger zu den Merowingern, Langobarden, Agilolfinger, und zu dem Herzoghaus der Hedenen, werden betrachtet. Auch die irischen Missionare, Kilian mit seinen Begleitern Kolonat und Totnan, fehlen nicht. Und letztendlich die Bistumsgründungen von Bonifatius unter Hausmeier Karlmann.

Auch über den Einfluss der Kirche mit den beteiligten Päpsten und angelsächsischen Missionaren Willibrord, Bonifatius, Burkard und Willibald wird berichtet. Die Kirche tolerierte die Polygamie und das Konkubinat der Großen. Und noch viel mehr.

Es wird dann der Bruderkampf zwischen den karolingischen Hausmeiern Pippin den Jüngeren und seinem älteren Bruder Karlmann untersucht. Auch die Ablösung der Merowinger Könige durch einen Staatsstreich des Karolinger Pippin den Jüngeren. Bei beiden erhielt Pippin Hilfe von Papst Zacharias und Bischof Burkard von Würzburg.

Nicht zu vergessen, der karolingische Bruderkampf in der nächsten Generation zwischen den Königen Karl I. (dem späteren Großen) und seinem Bruder König Karlmann.

Der Aufstieg der Karolinger, vom Hausmeier der Merowinger, bis zur Ablösung der Merowinger als Frankenkönige, konzentriert sich in diesem Buch auf den Zeitraum bis in die 780 Jahre.

Ich wünsche Ihnen viel Spaß beim Lesen.

Kreuzwertheim, im Mai 2025
Klaus Weyer

1. Ohne Merowinger keine Karolinger

Die Urkunden und die historischen Quellen der Merowinger sind spärlich. Man kennt um die 31 historischen Quellen. [1] Die wichtigsten sind: Gregor von Tours, Decem libri historiarum; [2] den sog. Fredegar, Chronicae, [3] und die Liber historiae Francorum. [4]

Von den merowingischen Königen, sind 196 Urkunden überliefert, davon 38 echte aus der Zeit von 625 bis 717. Alle Merowinger Urkunden hat Theo Kölzer in seinem Buch aufgelistet, [5] und auch auf MGH DD Merov. 1 zur Verfügung gestellt. Auf MGH DD Arnulf., führt Ingrid Heidrich die Urkunden der Arnulfinger ab um 650 auf: Echte 1-24, Gefälschte 25-36, Deperdita [6] 37-93. Und bei den karolingischen Regesten findet man den ersten Eintrag als Arnulf - RI I n. c, von 613. [7]

482 folgte der 16-jährige Merowinger Chlodwig I. seinem Vater Childerich auf den Thron. Childerich war ein salfränkischer König und römischer Foederatenoffizier mit Sitz in Tournai. Bischof Remigius von Reims gratulierte Chlodwig zur Übernahme der administratio Secundae Belgicae. [8] Die Belgica II war die Keimzelle des merowingischen Frankenreichs.

Chlodwig, der um 466 geboren wurde, hatte drei Schwestern, und war zwei Mal verheiratet. Aus seiner ersten Ehe mit einer Adligen der rheinischen Franken stammte Theuderich I., geb. vor 484. Aus seiner zweiten Ehe mit der katholischen Hrothehildis/Chlothilde von Burgund, der Tochter des König Chilperich II. von Burgund, die er mit 27 Jahren 493 heiratete, hatte Chlodwig weitere fünf Kinder, eine Tochter Hrotehildis, geb. um 499, und vier Söhne. Ingomer wurde 494 geboren, starb jedoch schon 497. Chlodomer wurde um 495 geboren, Childebert I. um 497, und Chlothar I. um 501.

Ende des fünften und Anfang des sechsten Jahrhunderts dehnte der Merowinger König Chlodwig I. seine Macht immer weiter nach Süden

---

[1] Kaiser, Reinhold; Scholz, Sebastian: 2012.
[2] https://bkv.unifr.ch/de/works/cpl-1023/versions/zehn-bucher-frankischer-geschichte/divisions/3 (abgerufen 04.12.2024)
[3] https://www.geschichtsquellen.de/werk/2355 (Bearb.-stand: 09.04.2024)
[4] https://www.geschichtsquellen.de/werk/3346 (Bearb.-stand: 12.04.2024)
[5] Kölzer, Theo; Hartmann, Martina; Stieldorf, Andrea: 2001.
[6] Eine nicht überlieferte Urkunde, die aber aus anderen Quellen erschlossen werden kann.
[7] RI I n. c, in: Regesta Imperii Online, Abgerufen am 07.08.2023,
URI: http://www.regesta-imperii.de/id/0613-00-00_1_0_1_1_0_3_c.
[8] Epistulae Austrasicae nr. 2

und Osten aus. Er besiegte 486, zusammen mit dem fränkischen Teilkönig Ragnachar von Cambrai, den letzten römischen Heerführer Dux Syagrius, den er dann nach dessen Flucht zu den Westgoten und anschließender Auslieferung, nach 486 hinrichtete. Die Truppen Syagrius wurden in Chlodwigs Heer eingegliedert. Ragnachar und seine Brüder Richar und Rignomer wurden nach 490 von Chlodwig getötet. [9]

Chararich, ein salfränkischer Kleinkönig und Verwandter Chlodwigs, unterstützte Chlodwig nicht bei dessen Kampf gegen Syagrius (486/87). Chararich und sein Sohn wurden danach gezwungen Priester zu werden. Nachdem sie einen Aufstand planten, ließ Chlodwig beide ca. 508 enthaupten.

Der Sieg der Franken unter dem Merowinger König Chlodwig I. über die Alamannen bei Tolbiacum, heute Zülpich, war um das Jahr 496/97. Fast das gesamte Gebiet zwischen Rhein-, Main- Altmühl- und Neckar ging nach dem Sieg in fränkisch-merowingischen Fiskalbesitz über.

Zusammen mit Sigibert von Köln, lokaler Frankenkönig von ca. 460-508, besiegte Chlodwig die Alamannen. Nach der sagenhaften Überlieferung bei Gregor von Tours stiftete Chlodwig, Sigiberts Sohn Chloderich, zum Vatermord an und ließ Chloderich anschließend mit einer Axt erschlagen.

Auf der einen Seite skrupellos, auf der anderen Seite ließ Chlodwig zu, dass seine Schwester Audofleda, sich vor ihrer Verheiratung mit dem ostgotischen Arianer Theoderich den Großen im Jahr 493, nach dem arianischen Christentum taufen ließ. Bestimmt eine strategische Entscheidung von ihm.

498 ließ sich Chlodwig I. selbst, zusammen mit 3.000 Franken, von Bischof Remigius in Rheims taufen. Bei der Taufe sprach Bischof Remigius zu Chlodwig: „Beuge nun, stolzer Sugambrer [10] dein Haupt und unterwirf es dem sanften Joche Christi! Bete an, was du bisher verbrannt hast, und verbrenne, was du bisher angebetet hast!". Remigius gilt seitdem als *"Apostel der Franken"*.

---

9 Gregor von Tours: Decem Libri Historiarum, 2. Buch, Kap. 42.
10 Die Sugambrer wurden um 55 v. Chr. von den Römern als rechtsrheinischer Germanenstamm erwähnt. Cassius Dio spricht bei der Schilderung des Drusus-Feldzuges 11 v. Chr. im Buch 54, Kapitel 33: „Zu Anfang des Frühlings rückte er wieder ins Feld, setzte über den Rhein und unterwarf die Usipeter, schlug sodann eine Brücke über den Lupia (Lippe), fiel ins Land der Sigambrer ein und rückte durch dasselbe in das Cheruskerland bis an den Bifurgis (Weser)". 8 v. Chr. wurden die Sugambrer von Tiberius besiegt und linksrheinisch in die Gegend von Xanten umgesiedelt.

Der Legende nach soll Chlodwig, während einer scheinbar verlorenen Schlacht gegen die Alemannen, versprochen haben, die christliche Religion anzunehmen, wenn Jesus Christus ihm helfen würde den Sieg zu erringen. Der Vertrag, den Chlodwig mit den Vertretern der römisch-katholischen Kirche abschloss, lässt aber eher taktische Motive vermuten. Dies sicherte ihm auch die Unterstützung der mächtigen römisch-katholischen Kirche und der gallo-römischen Aristokratie in den von Burgundern und Westgoten besetzten Gebieten. Die Westgoten hatten eigentlich die besseren Voraussetzungen. Der kluge Pakt mit der katholischen Kirche verhalf Chlodwig schließlich sich langfristig als Sieger durchzusetzen. Papst von 498-514 war Symmachus, Gegenpapst von 498-506 war Laurentius.

Im Jahr 500 scheiterte die Eroberung des Burgunderreichs, am Widerstand der mit den Burgundern verbündeten Westgoten. 507 besiegte Chlodwig im Spätsommer die Westgoten in der Schlacht von Vouillé bei Poitiers auf den vogladensischen Feldern und erschlug eigenhändig deren König Alarich II. König Alarich war mit der Tochter seines Schwagers Theoderich des Großen verheiratet.

Im gleichen Jahr verheiratete er seinen Sohn Theuderich mit der Burgunderprinzessin Suavegatte, verbündete sich mit den Burgundern und drang bis an die Garonne vor.

Zur inneren Festigung seines fränkischen Reiches ließ er zwischen 507-511 das Stammesrecht in der Lex Salica kodifizieren. [11] Seine eigene Stellung stärkte er durch die planmäßige Ausrottung potenzieller Konkurrenten, einschließlich naher Verwandter, innerhalb des fränkischen Adels.

Ein weiterer politischer Schachzug Chlodwigs war die Legitimierung seiner Herrschaft durch den oströmischen Kaiser. Im Jahre 508 bekam er die Insignien eines römischen Konsuls und zog in die neue Hauptstadt Paris ein.

Am 10. Juli 511 ordnete er mit 32 Bischöfen, auf der Synode von Orléans, die kirchlichen Angelegenheiten der Franken und legte die Grenzen der Bistümer fest, die Großteils auch heute noch Gültigkeit haben. Er strebte eine Versöhnung der Katholiken mit den Arianern an, sowie eine saubere Trennung zwischen Klerus und Laien.

---

[11] Karl Ubl schlägt seit 2017 eine Entstehung bereits zwischen 475 und 487 vor.

Nach Chlodwigs Tod am 27. November 511, wurde sein Reich auf die vier Söhne Theuderich, Chlodomer, Childebert, und Chlothar I., aufgeteilt. Zu dem Gebiet von Theuderich I. gehörte auch Mainfranken. [12]

Von 523 bis 561

Die Söhne Chrodechilds, unter der Führung des Chlodomer, griffen 523 das Burgunder-Reich an. Sie schlugen den König Sigismund, der dann durch Verrat in ihre Hände fiel und auf das Geheiß von Chlodomer samt Familie getötet wurde. Im folgenden Jahr wendete sich jedoch das Blatt. Sigismunds Bruder und Nachfolger Godomar besiegte die Franken in der Schlacht bei Vezeronce bei Vienne, in der Chlodomer 524 fiel.

Chlodomer hatte drei unmündige Söhne hinterlassen, deren sich die Großmutter Chrodechilde annahm. Sie vertrat das Erbrecht ihrer Enkel. Childebert und Chlothar bemächtigten sich der Neffen, unter dem Vorwand, sie zu Königen zu erheben. Childebert wollte die Söhne des Bruders vielleicht zu Klerikern "scheren" lassen, um sie auf diese Weise von der Erbfolge auszuschalten; Chlothar erschlug die beiden älteren jedoch mit eigener Hand. Chlodoald, der Jüngste, wurde von den Seinen gerettet. Er trat in den Klerus ein und gründete später die nach ihm benannte cella St. Cloud bei Paris. [13] Chlothar I. nahm sogar Guntheuca, die Witwe von seinem Bruder Chlodomer, zur Frau.

Das thüringische Königshaus war verwandtschaftlich eng mit Theoderich dem Großen verbunden, seit März 493 war er König der Ost-Goten und Römer mit Sitz in Ravenna. Die Thüringerkönigin Amalberga war die Nichte von Theoderich. Nach dem Tod von Theoderich im Jahr 526 sahen die Merowinger wohl eine günstige Gelegenheit dessen Bündnispartner, das Thüringer Königsreich, zu erobern. Der erste Versuch im Jahr 529 missglückte. Doch schon 531 besiegten die Söhne Chlodwigs, Theuderich I. (König 511-533) und Chlothar I. (König 511-561), zusammen mit den Sachsen, das Thüringerreich unter König Herminafried in der Schlacht an der Unstrut. Einige Mitglieder der thüringischen Königsdynastie, unter anderem Radegundis die Nichte vom König und ihr jüngerer Bruder, wurden in das Westreich Chlothars I., nach Soissons, verschleppt. König Herminafrid und seine Frau Amalaberga gelang die Flucht zusammen mit ihrem Sohn Amalafrid.

---

[12] Eine farbige Aufteilung des Frankenreichs von 511: Map Gaul divisions 511-de.svg auf Wikimedia Commons, nach dem Original von Paul Vidal de La Blache, Allgem. Atlas der Geschichte und Geografie (1894).
[13] Ewig, Eugen: 1993.

531 wurde das thüringische Königshaus dann endgültig von den Franken eliminiert. Der Thüringerkönig Herminafried, der sich verbarg, wurde in das linksrheinische Zülpich gelockt und dort 534 umgebracht, in dem man ihn hinterhältig von einer Mauer stürzte. Die Franken waren nun alleinige Herrscher im Maingebiet und Thüringen. Amalaberga und Amalafrid gelang es, sich zunächst nach Norditalien und schließlich nach Byzanz in Sicherheit zu bringen.

531 befreite Childebert I. seine Schwester Hrotehildis aus der Ehe mit dem Schwager Amalarich II., westgotischer König. Er misshandelte seine Schwester wegen ihres katholischen Glaubens. Amalarich verlor gegen Childebert I. in einer Schlacht bei Narbonne, Amalarich floh nach Barcelona und wurde dort von den eigenen Leuten 531 ermordet.

Der Frankenkönig Chlothar I. hat die ca. 16-jährige Radegundis, nach dem Tod seiner Hauptfrau, gegen Radegunds Willen im Jahr 536 geheiratet. Sicherlich um seine Ansprüche auf das ehemalige Thüringerreich zu legitimieren.

Die Christianisierung im Maingebiet und Thüringen wurde damals vom Bistum Mainz vorangetrieben. Das Christentum kam mit den Römern nach Mainz. Seit 313 garantierte die Mailänder Vereinbarung von Kaiser Konstantin den Großen, im ganzen römischen Reich die Religionsfreiheit. Der ganze Spessart und Mainfranken gehörte zu dieser Zeit aus Missionssicht gesehen, zum Bistum Mainz. In einer schmalen Schneise reichte das Mainzer Bistum noch bis zum Jahre 1007 [14] über Kleinrinderfeld und Kist bis ins hintere Steinbachtal bei Würzburg. Dies zeugt davon, dass Mainfranken schon vor der Gründung des Bistums Würzburg, von Mainz missioniert wurde.

Funde aus Reihengräbern in –heim Orten aus dem Main-Tauber Gebiet ergaben, dass sie teilweise bereits in der ersten Hälfte des 6. Jahrhunderts bestanden haben und von der frühen Christianisierung in Ostfranken zeugen.

1983 fand Fridolin Beßler ein Gräberfeld der Merowingerzeit auf seinem Hof in Zeuzleben. Eine minutiöse und methodisch sorgfältige Analyse von Arno Rettner zeigt, dass die Funde nicht eindeutig einer Region zuzuweisen sind. Zeitlich wird das Gräberfeld ab 530 bis ca. 600 eingeordnet. Rund 75 Grabanlagen wurden gefunden, neben den Gräbern der Menschen wurden auch einige Tiergräber (mindestens 15 Pferde und vier Hunde) gefunden. Dabei handelt es sich wohl um einen rituellen

---

[14] Nach F. J. Bendel.

Opferbrauch, die Pferde waren in der Regel enthauptet. Das Zentrum des Gräberfeldes bildete ein Grab-Haus mit einer Adelsgrablege. Eine etwa fünfunddreißigjährige Frau lag in der etwa 5,20 m langen und 3,20 m breiten Grabkammer auf einen vierrädrigen Wagen gebettet. [15]

Theudebert I., der Sohn von Theuderich I., herrschte von 533 bis zu seinem Tod im Jahre 547/48 in dem Reichsteil, der später als Austrasien bezeichnet wurde. Also in Ostfranken, zu dem auch Mainfranken gehörte. Er förderte das Christentum, wie man auf der Münze deutlich sehen kann. Siehe Abb. 1.

Das widerspricht der späteren Aussage der Karolinger und der Kirche. Sie behaupteten, dass Mainfranken zur Zeit der Hedenen, nicht christlich war. Eine Erfindung? Ja, ist die Antwort des Autors. Später mehr dazu.

Um 549 heiratete Chilperich I., der Sohn von Chlothar I., seine erste Frau Audovera und hatte mit ihr 3 Söhne und 2 Töchter. 16 Jahre später, im Jahr 565, verstieß er sie und begann ein Verhältnis mit der Konkubine Fredegunde, einer Magd von Audovera.

561, unmittelbar nach dem Tod von Chlothar I., bemächtigte sich Chilperich des Thronschatzes und der Stadt Paris. Seine drei Halbbrüder verbündeten sich jedoch gegen ihn und vertrieben ihn aus Paris. Danach führten sie zu viert, laut Gregor von Tours, eine dem merowingischen Brauch entsprechende Reichsteilung durch. Sigibert erhielt den Osten = Austrien, Chilperich den Norden, Charibert den Süd-Westen und Gunthram den Süd-Osten. Siehe Tab. 1.

Von 566 bis 613.

Sigibert heiratete 566 die westgotische Prinzessin Brunichild. Sein Bruder Chilperich I. heiratete ein Jahr später, 567, Gailswintha, die Schwester von Brunichilde. Seine erste Frau Audovera, hatte er 2 Jahre vorher verstoßen und hatte seitdem Fredegunde als Geliebte. Gailswintha wurde aber schon 570/71 von Chilperich I. verstoßen und von Fredegunde ermordet. 571 heiratete Chilperich I. dann seine bisherige Konkubine Fredegunde.

Sigibert besiegte Chilperich I. im Jahr 575. Theudebert, der Sohn von Chilperich I. aus der ersten Ehe mit Audovera, fiel in der Schlacht. Daraufhin ließ Fredegunde dann Ihren Schwager Sigibert ermorden. Der ca. 5-jährige Childebert II., der Sohn von Sigibert I., wurde jetzt König von Austrien.

---

[15] Wamser, Ludwig: 1984.

576 heiratete Merowech, der Sohn von Chilperich I. aus der ersten Ehe mit Audovera, Brunichilde, die Witwe von Sigibert, in Rouen. Sein Vater eilte sofort nach Rouen und ließ Merowech das Haupthaar schneiden und wollte ihn in das Kloster Anninsola (Saint-Calais) bei Le Mans stecken. Er konnte mehrfach entfliehen. Die Kirche und Verbündete von Chilperich I. und Fredegunde verfolgten ihn. Als er nicht mehr weiterwusste, ließ er sich 577 von Freunden und Verbündeten umbringen, um nicht in die Hände seiner Feinde zu fallen. Einige Zeitgenossen behaupteten, dass Fredegunde ihren Stiefsohn Merowech ermorden ließ. Alle Anhänger von Merowech wurden daraufhin auf Veranlassung von Fredegunde hingerichtet.

577 adoptierte Gunthram Childebert II., den Sohn vom ermordeten Sigibert und seiner Frau Brunichilde. Brunichilde hielt sich jetzt bei Ihrem Sohn Childebert am Hof in Metz auf.

580 wurde Audovera und Chlodowech, der Sohn von Chilperich aus der ersten Ehe mit Audovera, von Fredegunde ermordet. Und 584 wurde Chilperich von seiner Frau Fredegunde ermordet. Gunthram stellte Fredegunde und Ihren wenige Monate alten Sohn Chlothar unter seinen Schutz.

Aber schon 587, im Vertrag von Andelot, wurde Fredegundes Sohn Chlothar, von der Erbfolge von Gunthram ausgeschlossen. Childebert II., der Sohn von Brunichilde und SigibertI., war der alleinige Erbe.

592 starb Gunthram mit ca. 60 Jahren. Childebert übernahm die Herrschaft von Burgund. Zwei Jahre später starb Gregor von Tours. Im März 596 starb Childebert mit 26 Jahren. Sein Sohn Theudebert II. (10 Jahre) erhielt Austrien. Der andere Sohn Theuderich II. (9 Jahre) Burgund. Brunichilde übernahm für die minderjährigen Enkel die Regentschaft.

Um 600, nach der Annäherung von Theudebert an Chlothar, verließ Brunichilde den austrasischen Hof, in Richtung Burgund zu Theuderich II. 610 ermordete Theudebert seine erste Frau Bilichildis eigenhändig.

612 bekriegten sich Theudebert und Theuderich. Der Sieger Theuderich ließ seinen Bruder und dessen Söhne töten. Dann rüstete Theuderich gegen Chlothar. Jedoch starb er mit 25 Jahren an der Ruhr. Laut der unglaubwürdigen Liber Historiae Francorum soll er von Brunichilde vergiftet worden sein. Daraufhin ließ Brunichilde 613 ihren 12-jährigen Urenkel Sigibert, ältester Sohn von Theuderich, zum König erheben. Jedoch hatte Brunichilde in Austrien und Burgund keinen Rückhalt mehr. Austrasische Adlige, wie Pippin der Ältere und Arnulf von Metz,

rebellierten und riefen Chlothar II. zum Angriff gegen Austrasien auf. [16]
Es gelang Brunichilde und Sigibert II., eine burgundische Armee gegen
Chlothar zusammenzuziehen; sie löste sich jedoch auf, als sie bei Châlons-
sur-Marne auf die gegnerischen Truppen stieß. Brunichilde floh, wurde
aber in Orbe von Chlothars Kämmerer Herpo ergriffen und ausgeliefert.
Chlothar wurde kampflos der Herrscher über das ganze Frankenreich. Er
ließ anschließend drei von vier Söhnen von Theuderich töten, nur sein
Patenkind Merowech überlebte. Chlothar folterte Brunichilde 3 Tage.
Dann wurde sie auf ein Kamel gesetzt und zum Spott dem Heer vorge-
führt. Anschließend wurde sie von wilden Pferden zu Tode geschleift.

623 erhob Chlothar II. seinen Sohn Dagobert I. zum Unterkönig in
einem Teil Austrasiens und bestimmte Arnulf von Metz und Pippin I. zu
dessen engsten Beratern. Arnulf zog sich 629 aus der Politik zurück, ins
Kloster Remiremont in den Vogesen. Der Tod Chlothars II., Ende 629,
beendete die Eigenständigkeit Austrasiens. Pippins Einfluss schwand. Als
Dagobert I. 632 das austrasische Unter-Königtum für seinen minderjährigen Sohn Sigibert III. (*629) erneuerte, gab er ihm neben Kunibert von
Köln noch den Dux Adalgisel als faktischen Regenten zur Seite, nicht Pippin. Urso, der Erzieher Sigiberts III., war ein Gegner von Pippin. Pippin
verheiratete 634 seine älteste Tochter Begga mit Ansegisel, dem Sohn von
Arnulf von Metz.

Eine neue Übersetzung der besonders dunklen Fredegarstelle IV, 61
bestätigt obige Aussage. Pippin der Ältere scheint um 633/34 politisch
entmachtet worden zu sein und sein Hausmeieramt an Adalgisel [17] verloren zu haben. „Fredegar wollte wohl in seiner Parteinahme für Pippin den
Amtsverlust kaschieren" Wunder, 50). [18] In dieser Zeit soll Pippins Tochter Gertrud, 638 ein Kloster in Karlburg am Main, bei Würzburg, gegründet haben. [19]

Erst nach dem Tod von König Dagobert I. am 19. Jan. 639 erlangte
Pippin erneut die austrasische Hausmeierwürde, starb aber wenig später
im Februar 640.

Dagobert I., von 629 – 639 letzter großer merowingischer König, förderte den [Bau] von Klöstern und Kirchen und dadurch die Christianisierung. In der Zeit Dagoberts existieren 3 größere Amtssprengel im östlichen Franken:

---

[16] Fredegar, Chronik IV, 40.
[17] Fredegar IV, 75. Adalgisel wird als Dux von 633/34 bis 645/68 genannt.
[18] Lexikon des Mittelalters: Band VI Spalte 2167
[19] Erwähnt in der jüngeren Vita des Burkard, Buch 2, Kapitel 4.

1.   Das Markenherzogtum Thüringen. Nach 630 wurde Radulf von König Dagobert I. zum Herzog von Thüringen ernannt.

2.   Das um Würzburg zentrierte mainfränkische Herzogtum. Nach 630 wurde Hruodi [20] von König Dagobert I. zum Herzog von Mainfranken ernannt.

3.   Und das Herrschaftsgebiet des Agilolfinger Fara um Aschaffenburg.

640 siegte Radulf gegen die Wenden, danach rebellierte er gegen dux Adalgisel und den minderjährigen König Sigibert III.

Beim Versuch, die Selbstständigkeitsbestrebungen von Radulf zu unterbinden, erlitt ein fränkisches Heer unter dux Adalgisel, Grimoald, Kunibert von Köln, Ansegisel und Chlodulf (die Söhne von Arnulf von Metz), Herzog Bobo, Alamannenherzog Leuthari und den 9-jährigen König Sigibert III., 641 eine schwere Niederlage an der Unstrut.

Fara, ein Agilolfinger und Verbündeter von Radulf, starb dabei. Wobei schon Chrodoald, der Vater von Fara, 625 mit Wissen des König Dagobert I., von Berthar, einem Parteigänger des Arnulfinger Pippin dem Älteren, ermordet wurde.

Ab 613 gab es keinen eigenen König von Burgund mehr. Chlothar II. vereinte Burgund mit Neustrien. Siehe Tab. 3.

Das Aussterben der Merowinger-Linien

Die männlichen Kinder von Chlodwig (+ 511) waren:

Theuderich I., geboren um 484, und eines natürlichen Todes gestorben 534. Sein Enkel Theudebald war kinderlos und starb nach langer Krankheit 555.

Ingomer, geboren um 494, als Kind schon gestorben vor 497.

Chlodomer, geboren um 495, 524 vom Burgunderkönig Godemar umgebracht. Zwei seiner drei minderjährigen Söhne, wurden von ihrem Onkel Chlothar I. umgebracht. Der Dritte flüchtete, und kam in ein Kloster.

Childebert I., geboren um 497, starb 558 eines natürlichen Todes, er hatte nur Töchter.

Die Linie Chlothar I., geboren um 501 von Mutter Chrodechilde, setzte sich durch. Die männlichen Kinder von Chlothar I. (+ 561) waren:

Chramn, geboren vor 518, wurde von seinem Vater Chlothar I., mit seiner ganzen Familie in einer Hütte verbrannt. Er, seine Frau Chaida, und die zwei Töchter, kamen 560 ums Leben.

---

[20] Eventuell auch Crodobert genannt.

Gunthar wurde um 518 geboren, er starb schon als Kind.

Childerich wurde 520 geboren, auch er starb schon als Kind.

Charibert I., geboren um 520, war ab 561 König vom Reich Paris. Er starb 567.

Gunthram, geboren 532, war ab 561 König von Burgund. Der letzte seiner vier Söhne, Gundobad, wurde 565 von seiner Stiefmutter Markatrude vergiftet. Gunthram selbst starb 592.

Wann Gundowald, der angeblich nicht eheliche Sohn von Chlothar I. geboren wurde, ist nicht bekannt. Als er 584 in Marseille zum König von Aquitanien ausgerufen wurde, ließ ihn Gunthram 585 ermorden, mitsamt seinen beiden Kindern.

Sigibert I., der Bruder von Chilperich I. wurde um 535/6 geboren. 561 war er König von Austrien, 575 wurde er von seiner Schwägerin Fredegunde ermordet. Seine Linie starb 613 aus, nachdem der achte Verwandte von ihm umgebracht wurde.

Die Linie Chilperich I., geboren 535 von Mutter Amegunde, setzte sich durch. Ab 561 war er König vom Reich Soissons. Und ab 567, nach dem Tod von Charibert I., entstand Neustrien, Chilperich I. war der König. 584 wurde er ermordet. Siehe Tab. 2.

Die männlichen Kinder von Chilperich I. (+ 584) waren:

Von seiner ersten Frau Audovera hatte er drei Söhne, Theudebert (* 548/52), Merowech (* 551/2) und Chlodowech (* um 565). Von den drei Söhnen aus Chilperichs erster Ehe überlebte keiner den Vater. Theudebert fiel 575 im Kampf gegen den Heerführer König Sigiberts. Chlodwig, der als Heerführer für Chilperich tätig gewesen war, geriet nach dem Tod seiner Brüder in Konflikt mit seiner Stiefmutter Fredegunde; er wurde 580 auf Befehl Chilperichs verhaftet und Fredegunde übergeben, die ihn in Noisy-le-Grand gefangen hielt und noch im selben Jahr ermorden ließ.

Für Gregor von Tours war Fredegunde, die dritte Frau von Chilperich I., „eine Feindin Gottes und der Menschen". Fredegunde war aufs Morden spezialisiert. 570/1 ermordete sie Gailswintha, die zweite Frau von Chilperich und Schwester von Brunichilde. 575 folgte Sigibert I., vierzehn Jahre König von Austrien, der Bruder von Chilperich I., und Mann von Brunichilde. Im Jahr 580 fielen drei weitere Personen ihr zum Opfer. Audovera, die erste Frau von Chilperich I., und ihr Sohn Chlowig, der wohl nach Merowechs Tod, erfolglos eine Rebellion gegen seinen Vater plante, mussten ihr Leben lassen. Die Tochter Basine, wurde als Nonne in der Abtei Sainte-Croix zu Poitiers gesteckt. 581 missglückte der Mordversuch von Chilperich I. an Childebert II., den Sohn von Sigibert I, und Brunchilde. Fredegunde vollendete ihr Werk: 584 ließ sie ihren Mann Chilperich I. ermorden. 588 misslang ihr Mordversuch gegen ihre eigene Tochter Rigunthe.

Von Fredegunde, die schon seit etwa 565 seine Konkubine gewesen war, hatte Chilperich I. fünf Söhne, von denen vier früh starben: Chlodobert (* 565; † 580); Samson (* 575; † 577); Dagobert († 580) und Theuderich (* 582; † 584).

Die Linie Chlothar II., geboren 584 von Mutter Fredegunde, setzte sich durch. Fredegunde verwaltete ab 584 bis zu ihrem Tod 597 das Königreich. Mit 13 Jahren wurde Chlothar II. 597 König. Ein Jahr vorher, wurde laut Paulus Diaconus, der einzige Sohn von Sigibert I. und Brunchilde, Childebert II. mit seiner Frau Faileuba 596 vergiftet.

Die männlichen Kinder von Chlothar II. (+ 629) waren:

Aus seiner ersten Ehe mit Haldetrud hatte Chlothar II., zwei mit Namen bekannte Söhne. Merowech, der 604 bezeugt ist, und Dagobert I. (* 603; † 639). Aus seiner zweiten Ehe mit Bertetrud hatte er einen weiteren Sohn, Charibert II.

Ab 610 dezimierte sich die Linie von Sigibert I. und Brunichilde selbst. Der Enkel Theudebert II. ermordete 610 seine Frau Bilichilde. Und 612 ermordete Theuderich II. seinen Bruder Theudebert II. und seine beiden Söhne Chlothar und Merowech. 613 wurde dann der Rest der Linie von Sigibert I. und Brunichilde, von Chlothar II. mit Unterstützung von Pippin I. eliminiert. Theuderich II. und seine drei Söhne Sigibert II., Childebert und Carbus wurden ermordet. Für Brunichilde ließen sie sich etwas Besonderes einfallen. Sie wurde mit Pferden zu Tode geschliffen. Fredegundes Sohn, Chlothar II., hatte das Werk seiner Mutter beendet.

Die Linie Dagobert I., geboren um 608 von Mutter Haltetrud, setzte sich durch.

Die männlichen Kinder von Dagobert I. (+ 639) waren:

Sigibert III., geboren 630, und Chlodwig II., geboren 633.

Es wird vermutet, dass sowohl Charibert (der Stiefbruder von Dagobert), als auch sein Sohn Chilperich, im Auftrag Dagoberts 632 ermordet wurden. Vorher, 630, ermordete Dagobert seinen Schwager Brodulf, der Charibert unterstützte.

Die Linie Chlodwig II. von der Mutter Nanthilde, setzte sich durch.

Die männlichen Kinder von Chlodwig II. (+ 657) waren:

Chlothar III., geboren um 650. Theuderich III., geboren um 652. Und Childerich II., geboren um 654.

656 ließ Hausmeier Grimoald, nach dem Tod von Sigibert III, dessen Sohn Dagobert II. in ein Kloster in Irland stecken.

Die Linie Childerich II., mit der Mutter Balthilde, setzte sich durch.

Die männlichen Kinder von Childerich II. (+ 675) waren:

Chilperich II., geboren 670, und Dagobert, geboren 671. 675 wurde Childerich II., seine schwangere Frau Bilichild, und deren Sohn Dagobert, von den Franken Bodilo, Amalbert und Ingobert umgebracht.[21] Amalbert, war vermutlich ein Graf von Noyon. Chilperich wurde als Daniel ins Kloster gesteckt.

Die Linie Chilperich II., mit der Mutter Bilichilde, setzte sich durch.

Chilperich II. (+ 721) wurde 675 als Daniel ins Kloster geschickt, und 715 wieder von den Gegnern Karl Martells als König eingesetzt. Chilperich II. hatte nur einen männlichen Nachfolger, Childerich III.

Childerich III. (Mutter unbekannt) wurde 743 vom Hausmeier Karlmann den Älteren eingesetzt, und 751 vom Hausmeier Pippin den Jüngeren abgesetzt, geschoren, und in das Kloster Saint-Bertin verbannt.

Bei Lorenz Fries steht jedoch im Kapitel über Sanct Burkhard, Schiltereich wurde in das Kloster zu St. Heimeran in Regensburg gesperrt, seine Gemahlin Gibselde aber als Klosterfrau im Kloster Cochl, acht Meilen oberhalb Münchens, am Cochlsee, untergebracht. [22]

Pippin der Jüngere wurde 751 König. Es war ein Kuhhandel [23] zwischen Pippin und dem Papst. Und es gab einen Handlanger für Pippin. Burkard, der erste Bischof von Würzburg.

Die Ereignisse von 747 bis 751, waren ein Staatsstreich von Pippin den Jüngeren, mit der Hilfe des Papst Zacharias und mit der Unterstützung von Bischof Burkard.

---

[21] Liber Histrioriae Francorum c. 44, Seite 367 und 369
[22] Lorenz Fries 1546, Würzburg 1961, S. 11.
[23] Der Papst nahm Karlmann bei seinem Besuch in Rom fest, und ließ ihn scheren. Pippin schenkte der Kirche in Rom, die Länder für den Kirchenstaat.

2. Das Herzogshaus der Hedenen

Der Hedene Hruodi wurde nach 630 von dem Merowinger-König Dagobert I. zum Herzog von Mainfranken ernannt. Hruodi war der Urgroßvater von Herzog Heden dem Jüngeren. [24] Der Vater von Heden dem Jüngeren war Gozbert, dessen Vater Heden der Ältere, dessen Vater Hruodi und dessen Vater wahrscheinlich Chedin. [25] In der Zeit wurde auch Radulf von König Dagobert I. zum Herzog von Thüringen ernannt.

Mit Hruodi, geboren wahrscheinlich um 600, begann in den 30er Jahren eine intensive fränkische Durchdringung des Maingebiets. Das loyale Mainfranken entwickelte sich unter ihm zum West-Ostkorridor fränkischer Macht. Nördlich davon die Sachsen und südlich davon die Herzogtümer der Alamannen und Bayern.

Laut Hubert Mordek war Hruodi's Sohn Heden I., bzw. Heden der Ältere, einer der Gesetzgeber der fränkischen *Lex Ribuaria*, des austrasischen Volksrechts. [26]

Um 700 erbaute Herzog Heden II. eine Pfalz in Fulda. [27] Und im Jahr 700, gründete er für seine Tochter Immina ein Kloster auf dem Marienberg in Würzburg. [28] Damit, und mit der legendenhaften Gründung des Kloster Karlburg um 638 durch Pippin den Älteren Tochter Gertrud, ist die Christianisierung in Mainfranken auch bezeugt. [29] Planten die Hedenen schon vor bzw. um 700 eine kirchliche Organisation für Thüringen und Mainfranken? So wie es um 715 Herzog Theodo II. in Bayern tat.

Herzog Heden II., der als illuster vir Hedenus dux loyal, nach den Regierungsjahren der Merowingerkönige urkundete, trieb eine engagierte Kirchenpolitik. Er schenkte am 1. Mai 704 [30] in Würzburg, in castello

---

[24] Zweimal urkundlich als Heden erwähnt, nicht als Hetan.
[25] Passio Kiliani Minor, Kapitel 3.
[26] Mordek, Hubert 1994, S. 356 – 366.
[27] Ewig, Eugen 1993, S. 194.
[28] Jüngere Vita des Burkard, Buch 2, Kap. 4.
[29] Gertrud von Nivelles, geb. 625, gest. 659, soll das Marienkloster in Karlburg gegründet haben. In der Zeit von Gozberts Großvater Hruodi und dem Merowinger-König Dagobert I. Das Marienkloster in Karlburg ist 742, in der Schenkung des Hausmeier Karlmann an das Bistum Würzburg, erstmals erwähnt unter Ludwig dem Frommen für die Klosterschenkung stammt von 822. Gertrud und das Kloster Karlburg sind erstmals um 960 in der Passio Kiliani Major (von Stephan v. Novara) Kap. 19 erwähnt. Anschließend um 1140 in der Jüngeren Vita des Burkards, Buch 2 Kap. 4, aufgeführt.
[30] Erstnennung von Würzburg.

Virteburh, gemeinsam mit seiner Gemahlin Theodrada und mit Zustimmung seines Sohnes Thuring, dem Friesenmissionar Willibrord große Besitzungen in Thüringen, in Arnstadt / Ilmkreis, in Mühlberg bei Gotha und in Monra / Kreis Sömmerda. Ob zu der Zeit, Würzburg der Hauptsitz von Herzog Heden II. war, könnte man annehmen. Siehe Abb. 2.

Die Miterwähung von Theodrada lässt vermuten, dass der thüringsche Besitz aus ihrem Eigentum entstammte. Der Name von Hedens Sohn Thuring deutet ebenfalls darauf hin. [31]

Die Urkunde von 704 liegt nicht in einem Original vor, sondern in einer Abschrift aus dem 12. Jahrhundert. Das Dokument liegt heute in der Handschriftenabteilung der Forschungs- und Landesbibliothek im Schloss Friedenstein in Gotha.

35 Jahre später, im Jahr 739, wird in diesem Gebiet Wunibald von Bonifatius als Verwalter von sieben Kirchen, darunter Sülzenbrücken und Ohrdruf, eingesetzt. [32] Wer baute vorher die 7 Kirchen? Sicherlich die Hedenen im Auftrag der Merowingerkönige. Ganz sicher nicht die Karolinger.

Und zur Bistumsgründung 742, schenkte Hausmeier Karlmann [33] 26 merowingische Königskirchen, inklusive Karlburg und dem Marienkastell am Fuße des Bergs in Würzburg, an das Bistum Würzburg. [34] Wer baute vorher diese 26 Königskirchen? Laut Klaus Lindner wurden sie im Auftrag der Merowingerkönige erbaut. Karl Martell war sicher nicht der Initiator dieser Kirchen.

Die Beziehung zwischen Heden II. und Pippin II. mit seiner Frau Plektrud, ist nicht geklärt. Pippin II., gestorben am 16. Dez. 714, hatte gegen zahlreiche abtrünnige Völker Krieg geführt. Gegen Slawen, Baiern, Sachsen, Friesen und Alamannen. Von Thüringen und Mainfranken ist dagegen mit keinem Wort die Rede, sie gehörten bereits unbestritten zum Reich. [35] Dagobert III. war zu dieser Zeit der Merowinger-König. Nach dem Tod Dagobert III. im Jahr 715 wurde Chilperich II. Ende 715 oder

---

[31] Lindner, Klaus 1972, S. 65.
[32] Vita Willibaldi episcopi Eichstetensis, ed. Oswald Holder-Egger (MGH SS XV/1. 1887, S. 86-106) c.5 (S. 105); Vita Wynnebaldi abbatis Heidenheimensis, ed. Oswald Holder-Egger (MGH SS XV/1. 1887, S. 106-117) c.4 (S. 109).
[33] Hausmeier Ostfranken von 742-747, letzte urkundliche Erwähnung August 747. Pippin war erst danach der Hausmeier für Ostfranken.
[34] Wendehorst, Alfred 1962, S. 15.
[35] Annales Mettenses priores.

Anfang 716 König des Merowinger Reichs. [36]

Am 18. April 716 folgte die nächste Schenkungsurkunde [37] an Erzbischof Willibrord. Manche datieren diese Urkunde auf 18. April 717. Das kann nicht sein, denn am 21. März 717 siegte Karl Martell in Vinchy gegen König Chilperich II. Thuring, Sohn des Heden, starb sicherlich auf der Seite des Merowinger Königs. Und am 21. April 717 stand Karl Martell mit diesem Heer vor Köln, um seine Stiefmutter Plektrud mit ihren Enkeln auszuschalten.

„Ich, in Gottes Namen, Herzog Heden, hochangesehener Mann, schenke heute aus Gottesfurcht und zur Mehrung meines Lohns und will, dass für immer dem Herrn und Vater in Christus Willibrord ungeschmälert alles, was sich auf Hammelburg bezieht, wo ich mit Gottes Barmherzigkeit und nach dem Plan eben dieses apostolischen Mannes ein Kloster zu erbauen gedenke, im Westen über der Saale, im Saalegau, sowohl mit Feldern, wie auch mit Wiesen, Weiden, Wälder, stehenden Gewässern und Wasserläufen, eben die Dinge, die mir mein Vater und meine Mutter hinterlassen haben, zusammen mit 8 Knechten und Mägden. Alles, was mir offenkundig dort gehört, übereigne und übertrage ich ganz und ungeschmälert, damit er in allem die freie Verfügung habe, was immer er will, von nun an damit zu tun.

Wenn jemand jedoch, wovon ich nicht glaube, dass es geschehen wird, und so weiter wie oben.

So geschehen öffentlich in Hammelburg. Im [1.] Jahr der Herrschaft Chilperichs am 18. April. Graf Cato. [38] Graf Sigerich.

Ich Herzog Heden, hochangesehener Herr, habe verfügt, dass diese Schenkung geschieht und unterschreibe zusammen mit meiner Gemahlin Theodrada. Ado, Erzieher des Heden, und Turing, der Sohn des Heden. Adogoto. Hererico. Ich Kleriker Richarius, habe auf Ersuchen geschrieben und unterschrieben.“ [39]

Die Urkunde selbst ist im Original auch nicht mehr vorhanden. Sie ist als Abschrift im „Liber Aureus Epternacensis“, dem Goldenen Buch der Stadt Echternach, nachzulesen.

---

[36] RI I n. 30o, in: Regesta Imperii Online, URI: http://www.regesta-imperii.de/id/0715-00-00_3_0_1_1_0_109_30o (Abgerufen 18. 6. 2023)
[37] Auch diese Urkunde ist als Abschrift im „Liber Aureus Epternacensis“, aus dem 12. Jhd., in der Forschungsbibliothek Gotha.
[38] Eventuell verschrieben, war es ein Graf Hato/Hatto?
[39] Übersetzung nach Anna-Maria Stolze, Dobenecker, Warmuth u.a.

Die Urkunde spricht von einer beabsichtigten Klostergründung in Hammelburg, die der Herzog mit der geistlichen Hilfe Willibrords durchzuführen gedachte. Die Hammelburger Klostergründung kam jedoch nicht zustande, da Karl Martell das sicherlich verhinderte.

Die 2. Urkunde von Heden an Willibrord wurde nicht in Würzburg ausgestellt. Das könnte ein Hinweis sein, dass zu dieser Zeit der Hauptsitz der Hedenen nicht mehr in Würzburg war, sondern in Bamberg. Näher an Thüringen.

Willibrord stand auch im engen Kontakt zu Irmina von Oehren in Echternach. Er erhielt von Irmina 697/98 ein kleines Kloster und ihren Erbteil an der Villa Echternach.

Im Testament des hl. Willibrord (+739), wird Heden unter den „ingenui Franci" als Schenker von Arnstadt (704) genannt und als einziger durch die Bezeichnung „illuster vir" hervorgehoben. Die Hammelburg-Schenkung von 716 wurde nicht erwähnt, obwohl sie stattfand. Karl Martell hatte sicher seine Hände im Spiel.

Auch dass zu der Zeit 686, ganz Mainfranken heidnisch war, wie in der Vita St. Kiliani Minor (die Ältere) behauptet wird, ist nicht nachzuvollziehen.

Das Heden auf dem Würzburger Berg ein Kloster für seine Tochter gründete, veranlasste den Autor der jüngeren Vita Burkards, ihn einen zweiten Sebastian zu nennen, der unter dem Waffenrock eigentlich Christus gedient habe, oder einen gestrengen und frommen Hirten nach dem Vorbild David. [40]

Theodrada und Thuring wurden am 18. April 716 zum letzten Mal urkundlich erwähnt. Wann Theodrada genau starb, wissen wir nicht. Eine Verwandtschaft von Theodrada mit Irmina von Oeren und dem Trierer Adelskreis ist nicht auszuschließen. [41]

Wann Thuring starb, wissen wir auch nicht exakt. Mit hoher Wahrscheinlichkeit in der Schlacht am 28. März 717 in Vinc(h)y im Gau Cambrai. Der Merowinger-König Chilperich II. (König von 715 bis 721), und dessen neustrischer Hausmeier Raganfried und die Witwe Plektrud des ehemaligen austrischen Hausmeier Pippin den Mittleren, kämpften gegen Karl Martell, dem Aggressor. Das mainfränkische Aufgebot, stand auf der Seite des Merowinger-König. Herzog Heden II. nahm wahrscheinlich nicht direkt am Feldzug teil. Er beauftragte sicher seinen Sohn Thuring, mittlerweile ca. 27 Jahre alt, am Feldzug teilzunehmen. Nach

---

[40] Vita Burchardi II, 4, ed. Oswald Holder-Egger, Hannover 1887 (MGH SS 15, 1) S. 54.
[41] Störmer, Wilhelm 1993, S. 16.

dem Tod von Thuring, hatte Heden keinen männlichen Nachfolger mehr. Und auch keine Frau. Heden suchte sich eine 2. Frau.

Heden warb um Bilihild. [42] Sie stammte aus Hochheim am Main bei Mainz, aus einer vermögenden Familie. Ihr Onkel war Bischof Rigibert von Mainz. In jungen Jahren kam sie nach Würzburg, zu einer Verwandten, einer Adeligen Kunigunde. Sie lernte durch Kunigunde das Hofleben kennen. Nach Abschluss ihrer Erziehung, kehrte sie zurück nach Hochheim zu ihren Eltern Mechthild und Yberinus und den zwei Schwestern Hildegard und Reginhild.

Bei der ersten Brautwerbung erbat Bilihilds Vater einen zeitlichen Aufschub. Bald danach starb der Vater. Bei der Mutter war Heden dann erfolgreich. Die Hochzeit fand Ende 717, Anfang 718, in Hochheim statt. König Chilperich II. soll an der Hochzeit Hedens II. teilgenommen haben, wie die nur fragmentarisch überlieferte metrische Vita der hl. Bilihild berichtet. Die anschließenden Feierlichkeiten fanden in Bamberg statt, nicht in Würzburg. Ein Indiz, dass jetzt Bamberg die Hauptresidenz war, und Würzburg die Nebenresidenz. Bilihild wurde schwanger.

Heden wurde jedoch vom König zu einem Kriegszug aufgeboten. Zwischen März und Mai 718 [43] standen sich König Chilperich II., Hausmeier Raganfried und Herzog Eudo von Aquitanien, auf der einen Seite, und Karl Martell auf der anderen Seite, in Soissons gegenüber. Karl Martell siegte wieder.

Heden II. starb sicherlich 718 in Soissons. Beweisbar ist es nicht. Aber man darf ja mal logisch denken.

Bilihild war zu der Zeit bei ihrer Mutter in Hochheim. Nach dem Tod von Heden begab sie sich nach Mainz in den Schutz ihres Onkels, Bischof Rigibert, mütterlicherseits. Bischof Rigibert von Mainz (Regebertus pontifex Moguntiacensis) und der Herzog Theobaldi sind durch die Weihe der Dionysiuskirche in Nilkheim im Jahre 711/16 bezeugt. Ende 718 brachte Bilihild ihren Sohn Rigibert zur Welt. Bischof Rigibert von Mainz starb jedoch noch 720, und Rigibert, der Sohn von Heden, starb 722 als Kind.

Die Hedenen standen dem karolingischen Hausmeier Karl Martell im Wege, und der Tod von Heden II. kam Karl Martell nur Recht. Er stellte die direkte Herrschaft über Mainfranken und Thüringen her.

---

[42] Wagner, Heinrich Mainz 2008a und 2008b.
[43] Hartmann, Martina 2002.

Die Würzburger und später Karlburger Äbtissin Immina, eine Tochter Heden des Jüngeren, überlebte. Man sollte annehmen, dass Immina alles erben sollte. Das war allerdings nicht der Fall.

734 gründete Bilihild ein Nonnenkloster. Die Urkunde wurde von dem Mainzer Bischof Gerold als erstem Zeugen nach der Stifterin gezeichnet, jedoch von einem Asmund auf Befehl seines Herrn, des Bischofs Rigibert von Rheims, verfasst. Dieser war - wie sein Name ausweist - wohl ein Verwandter des gleichnamigen Mainzer Bischofs und damit auch ein Verwandter Bilihilds. Bischof Rigibert von Rheims († 743) war ein Vertrauter von Pippin den Mittleren. Rigibert wurde von Karl Martell 717 ausgeschaltet, er unterstützte ihn nicht, obwohl er der Taufpate von Karl Martell war. Milo von Trier, der Schwager von Karl Martell, wurde dann von Karl Martell als Bischof von Rheims eingesetzt.

Der kognatische Stammbaum Karl des Großen von Christian Settipani aus dem Jahr 2000 zeigt die Zusammenhänge aus seiner Sicht. Siehe dazu Abb. 3.

Eine direkte Verwandtschaft der Hedenen mit den Karolingern existierte nicht. Die Familie Theodradas war mit den Karolingern über Irmina von Oeren verwandt. Theodrada entstammte aus dem Adelsgeschlecht der Theotard-Chrodoine, [44] das zusammen mit den elsässischen Gundoinen das Kloster Weißenburg im Elsass, am 11. Mai 678 unter König Dagobert II., [45] gegründet hat. Gundoin/Gundewin erschlug Ansegisel um 678, den Vater von Pippin den Mittleren. Pippin verübte Blutrache an Gundewin und erschlug ihn ebenfalls.

Anschließend der Stammbaum der Hedenen, die wahrscheinlich unter Heden II. und Theodrada das Herzogtum von Mainfranken und Thüringen vereinigten. Das wäre auch ein weiterer Punkt für Karl Martell gewesen, Heden beiseitezuschaffen. Siehe Abb. 4.

Die bisher bestehenden Stammbäume der Hedenen sind in der Passio minor sancti Kiliani, von Alfred Friese, Hubert Mordek, Wilhelm Störmer, Dirk Rosenstock und Heinrich Wagner. Stammbäume sind sinnvoll, sie helfen einen Überblick zu bekommen. Vor allem weil der Mensch 80% visuell wahrnimmt. Meine Erkenntnisse bez. der Heden, ohne einen Bezug zu Kilian, Kolonat und Totnan, sind:

---

[44] Alfred Friese, Studien zur Herrschaftsgeschichte des fränkischen Adels, Stuttgart 1979.
[45] Heinrich Wagner, Zur Gründung der Klöster Weißenburg und Echternach und ihrem Wirken in Mainfranken, in Archiv für mittelrheinische Kirchengeschichte, Mainz 2003.

1. Der erste Mann von Geilana war wahrscheinlich Chedenoaldus. Erwähnt ist er am 14. September 664 in Laon.

2. Theodrada, die erste Frau von Heden II., war die Tochter des Theodardius, Herzog von Thüringen. Sie waren verwandt mit den Karolingern.

3. Heden II. war sicher bei der Klostergründung auf dem Berg in Würzburg, im Jahr 700, schon Herzog von Franken.

4. Die zweite Frau von Heden II. war Bilihild. Sie hatten zusammen einen Sohn Rigibert, der 722, ca. 4 Jahre nach dem Tod von Heden II. starb.

5. Thuring, Sohn von Heden II., und Heden II. selbst, starben wahrscheinlich bei zwei unterschiedlichen Feldzügen gegen Karl Martell. Auf jeden Fall hatte Karl Martell bei deren Tod die Hände mit im Spiel, beweisen kann man es nicht. Jedoch kann man mit ruhigem Gewissen feststellen, dass die Karolinger Meister im Vertuschen der Wahrheit waren.

6. Thuring wurde ca. 690 geboren, wenn man annimmt, dass er bei der Schenkungsurkunde von 704 mindestens 14 Jahre alt war und damit volljährig.

7. Immina wurde ca. 686 geboren, wenn man annimmt, dass sie bei der Gründung des Immina-Klosters auf dem Würzburger Berg von 700, 14 Jahre alt war und damit volljährig. Bei der Bistumsgründung im März 742, war sie mehr als 41 Jahre im Kloster auf dem Berg „da ich bereits mehr als 41 Jahre mit meinen Mitschwestern, …". [46] Und März 742 minus mehr als 41 Jahre, ergibt das Ende des Jahr 700. Mit der Annahme, dass Immina im Jahr 686 geboren wurde, muss die Heirat von Heden und Theodrada etwa 685 stattgefunden haben!

8. Wenn Heden II. 685 bei der Heirat, 18 Jahre alt war, wäre er 667 geboren worden.

9. Dann hätten Gozbert und Geilana um 666 geheiratet.

10. Eddanus, ab 734 Bischof von Straßburg, könnte auch ein Sohn von Heden II. gewesen sein. [47] Bischof wurde man damals frühestens mit 40 Jahren. Das würde bedeuten, er wurde um 694 geboren.

11. Heden der Ältere wurde um 650 als Eddanus erwähnt.

12. Wann Gozbert und Geilana starben, ist nicht zu ergründen.

---

[46] Jüngere Vita des Burkard, Buch 2, Kap. 4
[47] http://www.prosopographie.eu/haith%20(727)%20D.htm abgerufen am 13.11.2022.

Die nachfolgende zeitliche Übersicht hilft, um die Zusammenhänge in Mainfranken und Thüringen, ohne Kilian, Kolonat und Totnan, besser zu verstehen.

Um 496/7: Sieg der Franken, unter dem Merowinger Chlodwig I., über die Alemannen bei Zülpich. Fast das gesamte Gebiet zwischen Rhein, Main, Altmühl und Neckar geht nach dem Sieg in fränkisch-merowingischen Fiskalbesitz über.

531: Unter Führung des Merowingerkönigs Theuderich I., seines Sohnes Theudebert I. und seines Halbbruders Chlothar I. besiegten die Franken die Thüringer an der Unstrut und besetzten auch Thüringen.

533: Der Thüringer-König Herminfried wurde 533 von den Merowingern ermordet.

561: Nach dem Tod Chlothars I. entstehen drei Sprengel, Austrien (Östlich-Nördliches Reich mit der Hauptstadt Metz), Burgund und Neustrien.

590: Chedin, der Vater von Hruodi, ist austrischer Herzog unter Childebert II., den Sohn von Brunichilde und Sigibert I.

612: Theuderich II. war, nachdem er seinen Bruder Theudebert II. besiegt und getötet hatte, zum alleinigen Herrscher von Austrien geworden.

623-639: Dagobert I., letzter großer merowingischer König, förderte den Bau von Klöstern und Kirchen. Die 25 Königskirchen und das Kloster Karlburg, die der Karolinger Karlmann der Ältere 742 dem Bistum Würzburg schenkte, zeugen davon. 623 ist Dagobert austrischer Teilkönig, ab 626 ist er Gesamtkönig.

624: Der Agilolfinger Chrodoald, der Vater von Fara, wird mit Wissen des König Dagobert I., von Berthar von Scarpona in Thüringen ermordet, angestiftet von Arnulf von Metz und Pippin den Älteren. Berthar selbst wurde dann 625 auch ermordet.

Um 630: Niederlage der Franken unter Dagobert I. gegen das Slavenreich des Samo bei der böhmischen Wogastisburg.

Nach 630: In der Zeit Dagoberts I. existieren 3 größere Amtssprengel in unserem Gebiet: Das Markenherzogtum Thüringen mit Radulf. Das um Würzburg zentrierte mainfränkische Herzogtum mit Hruodi, dem Vater von Heden dem Älteren. Das Herrschaftsgebiet des Agilolfinger Fara um Aschaffenburg.

Um 633-Jan 639: Pippin I. wurde von Dagobert I. entmachtet. In der Zeit soll die Tochter Gertrud von Pippin den Älteren, 638 ein Kloster in Karlburg am Main gegründet haben.

19.1.639: Dagobert I. stirbt. Rückkehr von Pippin dem Älteren.

27.2.640: Pippin der Ältere stirbt.

641: Feldzug gegen Radulf in Thüringen. König Sigibert III. verliert zusammen mit Grimoald und Adalgisel die Schlacht an der Unstrud gegen Radulf, Dux von Thüringen. Radulfs Freund Fredulf stirbt. Die Mainzer hatten sich in diesem Kampf treulos gegenüber Sigibert erwiesen. Radulfs anderer Freund, der Agilolfinger Fara, stirbt in der vorherigen Schlacht am Untermain. Ab da Rückgang der fränk. Zentralgewalt in Thüringen.

Um 650: Heden der Ältere ist Herzog in Würzburg. Er soll als Eddanus an der Lex Ribuaria [48] mitgearbeitet haben.

14.9.664: Ein Vir illuster Chedenoaldus ist in einer Schenkungsurkunde in Laon, Austrien, erwähnt.

682/83: Herzog Theotarius mit Sohn Theodardus (Theotcharius) schenken an Abt Chrodoin von Weißenburg an der Lauter, Besitz im Seillegau.

685: Vermutliche Heirat von Heden II. und Theodrada.

---

[48] https://www.geschichtsquellen.de/werk/3315 (Abgerufen am 11.11.2024).

686: Vermutliche Geburt von Immina.

687: Nach dem Sieg von Pippin II. gegen Neustrien und Burgund, war er der wirkliche Herrscher im Merowingerreich.

690: Vermutliche Geburt von Thuring.

690: Der angelsächsische Missionar Willibrord, bekam von Pippin den Auftrag, in Friesland zusammen mit elf Gefährten zu missionieren. Für Pippin II. gab es keine Notwendigkeit, eine Missionierung in Mainfranken zu initiieren. Auch Bonifatius missionierte später nicht in Mainfranken.

692: Pippin II. sandte Willibrord mit unterstützender Einmütigkeit aller (favente omnium consensu) nach Rom zu Papst Sergius (687-701).

695: Im November 695 hielt sich Willibrord zum zweiten Mal in Rom auf und wurde dort auf Verlangen Pippin II. von Papst Sergius I. zum reisenden Erzbischof für das friesische Volk (lat.: in gentem Frisonem) geweiht. Nach dem 2ten Friesenfeldzug von Pippin II. wird Utrecht Bischofssitz und Willibrord missioniert ohne Probleme bis 714.

697/98: Irmina von Oeren schenkt Willibrord ein Kloster in Echternach und 50% ihres Erbteils an der Villa in Echternach.

700: Heden II. gründete auf dem Berg in Würzburg ein Kloster für seine Tochter Immina.

Um 700: Heden II. gründete die Herzogspfalz in Fulda. 743/44 schenkte Hausmeier Karlmann den ehemaligen hedenischen Besitz an Bonifatius. Aus der Herzogs-Pfalz der Hedenen wurde das Kloster Fulda.

Um 700: Irmina von Oeren stirbt. [49]

1.5.704: Heden der Jüngere ist Herzog in Würzburg. Er, seine Frau Theodrada und Sohn Thuring schenken Güter in Thüringen aus dem elterlichen Erbe von Theodrada an den Missionar Willibrord.

---

[49] Heinrich Wagner, Zur Gründung der Klöster Weißenburg und Echternach und ihrem Wirken in Mainfranken, in Archiv für mittelrheinische Kirchengeschichte, Mainz 2003, S. 140.

706: Pippin II. und Plektrud schenken den ehemaligen Besitz von Herzog Theotatius und seinem Sohn Theodardus an Willibrord in Echternach, die restlichen 50% des Erbteils an der Villa in Echternach.

16.12.714: Pippin der Mittlere (II.) stirbt. Die Missionierung in Friesland stockt. Die Friesen eroberen ich Land zurück, zerstörten die christlichen Stätten, und vertrieben die Missionare aus dem Land.

Um Ende 715: Chilperich II. wird Merowinger König für Neustrien und Austrien. [50]

716: Burkard ging 716 aufs Festland, und dann zusammen mit Bischof Moderanus von Reims nach Rom.

18.4.716: Heden der Jüngere und seine Frau Theodrada und Sohn Thuring schenken Hedens elterliches Erbe in Hammelburg an den „Friesen-Missionar" Willibrord zu einer Klostergründung. Sie fand nie statt, Karl Martell sorgte später dafür.

21.3.717: Sieg Karl Martells in Vinchy gegen König Chilperich II. Thuring, Sohn des Heden, starb sicherlich auf der Seite des Merowinger Königs.

21.4.717: Karl Martell steht vor Köln, um seine Stiefmutter Plektrud mit ihren Enkeln auszuschalten.

717: Heden suchte sich eine neue Frau. Seine Frau Theodrada war zu dieser Zeit schon gestorben. Auch sein Sohn Thuring, als sein Nachfolger, war tot.

Ende 717 / Anfang 718: Heden heiratete Bilihild in Hochheim am Main. Die Feier fand in Bamberg statt, nicht in Würzburg, König Chilperich soll anwesend gewesen sein.

März/Mai 718: Heden kämpfte sicherlich auf der Seite von König Chilperich in Soissons. Er starb gegen Karl Martell. Hedens Herzogsgüter

---

[50] RI I n. 30o, in Regesta Imperii Online, abgerufen am 18.06.2023, URI: http://www.regesta-imperii.de/id/0715-00-00_3_0_1_1_0_109_30o.

erschienen später als fränkische Fiskalgüter. Wie z.B. das Kloster Karlburg. Nicht so das Kloster von Immina auf dem Berg in Würzburg.

Anfang 718: Moderanus und Burkard sind im Kloster Berceto im Apennin, direkt an der Via Francigena. Das Kloster ließ der Langobardenkönig Liutprand erbauen.

718/19: Bonifatius in Rom. Bei der Hin- und Rückreise trifft er in Berceto auf Burkard. Nachdem Heden II. tot war, Kurzbesuch in Thüringen zur Lageerkundung.

Mitte 718: Bilihild zog zu ihrem Onkel Bischof Rigibert von Mainz. Kurz darauf gebar sie Hedens Sohn Rigibert.

720: Bischof Rigibert von Mainz starb.

722: Rigibert, der Sohn von Heden mit Bilihild, starb.

722/23: Bonifatius in Rom. Bei der Hin- und Rückreise trifft er in Berceto wieder auf Burkard.

724: Als Bonifatius sich auch verstärkt Thüringen als Missionsgebiet zuwandte, traf er auf angelsächsische Missionare, die bereits seit 704 mit Willibrord dorthin kamen. In Thüringen existierten schon bedeutende Einflüsse vom Kloster Weißenburg und vom Kloster Echternach. 724 gründete Wigbert mit Bonifatius in Ohrdruff (Orthorpf) / Thüringen (1ter Abt Wigbert bis 732) ein Kloster, eben dort wo die Echternachter Besitzungen lagen, die vormaligen herzoglichen Besitztümer der Hedenen.

726: Willibrord schenkt seinen Besitz in Arnstadt an das Kloster Echternach, nicht an Bonifatius.

22.04.734: Urkunde für die Altenmünster Klostergründung von Bilihild. Initiiert von Bischof Rigibert von Rheims, heute Reims genannt!

738: Burkard reist 737, ab Berceto, mit Bonifatius nach Rom. Dort wird Burkard von Papst Gregor III. zum Bischof geweiht.

Um 739: Willibrord stirbt. In dem Willibrord Testament ist nur die Heden Schenkung von 704 erwähnt, nicht die von 716 bez. Hammelburg. Die Karolinger, diesmal Karl Martell, waren sicher wieder am Werk.

Wunibald wird von Bonifatius als Verwalter von sieben Kirchen, darunter wahrscheinlich Sülzenbrücken und Ohrdruf, eingesetzt. In der Nähe der Schenkungsorte Arnstadt und Mühlberg von Heden II.

4. Der Frankenapostel Kilian

Die Quellen zu Kilian wurden von vielen Historikern bearbeitet, kommentiert und interpretiert. [51] Die aktuellen Forschungsergebnisse dienen als Grundlage, es werden jedoch auch Aspekte behandelt, die bisher nicht in Betracht gezogen wurden. Anschließend meine Erkenntnisse zu Kilian und seinen zwei Gefährten.

Bis heute gibt es keine ältere detaillierte Quelle über Kilian als die Passio Minor aus dem 8. Jahrhundert. Zu Kilians Lebzeiten existieren keine Schriftzeugnisse, auch in keiner Irischen. „Das ist schon seltsam", sagte Hans-Günter Schmidt, seit 2016 Leiter der Universitätsbibliothek Würzburg, am 29.06.2012 in der Tageszeitung Main-Post.

Wann wurde aber die **Passio minor des Kilian** [52] (die Ältere) geschrieben? 1910 argumentierte Wilhelm Levison, dass die Passio minor um 840 geschrieben wurde. [53]

Im Jahr 1952 plädierte Andreas Bigelmair für 752, [54] er argumentierte, dass Bischof Burkard die Gebeine in diesem Jahr erhob. Und die ältere Passio auch in diesem Jahr verfasst wurde.

Laut Joachim Dienemann von 1955, [55] wurde die ältere Passio 788 für das Fest zu der Translation des hl. Kilian in Würzburg verfasst. Karl der Große soll dabei gewesen sein, Bischof war zu der Zeit Berowelf. Der Autor soll aus dem Umkreis von Karl dem Großen, gekommen sein, ein Geistlicher aus dem Maas–Mosel Gebiet.

Jürgen Petersohn sieht 2008 einen anderen Verfasser der Passio minor, einen mit Würzburger Kenntnissen. Übernahm aber auch das Jahr 788. [56]

Der Autor plädiert dafür, dass die Passio minor nach dem Tod von Burkard 755 (2. Feb.) und Pippin d. J. 768 (24. Sept.) geschrieben wurde, wahrscheinlich 781/3. [57] Die ältere Passio kann nicht von Burkard 752 initiiert worden sein. Burkard war selbst in Rom, er kannte die Fakten. Auch die Aussagen, in Verbindung mit Pippin stimmen nicht. Die

---

[51] U. a. von Ruf, Theodor: Im Mainfränkischem Jahrbuch 2020 S. 13-94, und im Mainfränkischem Jahrbuch 2021 S. 171-212.
[52] Übersetzt in Bigelmair, Andreas 1952.
[53] Levison, Wilhelm: in MGH SS rer. Merov. 5, 1910, S. 717-719.
[54] Bigelmair, Andreas 1952, S. 24.
[55] Dienemann, Joachim 1955.
[56] Petersohn, Jürgen 2008-a. Detaillierte Infos zu 788, später in diesem Kapitel
[57] Zwischen 781-783, Kilian erwähnt im Godescalc-Evangelistar.

zeitlichen Daten in dieser Passio, und auch der Name des Papstes, stimmen nicht mit der Realität überein.

Zur Erhebung der Gebeine von Kilian und seinen Gefährten existiert folgende Aussage in der Passio Minor. Die Erhebung der Gebeine wurden laut der Passio Minor „nach dem Rate und der Weisung des Papst Zacharias, durch Vermittlung des Erzbischofs Bonifatius, von Burkhard, dem ersten Bischof von Würzburg, aus ihrem Grabe ehrenvoll erhoben, unter der glücklichen Herrschaft Pippins, dem ersten König der Ostfranken". [58]

Das **Godescalc-Evangelistar,** [59] entstanden zwischen 781-783, ist das älteste schriftlich erhaltene Werk, in dem Kyliani nachweißlich erwähnt ist. In dem Reichskalender, Auftragsgeber war König Karl I. und seine Frau Hildegard, steht zum 8. Juli: „Natalis sancti Kyliani episcopiet martyris cum soccis suis Colmani, Totmani martyrum". Der 8. Juli, soll der Geburtstag von Kyliani gewesen sein. Nicht der Todestag, die Erhebung, oder die Beisetzung im Dom. König Karl I. bringt Kilian ins Spiel.

Im **Martyrologium Tamlachtense** (um 826/833), [60] wird Kilians Ermordung und seiner Brüder Aed und Tagd, ohne geographische Einordnung, mit Armarma, der Gattin eines Gotenkönigs, verknüpft.

Das **Martyrologium des Beda** [61] ist von um 838. Es steht dort geschrieben: Am selben Tag wurde der heilige Bischof Kilian in der Burg von Uuirziburg mit seinen Gefährten, dem Priester Totman und dem Diakon Colman, unter dem Herzog Gozbert gemartert.

Das **Martyrologium des Hrabanus Maurus** ist von 843 bis 854. [62] Es steht dort geschrieben: Sie wurden von dem ungerechten Richter namens Gozberto getötet. Es ist laut Knut Schäferdiek nicht verschrieben: „Der Begriff *iudex* kann jedoch jeden öffentlichen Amtsträger, vom höchsten bis hinab zum *comes civitaris* bezeichnen und begegnet

---

[58] Mein Vorschlag für die Erhebung, laut der älteren Passio Minor: Die inszenierte Erhebung war Anfang 752. Pippin nahm wohl im Nov. 751 in Soissons, nach akklamatorischer Huldigung der Großen und förmlicher Thronsetzung, das Königtum an. Wohl Weihnachten 751 erfolgte eine Salbung durch die Bischöfe. Papst Zacharias gab 751 die Anweisung und starb am 15. März 752. Laut Ruf, Theodor 2020 und 2021, soll Burkard 753 (Feb. 2) gestorben sein. Dann wäre Burkard 752 zurückgetreten, Das passt nicht zu einer Erhebung der Gebeine mit Pippin als König.

[59] Die Handschrift befindet sich in der Pariser Bibliothèque nationale unter der Signatur Ms. nouv. acq. lat. 1203.

[60] Petersohn, Jürgen 2008-a, S. 16.

[61] URL: http://vb.uni-wuerzburg.de/ub/mpthf49/index.html, 13.9.23 abgerufen.

[62] URL: https://www.geschichtsquellen.de/werk/2938, 13.9.23 abgerufen.

dementsprechend auch in hagiographischen Texten des neunten Jahrhunderts gelegentlich im Wechsel mit *dux*. [63]

Das **Martyrologium des Notker I. von St. Gallen** ist von um 900. [64] Geilana wird die Ermordung von Kilian, Kolonat und Totnan zugeschrieben.

Und nun zur **Passio maior St. Kiliani** [65] (die Jüngere). Sie ist ausführlicher als die ältere Passio. Im letzten Kapitel der jüngeren Passio findet man folgenden Hinweis: „Wie dann der ehrwürdige Burchardus als erster Bischof bekanntermaßen den Bischofssitz von Würzburg verdient hat und wie er die Leiber der Heiligen von dem Orte, wo sie in unwürdiger Weise geborgen waren, erhoben hat, werden wir in der Lebensbeschreibung desselben, so gut wirs können, darzulegen suchen ...". Das ist ein eindeutiger Hinweis, dass die jüngere Vita des Kilian, und die ältere Vita des Burkard, aus der gleichen Feder stammen.

Schon Jürgen Petersohn hat 1992 darauf hingewiesen, dass die Passio maior s. Kiliani ein Werk von Stephan von Novara sein könnte. [66] Aber seit Hartmut Hoffmann [67] existieren keine Zweifel mehr. Die jüngere Passio Kiliani und die ältere Burkardsvita, stammen aus der Feder von dem Italiener Stephan von Novara. Er war von 951/2 bis 16. Juli 970 Lehrer an der Würzburger Domschule gewesen. [68] Hoffmann widerlegte die Aussage von Karl Bosl aus dem Jahr 1969. Die jüngere Passio Kiliani und die ältere Vita Burkardi wurden laut ihm um 960 geschrieben, 100 Jahre später als bisher angenommen.

In der **Älteren Vita des Burkard** [69] findet man im Kapitel 5 und 6 folgendes über die Erhebung der Märtyrer. Nach der Rückkehr von Bonifatius und Burkard, von angeblich 752 aus Rom, [70] erwähnte Bonifatius: „Glücklich wirst du sein, Würzburg, und unter den Städten Germaniens wohl bekannt; mag man dich auch jetzt noch für die geringste unter einigen Städten halten, so wirst du dennoch ausgeschmückt mit den Leibern

---

[63] Laut Schäferdiek, Knut 1994, von 896/912.
[64] URL: https://www.geschichtsquellen.de/werk/3794, und https://www.e-codices.unifr.ch/de/list/subproject/stgall_abbey_library/10000, Balbulus St. Gallen, Stiftsbibliothek, Cod. Sang. 456, beide abgerufen 13.09.23.
[65] Die Handschrift ist heute in Hannover aufbewahrt. Eine Übersetzung findet man auch in Sankt Kilian, Würzburg 1984, S. 80-84.
[66] Petersohn, Jürgen 1992, S. 25.
[67] Hoffmann, Hartmut 2006.
[68] Walter, Ludwig K.: Die Domschule in Würzburg, online als PDF, abgerufen 27.07.2023.
[69] Wittstadt, Klaus 1986, S. 7-17.
[70] 752 war keine Romreise von Bonifatius und Burkard.

deiner Märtyrer, nicht für geringer gehalten werden". Dann übernahm Burkard. „Sodann begann er mit Überlegungen, dass die Leiber der seligen Märtyrer, Kilian und seiner Gefährten, von dem Platz, an dem sie von den Ungläubigen so ohne weiteres begraben worden waren, erhoben werden sollten". „Darauf schritt der verehrungswürdige Bischof Burkard zur Begräbnisstätte, ergriff eine Hacke und begann als erster zu graben, wobei ihn Diener unterstützten, die er zu dieser Aufgabe ausgewählt hatte. Aber nachdem das Erdreich abgetragen worden war, fand man nicht tief in der Grube die Leiber, die so dufteten, dass die Nasen aller, die dabeistanden, mit der Süße des so intensiven Duftes erfüllt wurden".

Diese Aussagen passen nicht zur realen zeitlichen Abfolge. Die Romreise von Bonifatius und Burkard war 737/38. 738 wurde Burkard in Rom vom Papst Gregor III. zum Bischof ohne Bischofssitz geweiht. Das Bistum Würzburg wurde vier Jahre später, Anfang 742, gegründet. Von Sommer 738 bis Anfang 742, war Burkard in Rorinlacha,[71] am östlichen Mainviereck gelegen.

Später, am 1. Mai 747 war Burkard wieder in Rom. Und 750/751 war Burkard, diesmal mit Abt Fulrad, wieder in Rom. Beide holten offiziell die Einwilligung vom Papst, Pippin als König der Franken zu erheben. Und Ende 751 wurde Pippin zum neuen König der Franken auserkoren. In Realität war es jedoch ein Staatsstreich.

In der **zweiten Würzburger Markbeschreibung**[72] wird Kilian als, "chirisahha sancti Kilianes" erwähnt. Sie ist in althochdeutsch geschrieben, und aus diesem Grund ist sie, rein logisch gedacht, sicherlich viel jünger als die erste Würzburger Markbeschreibung. Die erste Würzburger Markbeschreibung ist in Latein geschrieben. 1988 legte Reinhard Bauer fest, dass auch die zweite Würzburger Markbeschreibung um 779 entstanden sein soll, nicht seine einzige fehlerhafte Zuordnung in seinem Buch von 1988.[73] Es war bis 2013 die allgemeine Meinung der Forschung, dass die beiden Würzburger Markbeschreibungen zur gleichen Zeit entstanden sind. Auch nicht logisch. Obwohl nur die Erste Würzburger Markbeschreibung datiert ist und beide Markbeschreibungen einen total unterschiedlichen Grenzverlauf haben. Eine sprachwissenschaftliche Analyse von Wolfgang Beck belegte 2013, dass die Zweite Würzburger Markbeschreibung nicht kurz nach 779, sondern um 1000 entstanden ist.[74] Die

---

[71] Heute Neustadt am Main.
[72] Bauer, Reinhard 1988, S. 28-66.
[73] Bauer, Reinhard 1988.
[74] Beck, Wolfgang 2013.

Datierung der **ersten Würzburger Markbeschreibung** sollte jedoch, nach Meinung des Autors, auch überdacht werden. In der Urkunde steht: „Dies wurde gemacht am zweiten Tag vor den Iden des Oktobers (14.10.) im 12. Regierungsjahr unseres Herrn Karl, des ruhmreichsten Königs". Karl war aber erst nach dem Tod seines Bruders Karlmann am 4.12.771, der König des östlichen Franken. Das bedeutet, der 14.10.783 war im 12. Regierungsjahr von König Karl I. Die erste Würzburger Markbeschreibung stammt also aus dem Jahr 783, nicht aus 779.

Auch die Datierung der **Hammelburg Marktbeschreibung** stimmte bisher nicht. Im dritten Regierungsjahr des frommsten König Karl, im Monat des 8. Oktober bedeutet: Der 8. Oktober im 3. Regierungsjahr war der 8. Oktober 774.

In der **Jüngeren Vita des Burkard** [75], wird die Erhebung der Märtyrer im Buch 2 beschrieben.

Im Prolog des Buch 1, sind drei Hinweise zur Entstehung der Jüngeren Vita des Burkards vermerkt.

„Dem würdig zu verehrenden Abt der zu verehrenden Kongregation P., der entsprechend seinem Namen ein Fremder des vergehenden Zeitalters ist, anders ausgedrückt aber, einem Mitbürger der Heiligen und einem Diener Gottes sowie seinen Mitbrüdern, die nämlich innerhalb der Mauern des hl. Burkard ihre Vigilien halten, widmet der Sünder E., der es nicht verdient, mit Namen genannt zu werden, dieses Buch, …"

Ob diese Vita dem Abt Pilgrim von St. Burkard gewidmet ist, kann nicht endgültig festgelegt werden. Pilgrim war Abt von 1130 bis zu seinem Tod am 26. Februar 1146. Ob der Autor, der im Text selbst bloß abgekürzt als "E." (in anderer älterer Überlieferung "F.") genannt wird, Ekkehard von Aura († wahrscheinlich am 20. Februar 1126) war, ist nicht mehr vertretbar.

„…, in entsprechenden Veröffentlichungen die Verdienste des Bischof Burkard, unseres Patrons und des der Hauptstadt des ganzen östlichen Frankens, hervorzuheben."

„Deinem Urteil aber, P., Lenker des Wagens Israel, wird in besonderer Weise vorbehalten sein, was aus dem vorliegenden Werk beibehalten oder zurückgewiesen werden soll; …"

Im Buch 2 Kapitel 1 wird zuerst die Romreise von Bischof Burkard und Abt Fulrad im Jahr 750/51 zu Papst Zacharias erläutert. Und dann wird im Kapitel 2 erläutert, dass Burkard im zweiten Jahr seiner

---

[75] Latein und deutsche Übersetzung, Schmitt, Joachim 1986.

Ordination, die Märtyrer erhob:

„Darauf zog der verehrungswürdige Bischof Burkard mit Kreuzen, Weihrauchpfannen und jeglichem Opfergerät des kirchlichen Gottesdienstes an den Begräbnisort der Martyrer und begann, nachdem er eine Hacke ergriffen hatte, als erster zu graben, wobei ihn die Diener unterstützten, die vorher zu dieser Aufgabe bestimmt worden waren. Aber als Erde herausgeschafft war, wurden in der nicht tiefen Grube die Körper der Martyrer gefunden, die so dufteten, dass die Nasen aller Umstehenden von der Lieblichkeit des so intensiven Duftes erfüllt wurden. Obwohl das Fleisch der Martyrer freilich nach seiner Natur zu Staub zurückgekehrt war, wurde das übrige damit Begrabene völlig unversehrt gefunden, so sehr, dass weder ein Blatt der Bücher noch eine Kleiderfranse durch Fäulnis verdorben schien. Auf der Stelle wurden die ehrwürdigen Reliquien der Heiligen unter sehr großem Jubel des Klerus und des Volkes aus dem Staub der Erde gehoben und die mit seidenen Tüchern ehrerbietig umhüllten Reliquien durch den hl. Bischof eigenhändig auf die Totenbahre, die jüngst für diese Aufgabe überaus geschmückt hergerichtet worden war, Stück für Stück abgelegt; es kam von neuem zu einem ungeheuren Volkszusammenlauf, und es wurde daher durch den Tumult der zusammengedrängten Menge ein Fortkommen des Bischofs wie des Klerus gewissermaßen behindert. Es nahte sich nämlich jener Volksauflauf und versuchte auf alle möglichen Arten, ob einer die Bahre mit der Hand berühren oder vor dem Vorbeigehenden niederfallen, mit in die Höhe gehobenen Händen Gott danken oder im Gegenteil mit gebeugten Knien und Nacken irgendein Gelübde den Martyrern Christi flehentlich darbringen könnte".

Anschließend meine Betrachtungen zu den unterschiedlichen Punkten.

Kilian in Irland
In der Passio Minor ist Kilian in Irland schon Bischof. Er zieht mit dem Presbyter Colonat, Gallo, Arnuval, Diakon Totnan und 7 Weiteren auf den Kontinent. Ein Vergleich mit Jesus und den 11 Aposteln. Wobei er in der Passio Maior als adelig bezeichnet wird und in Irland in einem Kloster war. Für die Reise werden keine Personen mit Namen benannt, lediglich „sammelte er Gefährten um sich".

Erste Ankunft in Würzburg
Laut der Passio Minor treffen sie im Kastell Wirziburc auf Herzog Gozbert. Er und sein ganzes Volk waren heidnisch. Die Passio Maior

erwähnt lediglich die Stadt Wirziburg, übersetzt Burg der Kräuter. Ein Name des Herzogs wird nicht genannt.

Die Reise nach Rom

Die Passio minor: Kurz nach der Ankunft in Würzburg, Weiterreise zum Papst Johannes nach Rom. Und die Passio Maior: Keine Predigten in Würzburg und sofort Abreise nach Rom. Hausmeier in Austrien war seit 679 Pippin d. Mittlere, gestorben ist Pippin am 16. Dez. 714.

In Rom

Die Passio minor: Papst Johannes trafen sie nicht an, weil er mittlerweile verstorben war († 2.8.686). Sie wurden von Papst Konon empfangen (Papst vom 21.10.686 bis 21.09.687). [76] Die Passio maior: Der Papst in Rom war Konon. Konon setzte Kilian in das Amt eines Bischofs ein. [77]

Von 679 bis 691 war Theuderich III. der merowingische Gesamt-König für Neustrien und Austrien. Seit 679 war Pippin der II. der Hausmeier für Austrien, und Berchar war von 686-687 der Hausmeier für Neustrien und Burgund.

Die Rückreise von Rom nach Würzburg

Die Passio Minor: Das konnte nur im Nov. 686 gewesen sein. Wer pilgert über Winter über die Alpen? Die elf Missionare und Kilian trennten sich auf der Reise. Kolonat und Totnan gingen mit Kilian nach Würzburg. Die Passio Maior: Kilian ging mit Kolonat und Totnan zurück nach Würzburg. Kolumbian († 615) ließ er in Italien zurück, dieser hatte nämlich auf seiner Romreise Gallus († 640) in Alemannien fieberkrank verlassen müssen. [78]

Die zweite Ankunft in Würzburg

Die Passio Minor, Kapitel 6+7: Im Winter Jan. 687? In Würzburg angekommen predigten sie sofort das Wort Gottes. Als Gozbert davon hörte, ließ er sie zu sich rufen. Es dauerte nicht lange, bis Kilian Herzog Gozbert überzeugte, Christ zu werden. Die Passio Maior, Kapitel 8: Bei der Ankunft in Würzburg trafen sie nicht mehr den Herzog an, der es bei ihrem Scheiden (686) gewesen war, sondern Gozbert. [79] Dann hat Kilian in kurzer Zeit die Sprache des Volkes erlernt und das Volk überzeugt, „dass es allmählich von seinem heidnischen Irrtum abließ". [80] Gozbert

---

[76] Burkard war viermal in Rom. Er kannte sich garantiert aus, wann welcher Papst regierte.

[77] Ein Widerspruch zur Passio minor.

[78] Kolumbian und Gallus waren zu der Zeit schon lange tot.

[79] Unterschiedliche Aussagen in Passio Minor und Maior. Wobei die Aussage in der Passio Major nicht zum Stammbaum der Hedenen in Abb. 4 passt. Gozbert heiratete Geilana im Jahr 666.

[80] Gozbert war keine Heide.

ließ dann Kilian zu sich bringen. Als Kilian ihm die Lehre verkündet, antwortete Gozbert, dass sie ihm bis dahin unbekannt geblieben war. [81]

Die Taufe

Die Passio Minor, Kapitel 7: Nach kurzer Zeit wurden Gozbert und das Volk getauft und gefirmt. Die Passio Maior, Kapitel 9: Am nächsten Ostersonntag [82] wurde Gozbert mit vielen anderen getauft. Fast die ganze Provinz Ostfrankens gab den Kult der Dämonen auf und wurde christlich. [83]

Meine Kommentare bis zur Taufe

Kilian soll mit seinen Gefährten von Irland, über Gallien nach Würzburg gepilgert sein. Sein Weg hätte ihn sicherlich dann über die Bischofsstadt Mainz mit seinem merowingischen Dom St Johannis aus dem späten 6., frühen 7. Jhd., über das seit dem frühen 6. Jhd. merowingische Frankfurt mit seinem merowingischen Königshof, nach Aschaffenburg mit einer merowingischen Bevölkerung, den Main entlang, über die damals existierende merowingische Siedlung Karlburg, wahrscheinlich sogar mit einem Kloster, nach Würzburg mit den merowingischen Herzögen, geführt. Noch unwahrscheinlicher ist die behauptete Romreise von Kilian zu Papst Konon, er war 11 Monate Papst, vom 21. Oktober 686 bis zu seinem Tode am 21. September 687. Vor allem die Rückreise im Winter 686/687 über die Alpen verwundert sehr. Laut A. Bigelmair [84] von bereits 1955, entspricht die Romreise Kilians nicht den wirklichen Geschehnissen. Auch waren Romreisen, keine irische Missionstradition. Sogar Alfred Wendehorst hat dies 1962 [85] angezweifelt: „Der Bericht der Passio von Kilians und seiner Gefährten Reise nach Rom mit dem Zweck, sich vom Papste mit der Mission beauftragen zu lassen, ist zweifellos unhistorisch und lediglich als Rückprojektion bonifatianischer Romverbundenheit zu werten". Und auch 1982 zweifelte es Wendehorst erneut an. [86] Das ist auch die Meinung des Verfassers. Viele Widersprüche tun sich auch noch auf. In der Passio minor war Kilian in Irland schon Bischof, in der Passio Maior erst in Rom von Papst Konon ins Amt gesetzt. Die Mitreisenden

---

[81] Das kann nicht stimmen.

[82] Nach dem julianischen Kalender am 7. April 687.

[83] Total unrealistisch in kürzester Zeit eine Region zu missionieren. Vgl. Ruf, Theodor 2021 S. 176, zur Situation 742 in Würzburg: „Man wird dies als Zeichen dafür interpretieren können, dass eine Missionsarbeit hier nicht mehr nötig war und Kilians Arbeit offenbar Früchte getragen hat".

[84] Bigelmair, Andreas 1955, S. 124 f.

[85] Wendehorst, Alfred 1962, S. 13.

[86] Wendehorst, Alfred 1982, S. 321 f.

Kolumbian und Gallus haben zu der Zeit schon lange nicht mehr gelebt, wobei Kolumbian nur in der Passio Maior erwähnt wird. Kolumbian starb 615 und Gallus 640. In der Passio minor treffen die angeblichen Missionare bei der ersten Ankunft, angeblich 686 in Würzburg, auf Gozbert. In der Passio Maior nicht, leider wird der Name dieses Herzogs nicht angegeben. In der Minor predigten sie bei der zweiten Ankunft in Würzburg sofort. In der Maior lernte Kilian zuerst in kurzer Zeit die Sprache des Volkes und predigte erst dann, was ja eigentlich logisch ist. Er überzeugte das Volk und Gozbert, für den war jedoch die Lehre in der Passio Maior unbekannt. Das kann nicht sein und ist schlichtweg eine falsche Aussage. Die Hedenen waren Herzöge der Merowingerkönige. König Chlodwig I. ließ sich mit seinem Volk 498 von Bischof Remigius in Rheims christlich taufen. Und Gozbert sollte diese Lehre nicht kennen. Die Merowinger waren Christen, die Hedenen auch. Hruodi, der Großvater von Gozbert, wurde nach 630 von König Dagobert I. als Herzog von Mainfranken eingesetzt. Die 26 Königskirchen, die Hausmeier Karlmann 742 an das Bistum Würzburg schenkte, gingen auf die Merowinger-Könige zurück, sicher um die Zeit von Dagobert I. In Karlburg, ca. 25 km nord-östlich von Würzburg, existierte im späten 6. Jahrhundert eine Siedlung der Franken, sicher weit vor 686 mit einem Kloster. [87] Das Kloster soll laut Stephan von Novora noch um 960 existiert haben. Aber Gozbert kannte ja 687 angeblich nicht die christliche Lehre.

Wer ermordete Kilian und seine Gefährten?

Laut der Passio Kiliani Minor und Maior, heiratete Gozbert die Witwe seines Bruders, und diese Heirat galt damals als Blutschande. [88] Kilian soll den bereits getauften Herzog gedrängt haben, die Verbindung aufzulösen. Als Geilana davon hörte, dass ihr Mann Gozbert „seine liebende Gattin" bzw. „liebenswerte Frau" verlassen will, entbrannte sie in Zorn und Eifersucht (was auch zu verstehen ist). Geilana soll eine Abwesenheit ihres Mannes genutzt haben, um den Bischof und seine beiden Gefährten ermorden zu lassen. In der Passio Minor war es ein Henker, in der Maior waren es zwei Helfershelfer. Das Motiv dürfte aus der Bibel kommen. Herodes Antipas heiratet seine Schwägerin Herodias, und als Johannes der Täufer dies anprangerte, wurde er von Herodes gefangen genommen und dann enthauptet. Der Vergleich mit Johannes wird auch in der Passio Maior im Kapitel 12 erwähnt. Es klingt sehr nach Kilian und Geilana bzw. Gozbert. Der Verfasser lehnt einen Vergleich mit Pilitrud und Korbinian

---

[87] Erwähnt in der Jüngeren Vita des Burkard, Buch 2.
[88] Im Alten Testament war das nicht verboten, sondern sogar erwünscht.

ab. Es waren andere Umstände, Karl Martell hatte seine Hände im Spiel, und Korbinian wurde nicht umgebracht. Auf Pilitrud und Korbinian wird später in dem Buch noch ausführlich eingegangen.

Wann soll der Mord stattgefunden haben?

Laut der Passio minor war die Abreise nach Rom im Jahr 686. Papst Johannes soll bei der Abreise noch gelebt haben. Bei der Ankunft in Rom trafen sie jedoch auf Papst Konon. Die Ankunft von Rom nach Würzburg war Anfang 687. Die Taufe fand, laut der Passio maior, 687 nach Ostern statt. Der Mord, wenn er stattfand, wäre also im gleichen Jahr 687 gewesen. Auf der Homepage des Bistum Würzburg steht aber das Jahr 689. [89] Es wird immer von einer Enthauptung gesprochen, initiiert durch Herzogin Geilana, siehe dazu auch die Abb. 5.

Was passierte direkt nach dem Mord?

Die Passio Minor, Kapitel 10: Noch in der gleichen Nacht wurden sie in höchster Eile an dem gleichen Orte heimlich beerdigt; auch ihre Gefäße, ihr Kreuz, ihr Evangelienbuch und ihre anderen priesterlichen Kleidungsstücke wurden gleichzeitig mit ihnen ins Grab gelegt. Die Passio Maior, Kapitel 14: Nach diesen Worten wurden sie getötet und an derselben Stelle der Erde übergeben, damit niemand wissen könne, was geschehen. Auch die Gewänder, in denen sie die göttlichen Handlungen vollzogen, und ihre heiligen Bücher wurden vergraben, damit auch nicht eine Spur ihrer Ermordung entdeckt werden könnte, sondern der Anschein erweckt würde, dass sie unbemerkt wie gewöhnlich auf Wanderung gegangen.

Gab es Zeugen für den Mord?

Passio Minor, Kapitel 11: Dies sah die Matrone mit Namen Burgunda. Sie erzählte die Ereignisse. Passio Maior, Kapitel 14: Eine vornehme Frau, mit Namen Burgunda, hat den Mord gesehen, schwieg jedoch zuerst. Weiter im Kapitel 15 der Passio Maior: „Und so wären, wie gesagt, die Leiber der Heiligen den Menschen völlig unbekannt geblieben, wenn nicht die genannte Burgunda es am Ende ihres Lebens einigen Gläubigen geoffenbart hätte, wo sie lagen". Der angeblicher Mord war 767, laut dem Bistum Würzburg 769.

Wie ging es weiter?

Passio Minor, Kapitel 12-13: Der Mörder klagt sich öffentlich selbst an. Später, nach seiner Freilassung, begann er plötzlich in Raserei zu verfallen, sich selbst mit seinen Zähnen zu zerfleischen, bis er das

---

[89] https://heilige.bistum-wuerzburg.de/heilige/hl-kilian-kolonat-totnan/ abgerufen am 13.10.2022

gegenwärtige Leben beendete. Passio Maior, Kapitel 15: Dann hatte Geilana über dem Grab Bohlen legen lassen und einen Pferdestall errichtet. Es sollen jedoch damals Lebende ihrer Nachkommen [90] erzählt haben, dass die Tiere, die dort im Stall untergebracht waren, über den Gräbern der Martyrer weder Kot noch Urin ließen und so den Martyrern Ehre erwiesen.[91] Herzog Gozbert kam dann nach der Beendigung des Krieges wieder in Würzburg an, und wunderte sich, dass Kilian und seine Gefährten nicht mehr da waren. Im Kapitel 16 der Passio Maior: Der eine Mörder zerfleischte sich mit seinen eigenen Zähnen, ging er von der zeitlichen Strafe über zur ewigen. „Der andere aber, der von dem Tode der Heiligen wusste, verfiel in Raserei, stürzte sich in sein Schwert, dass die Eingeweide heraustraten". [92]

Mein Kommentar zu einer Schlacht in 687.

Im Juni 687 fand in Tertry, 568 km westlich von Würzburg, eine Schlacht statt. Der merowingische Gesamt-König Theuderich III. mit dem neustro-burgundischen Hausmeier Berchar, gegen Pippin II., dem Hausmeier aus Austrien. Pippins Ziel war es, Gesamt-Hausmeier zu werden, was ihm auch gelang. Berchar wurde abgesetzt, ein Jahr später sogar umgebracht. König Theuderich III. ließ Pippin jedoch im Amt. Wenn Gozbert daran teilnahm, dann wahrscheinlich auf der Seite des christlichen Merowinger Königs.

Was passierte mit der Herzogfamilie?

Passio Minor, Kapitel 14: „In Gailana fuhr nämlich ein böser Geist und quälte sie so lange, bis sie ihr Leben beendete. Gozbert töteten seine Diener mit dem Schwert. Hetan, seinen Sohn, vertrieb das Volk der Ostfranken aus dem Reich. [93] So sehr verfolgten sie seine Nachkommenschaft, dass auch nicht einer aus seinem Stamme übrigblieb". [94] Passio Maior, Kapitel 17: Geilana starb in großen Peinen. Kapitel 18: „Gozbert wurde von seinem eigenen Dienern umgebracht, sein Sohn von der Regierung vertrieben worden sein, und dass ihre Verwandten und Angehörigen von den Volksgenossen so vieles zu ertragen hatten, dass ihnen in dieser Provinz kaum mehr ein Ehrenamt in der Staatsverwaltung verblieb".

---

[90] In der älteren Passio überlebte niemand.
[91] Die Lebensdauer der Pferde ist heute ca. 30 Jahre, damals bestimmt kürzer.
[92] Unterschiedliche Aussagen in der Passio Minor und Maior
[93] Heden hat bis 718, urkundlich bis 716, als Herzog in Mainfranken agiert.
[94] Diese Aussage ist schlichtweg falsch.

Wer erhob die Gebeine?

Passio Minor, letztes Kapitel 15: „Da der Herr so ihre Verdienste (Wunder am Bestattungsort) ins Licht stellte, wurden sie nach dem Rate und der Weisung des Papstes Zacharias, durch Vermittlung des Erzbischofs Bonifatius, von Burkhard, dem ersten Bischof von Würzburg, aus ihrem Grabe ehrenvoll erhoben, unter der glücklichen Herrschaft Pippins, dem ersten König der Ostfranken“. Und im Kapitel 11 steht: Aber durch die Gnade göttlichen Erbarmens fand sich damals, als Gott der Allmächtige ihre Leiber von dem Begräbnisort zu größerer Ehre erheben wollte, das Fleisch an ihnen, wie es zu sein pflegt, zwar verwest, aber die übrigen Teile wurden heil und gut erhalten aufgefunden, und zwar so gut, dass von den Büchern nicht ein Blatt, von den Kleidern nicht eine Faser verfault war. Die Passio Maior, im Kapitel 19: Gertrud von Nivelles setzte in Karlburg den Priester Atalong und den Diakon Bernard ein, die sie mitgebracht hatte. Der genannte Atalong wusste nichts von Kylian. Kapitel 21: Als er nicht glaubte, dass Kilian existierte, erblindete er. [95] Die Passio Maior, Kapitel 22: „Und als er schließlich durch die Fürbitte der Heiligen das Augenlicht wieder erlangt hatte, wurde er nicht müde, bei allen, wo er konnte, die Wunder des göttlichen Wirkens, wie sie an ihm geschehen waren, öffentlich kundzutun. Und er ging darin so weit, dass er auch den ehrwürdigen Erzbischof Bonifatius, der damals der Kirche von Mainz vorstand, [96] aufsuchte und ihm ausführlich darlegte, was der Herr an ihm durch die Verdienste des seligen Kylian und seiner Gefährten getan“.

Passio Maior, Kapitel 23: „Nun war Atalong nach seinem Ruf und nach seinem Leben nicht unangesehen und daher schien er nicht nur dem heiligen Mann Bonifatius, sondern allen nur die Wahrheit zu berichten. Und seit dieser Zeit beschäftigte sich der so ehrwürdige Erzbischof mit der Frage, wie er die Stadt, wo die Leiber der Heiligen geborgen waren, durch die Würde eines Bischofssitzes erhöhen könne. [97] Kap. 23: Und da wir nun zum Ende dieses Werkes kommen, wollen wir das Ende des Berichtes machen. Wie dann der ehrwürdige Burchardus als erster Bischof bekanntermaßen den Bischofssitz von Wirziburg verdient hat und wie er

---

[95] Gertrud von Nivelles lebte von 625 bis 659, Kilian soll, laut dem Bistum Würzburg, 689 ermordet worden sein.

[96] Bonifatius war erst ab 746/747 Bischof von Mainz.

[97] Das heißt, laut der Passio Maior Kap. 23, soll Bonifatius schon vor der Würzburger Bistumsgründung in 742 von den Märtyrern gewusst haben. Warum hat es dann so lange gedauert mit der Erhebung der Gebeine?

die Leiber der Heiligen von dem Orte, wo sie in unwürdiger Weise geborgen waren, erhoben hat".

Mein Kommentar zu der Erhebung der Gebeine.

Der Priester Atalong kam, laut der Passio Maior, mit Gertrud von Nivelles (*625 +659) nach Karlburg.[98] Das Bistum Würzburg wurde Anfang 742 von Bonifatius gegründet. Bonifatius wurde erst 746/47 der Bischof von Mainz, Mainz war erst unter Lullus ein Erzbistum. Pippin der Jüngere war ab Ende 751 der König der Franken. Atalong wäre dann 747 mindestens 109 Jahre alt gewesen, denn man musste damals mindestens 30 Jahre alt sein, um zum Priester geweiht zu werden. Burkard war bei seinem Rücktritt im Jahr 754 siebzig Jahre alt, galt als Kreis und schwach [99] und starb ein Jahr später am 8. Februar 755. Der Angelsachse Bischof Burkard soll es dann gewesen sein, der die Gebeine, zwei Jahre vor seinem Rücktritt 754, ausgrub. Auch das nordfranzösische Evangeliar Kilians aus dem 6. Jahrhundert, soll Burkard unversehrt in der Erde gefunden haben. [100] Siehe Abb. 6. Alles war, laut der Passio Maior, mehr als 60 Jahre in einem Pferdestall im Boden begraben! In einem Pferdestall wird Ammoniak erzeugt. Ammoniak ist ein farbloses, stechend riechendes, hygroskopisches Gas. Es ist sehr leicht in Wasser löslich. Diese Lösung wird Salmiakgeist genannt. In höheren Konzentrationen wirken Ammoniak und Salmiakgeist sehr stark ätzend.

Aber ich vergaß ja ganz, dass die Pferde in diesem Pferdestall, über 60 Jahre lang, weder Urin noch Kot ließen. Wobei ein Pferd heute ca. 30 Jahre alt wird. Jedoch, „kann für gewöhnlich im Herbst oder Winter, aber auch nicht im Frühjahr oder im Sommer, wenn es etwas regnet, an diesem Orte nicht mehr als zwei Fuß tief graben, ohne dass Wasser hervorbricht". [101]

Meine Kommentare zur Vertreibung der Herzogsfamilie.

Auch die behauptete Vertreibung von Gozberts und Geilanas Sohn Heden in der Passio Minor durch das Volk stimmt nicht.

---

[98] Das kann um 638 gewesen sein. Warum sollte man es anzweifeln? Auf jeden Fall weit vor 686/689.

[99] Ältere Vita Burkardi Kapitel 8

[100] Burkard soll sich, laut seiner jüngeren Vita, als er von England aufs Festland zog, zuerst in Nordfrankreich aufgehalten haben. Wahrscheinlich stammt das Evangeliar von Bischof Moderan von Rennes, mit dem er ab 718 im Kloster in Berceto/Apennin/Italien lebte. Moderan starb dort 731.

[101] Passio Minor Kap. 11.

Heden urkundete, 15 Jahre nach 689, 704 in Würzburg [102] (Die erste Erwähnung von Würzburg). Und dann nochmals 716, 27 Jahre nach 689, in Hammelburg. [103] Die Vita Kiliani minor diente vor allem dazu, dass die Beseitigung des Hedenischen Herzoghauses zurzeit Karl Martells, von seinen Nachkommen verschleiert wurde. Es existieren viele Verdachtsmomente, die eher dafürsprechen, dass Kilian ein Konstrukt von Burkard, dem Papst Zacharias und Bonifatius war. Und dann von allen Karolingern benutzt wurde.

Willibrord war 692 und 695 in Rom und hätte dort bestimmt von Kilian erfahren, er erwähnte Kilian mit keinem Wort. Warum arbeitete er mit Heden II., dem Sohn der angeblichen Mörderin von Kilian, zusammen? Die Antwort überlässt der Verfasser den Lesern selbst.

Bonifatius erwähnte Kilian mit keinem Wort, das verwundert auch. Bonifatius war 718/719, 722/723 und 737/738 beim Papst in Rom. Es existiert kein Brief zwischen dem Papst und Bonifatius in dem Kilian erwähnt ist. Auch bei der Bistumsgründung Würzburgs, Anfangs 742 durch Bonifatius, findet man keine Hinweise auf Kilian und seine Gefährten.

Wann soll die Erhebung der Gebeine stattgefunden haben?

In der jüngeren Vita Burkhardi, im Buch 1, Kapitel 8, ist der Rombesuch von Bonifatius und Burkards im Jahr 737/38 ausführlich beschrieben. Man findet darin, dass Burkard vom Papst Gregor III. 738 zum Bischof geweiht wurde, und dass Burkard mit Heiligenreliquien vom Papst beschenkt wurde: „und beschenkte ihn (Burkard) reich, was noch all diese Dinge übertrifft, mit Heiligenreliquien zur Erbauung und zum Schutz der neuen Kirche".

Die Bistumsgründung war März 742, und Burkard hatte die Reliquien vom Papst. Hausmeier Karlmann schenkte 742, zur Gründung, 26 merowingische Königskirchen, unter anderem die Marien-Kathedrale am Fuße des Berges in Würzburg, und das Kloster Karlburg an das Bistum. Burkards erster Bischofssitz war auf dem Berg, wobei es einen Tausch zwischen Irmina, Tochter Herzog Heden II., und dem Bistum, in Person Bischofs Burkard, gab. Der Berg in Würzburg war nämlich ab Mitte/Ende 718, nach dem Tod von Herzog Heden II., Fiskalbesitz.

Um/nach 750, soll Bischof Burkard, auf dem linken Mainufer, an der Stelle des späteren Klosters St. Burkard, das Benediktinerkloster St.

---

[102] Die Urkunde ist im Original nicht mehr vorhanden; eine Abschrift aus dem 12. Jahrhundert befindet sich im „Liber Aureus Epternacensis", in der Forschungsbibliothek Gotha.

[103] Details auf http://www.1300-jahre-hammelburg.de, abgerufen 1.1.2023.

Andreas gegründet haben. Die ursprünglichen Patrozinien dieser Kirche waren jedoch unklar. In der jüngeren Vita Burkhardi gibt es unterschiedliche bzw. widersprüchliche Aussagen dazu:

1. Buch 2 - Kapitel 8, ...zu Ehren der hl. Gottesgebärerin (Maria) und des hl. Apostel Andreas geweiht, ...

2. Buch 2 - Kapitel 9, ...Magnus, der, da er zwei Namen hatte, auch Andreas hieß, ...

3. Buch 2 - Kapitel 9, ...und in der vorher erwähnten Basilika des seligen Apostel Andreas beigesetzt wurde.

4. Buch 3 - Kapitel 3, ...vom seligen Burkard zu Ehren des seligen Apostels Andreas und des hl. Märtyrer Magnus geweiht worden ...

5. Buch 3 – Kapitel 3, Den Körper des hl. Martyrers Andreas oder Magnus aber, den wir oben erwähnten, überführte ...

Welche von diesen beiden erwähnten Reliquien bekam Burkard 738 vom Papst in Rom?

Heinrich Wagner entdeckte 1988 eine bis dahin nicht bekannte Quelle zur Frühgeschichte des Klosters St. Burkard zu Würzburg in der Universitätsbibliothek Würzburg, Handschriftenabteilung, M.ch.f.43 f.1-13, wohl aus dem 16. Jahrhundert. Darin wird erwähnt, dass das Burkarduskloster die Reliquie des heiligen Märtyrer Magnus aus England bekommen hat. [104] Also bleibt nur noch die Reliquie des Apostels Andreas übrig. Diese muss Burkard vom Papst Gregor III. 738 geschenkt bekommen haben.

Nach der Bistumsgründung im Jahr 742 war Bischof Burkard mit den Reliquien vom Apostel Andreas auf dem Berg in Würzburg, links vom Main. [105] Das gläubige Volk befand sich rechtsmainisch in der Würzburger Siedlung im Tal. Dazwischen war der Main mit einer Furt (die alte Mainbrücke wurde erst 1133 gebaut) und der Berg mit 100 m Höhendifferenz. Man kann nachvollziehen, wenn man logisch denkt, dass Burkard diese ungünstige Konstellation nicht passte und er sie bald änderte und rechtsmainisch in der Siedlung eine erste Kirche erbaute. [106] Natürlich mit dem Patrozinium Andreas.

---

[104] Wagner, Heinrich 2010, S. 355.
[105] Von 738 bis Anfang 742 war Burkard mit den Reliquien des Apostel Andreas in Rorinlacha.
[106] Laut der jüngeren Vita des Burkard nach 3 Jahren, das war 745.

Einen merkwürdigen Hinweis findet man in der jüngeren Vita des Burkards [107].

Die Reliquien von Kilian und seinen Gefährten, sollen mit Burkard 3 Jahre auf dem Berg gewesen sein. Aber bei der Bistumsgründung im Jahr 742, existierten die Kilian Reliquien noch gar nicht. Aber die Reliquie des Apostels Andreas. Hier hat der Schreiber der jüngeren Burkards-Vita etwas verwechselt.

Einen Hinweis über eine frühe Bischofskirche in der rechtsmainischen Siedlung, findet man auch in M.ch.f.43 f.1-13, die Handschrift: Prologus de fundatione et processu monasterii sancti Burchardi, von 1363-1368. [108] „Außerdem begann der selige Burkhard zu erwägen, wie er auf dem vorgenannten Berg ein bischöfliches Kloster ansiedeln und erbauen könnte; aber, durch göttliche Offenbarung gemahnt, vollendete er nicht, was er im Geist entworfen. Daraufhin rief derselbe selige Burkhard seinen Geist von seinem geplanten Vorhaben zurück und begann die Bischofskirche dort zu erbauen, wo sie jetzt steht". Bei dieser Aussage möchte ich keine neuen Diskussionen anfachen, wo genau die erste Bischofskirche stand. Meine Antwort: Sie war im Tal, rechts vom Main, da wo das Volk lebte. Logisch, oder?

Man muss sich jedoch fragen, ob sich das Volk im Laufe der Zeit mit dem Apostel Andreas identifizierte. Ich denke nicht, das Volk von Würzburg hatte keinen direkten Bezug zu ihm. Burkard war dann einige Jahre später wieder in Rom. Er traf Papst Zacharias 747 [109] und 751 in Rom. Und jetzt kann man den Hinweis in der älteren Passio Minor, Kapitel 15, des Kilian verstehen: „Da der Herr so ihre Verdienste ins Licht stellte, wurden sie nach dem Rate und der Weisung des Papst Zacharias, durch Vermittlung des Erzbischofs Bonifatius, von Burkhard, dem ersten Bischof von Würzburg, aus ihrem Grabe ehrenvoll erhoben, unter der glücklichen Herrschaft Pippins, [110] dem ersten König der Ostfranken". Die angebliche Erhebung der Märtyrer muss also danach stattgefunden haben, sie war sicherlich Anfang 752.

---

[107] Im Buch 2 Kapitel 6, Überschrift: Wie er die Körper der hl. Martyrer drei Jahre lang oben auf dem Berg behütete.
[108] Wagner, Heinrich 2010, S. 355.
[109] Nicht 748, wie in einem aktuellen Artikel über die Gründung des Bistum Würzburg, erwähnt, Ruf, Theodor 2020, S. 82. Burkards Rom Besuch ist im Bonifatius-Brief 80 erwähnt, aber von Tangl und Rau falsch auf 748 datiert.
[110] Pippin war ab ca. Dezember 751 der König der Franken. Also war die Erhebung der Gebeine danach.

Der Grund war: Burkard brauchte für sein Bistum einen Märtyrer, mit einem Bezug zu Würzburg. Und die Karolinger benötigten diese Märtyrer, um von der Beseitigung des hedenischen Herzoghauses durch Karl Martell abzulenken. Das waren die Gründe, weshalb Bischof Burkard eine Erhebung der Gebeine und die Reliquienverehrung der Märtyrer Kilian, Kolonat und Totnan initiiert hatte. Burkard wurde von Pippin dafür, und auch für seinen Botendienst zum Papst, belohnt. 752 bekam das Bistum Würzburg umfangreiche Schenkungen von Pippin. Den Zehnten von den jährlichen Slaven-Tribut in 17 Gauen. Und den Zehnten der Bodenerträge von 26 königlichen Fiskalgütern. Und Pippin verlieh dem Bistum Würzburg auch noch die Immunität. Das Benediktinerkloster auf der linken Mainseite wurde dann auch 752 [111] gebaut, 10 Jahre nach der Bistumsgründung im Jahr 742. Die Reliquien des Apostel Andreas brauchten ja einen neuen Platz.

War Karl der Große 788 wegen Kilian in Würzburg?

Bez. der Aussage, Karl der Große soll 788 in Würzburg gewesen sein, kontaktierte ich Rainer Leng im Juli 2022. [112] Sehr geehrter Herr Prof. Leng, Ich habe eine Frage an Sie bez. Karl dem Großen. Er soll 788 in Würzburg gewesen sein. Laut Klaus Wittstadt, soll das in den Annalen von St. Maximin erwähnt sein. Mich würde interessieren, was genau in den Annalen darübersteht.

Ich erhielt von ihm folgende Antwort per E-Mail: Sehr geehrter Herr Weyer, ein Aufenthalt Karls des Großen 788 in Würzburg wird tatsächlich in den Regesta Imperii (I, Nr. 296b) angenommen, und zwar mit Bezug auf die Annales St. Maximini Trevirensis (Trier), wobei ein angeblich dort für 787 erwähnter Aufenthalt aus Gründen der Chronologie auf das Folgejahr gelegt wird. Insofern ist es nachvollziehbar, dass in der Forschung mitunter auf einen solchen Aufenthalt verwiesen wird. Die Regesta Imperii sind nun einmal unser wichtigstes und i.d.R. auch zuverlässiges Nachschlagewerk für alle Königsaufenthalte.

Verwirrend wird es allerdings, wenn man in den Annales St. Maximini selbst nachsieht. Denn in den extrem knappen Jahreseinträgen, wie sie für die ältere Annalistik typisch sind, findet man keinen solchen Aufenthalt, weder für 787 noch für die Jahre davor oder danach. In der Edition der Trierer Annalen nach der Originalhandschrift (Pertz 1841, MGH SS 4) [113]

---

[111] Andere sagen 748, es gibt jedoch keine Gründe dafür.
[112] Privatdozent am Lehrstuhl für Fränkische Landesgeschichte der Universität Würzburg.
[113] https://www.dmgh.de/mgh_ss_4/index.htm#page/5/mode/1up

ist kein Aufenthalt Karls erwähnt, ebenso nicht in der älteren Edition nach einer Abschrift der Trierer Annalen aus dem 13. Jahrhundert (Pertz 1829, MGH SS 2). [114] Wie es zu diesem Verweis kommt, kann ich mir nicht erklären.

Ein weiterer Eintrag in den Regesta Imperii (I, Nr. 297) bezieht sich auf eine in Würzburg 788 ausgestellte Urkunde Karls des Großen mit der Schenkung von Neustadt, Homburg, Amorbach, Schlüchtern und Murrhardt an die Kirche von Würzburg. Eine solche Urkunde wäre ein unzweifelhafter Beweis für einen Aufenthalt Karls - wenn sie echt wäre. Doch schon in den Regesta Imperii, wie auch in der Edition der Urkunden Karls (MGH DD Karol I, Nr. 246) [115] ist das Dokument eindeutig als Fälschung identifiziert.

Fazit: Ein Aufenthalt Karls 788 in Würzburg war zwar theoretisch möglich. Schließlich sind für 788 sichere Itinerar Stationen zwischen Ingelheim und Regensburg belegt. Auf dem Weg könnte Karl auch in Würzburg gewesen sein. Doch ist ein solcher Aufenthalt durch keine verlässlichen schriftlichen Quellen belegbar, insbesondere nicht durch die Trierer Annalen.

Mit freundlichen Grüßen, Rainer Leng.

Der Hintergrund zur Centenarfeier der Karolinger.

In der blutigen Schlacht von Tertry, 687, besiegt Pippin der Mittlere, der Hausmeier von Austrasien, den merowingischen Gesamt-König Theuderich III. und dessen neustro-burgundischen Hausmeier Berchar/Berthar. Eine Voraussetzung für den Aufstieg der Karolinger zu Königen. Pippin der Mittlere erscheint danach offiziell als Hausmeier des Gesamtreiches, Princeps francorum bzw. Principale regimine majorum domus. Das 100-jährige Jubiläum der Karolinger musste 787 stattgefunden haben. Vielleicht am 8. Juli 787 in Worms, da hielt sich nämlich König Karl I. nach seinem Langobarden Feldzug auf. [116] Er hatte Grimoald, den Sohn von Herzog Arichis, Schwiegersohn des Langobardenkönig Desiderius, [117] als Geisel dabei. Desiderius Tochter Liutperga war mit Herzog

---

[114] https://www.dmgh.de/mgh_ss_2/index.htm#page/213/mode/1up
[115] Alles abgerufen Ende 2023. https://www.dmgh.de/mgh_dd_karol_i/index.htm#page/347/mode/1up
[116] RI I n. 290d, in: Regesta Imperii Online.
[117] 774 von König Karl I. abgesetzt, und ab 786 nicht mehr genannt, wahrscheinlich 786 oder kurz danach gestorben.

Tassilo III. aus Bayern verheiratet. Karl traf in Worms auch seine damalige Frau Fastrada.

Anschließend noch die Widersprüche zu Kilian. Und abschließend die Schlussfolgerung des Autors:

Die Wegbegleiter von Kilian.

Unterschiedliche Aussagen in der älteren Passio minor und der jüngeren Passio maior, und im irischen Martyrologium. Die angeblichen Begleiter Gallo und Columbian in der Passio Major, lebten zu der Zeit schon lange nicht mehr.

War Kilian ein Bischof?

Nein, unterschiedliche Aussagen in der älteren Passio minor und der jüngeren Passio maior.

War Kilian in Rom?

Nein, konstruiert, um Kilian als Vorgänger von Bonifatius darzustellen. Und unterschiedliche Aussagen in der Passio Minor und Major.

Wurde Gozbert von Kilian getauft?

Nein, sicherlich nicht. Die Hedenen wurden von den Merowingern eingesetzt. Die Merowinger waren seit ca. 500 n. Chr. Christen. Die Christianisierung in Mainfranken fand bereits weit vor Kilian statt.

War Mainfranken vor Kilian heidnisch?

Nein, die christlichen Merowinger besetzten um 500 Mainfranken. Und weit vor 686 soll in Karlburg ein Kloster erbaut worden sein. Dieses Kloster und weitere 25 merowingische Königskirchen sind in der Schenkung des Hausmeier Karlmann an das Bistum Würzburg 742 nachgewiesen. Das Kloster ist auch um 960 von Stephan von Novora erwähnt. Karlburg liegt am Main, ca. 29 km Nord-West von Würzburg.

Ein frühes christliches Zeugnis fand man 1996 in Obernburg am Main, 68 km westlich von Würzburg, Fragmente einer Schliffglasschale mit den Darstellungen von Christus Salvator, flankiert von den Apostelfürsten Petrus und Paulus. Es wird in die Zeit um 360-400 n. Chr. datiert. [118]

Wer soll Kilian ermordet haben?

Gleiche Aussagen in der Passio minor und maior, unterschiedliche Aussagen im Martyrologium des Hrabanus Maurus und im irischen Martyrologium. Meine Antwort: Niemand hat Kilian und seine Gefährten ermordet. Sie existierten in der Realität nicht.

---

[118] J. Deckers in »Main-Echo« vom 30. 3. 1997.

War Heden fromm?

Ja, dazu Hubert Mordeck: „Auch auf dem Würzburger Marienberg (später so genannt) gründete Heden ein Kloster, was den Autor der jüngeren Vita Burchards von Würzburg veranlasste, ihn einen zweiten Sebastian zu nennen, der unter dem Waffenrock eigentlich Christus gedient habe, oder einen gestrengen und frommen Hirten nach dem Vorbild Davids". [119]

Beseitigte das Volk das Herzoghaus der Hedenen?

Nein, laut der älteren Passio Kiliani minor wurde Heden II. vom Volk vertrieben. Das stimmt nicht. Heden, der Sohn von Gozbert und Geilana, die angeblichen Mörder von Kilian, erkundete 704 und 716. Beide Urkunden stellte er auf den Missionar Willibrord aus.

Initiierte Pippin II., der eigentliche fränkische Machthaber, im Jahr 690 eine Missionierung?

Ja. Er beauftragte Willibrord mit einer Missionierung in Friesland. Nicht in Mainfranken!

Hätte Willibrord mit dem Sohn der Mörderfamilie Kontakt aufgenommen?

Nein. Willibrord war mit Heden II., in engen Kontakt, er erhielt von Heden II., seiner Frau Theodrada und Sohn Thuring, Schenkungen in Thüringen und Hammelburg, in den Jahren 704 und 716.

Wurde Kilian von Willibrord erwähnt?

Nein, Willibrord missionierte ab 690 in Friesland. Er war 692 und 695 in Rom beim Papst, von Pippin II. geschickt. Willibrord starb 739, er erwähnte Kilian mit keinem Wort. [120]

Wurde Kilian von Bonifatius erwähnt?

Nein. Bonifatius erster Rombesuch war 718/19, der zweite 722/23, der dritte 737/738. Er erwähnte Kilian auch nicht, in keinem der vielen Bonifatiusbriefen ist er erwähnt. Auch bei der Bistumsgründung von Würzburg Anfang 742 durch Bonifatius wurde Kilian nicht erwähnt.

Gab es bereits bei der Bistumsgründung 742, Reliquien in Würzburg?

Ja, die Reliquien des Apostel Andreas, die Burkard bei seinem Rombesuch 738 vom Papst Gregor III. erhielt.

Zu den Reliquien des Kilian und seiner Gefährten existiert seit 2021 ein Artikel von Theodor Ruf im Mainfränkisches Jahrbuch für Geschichte

---

[119] Mordeck, Hubert 1994.
[120] Vgl. Ruf, Theodor 2011, S. 174, „Willibrord muss aber von Kilian gewusst haben". Eine persönliche Annahme von Ruf, ohne Quellenverweis.

und Kunst. Man findet viele Detailinformationen zu der Würzburger Reliquien-Story. Außerdem steht im Artikel, dass sich im Dom von Paderborn auch ein Schädel des Kilian befindet. [121] Neben dem Schädel des Kilian im Dom von Würzburg, ein Schädel zuviel. Und auf Seite 172 steht, dass das Bistum Würzburg, eine von Ruf beantragte Untersuchung der Schädel, am 9. November 2020 ablehnte.

Andere drei Heilige, die „Heiligen Dreikönige" wurden im Laufe der Zeit erfunden. Ist im Matthäus-Evangelium (Matthäus 2, 1-23) nur von Sterndeuter aus dem Morgenland, im Original griechischen Text die Rede, ohne einen Königstitel und ohne eine Zahlenangabe. So wurde ihre Zahl schon von Origenes (185-254) aufgrund der dreifachen Gaben auf drei festgesetzt. Später wurden die Weisen zu Königen, deren Namen man auch festsetzte: Caspar, Melchior und Balthasar. Die Namen kommen in der lateinischen Tradition ab Anfang des 6. Jahrhundert vor. [122] Nach der Eroberung Mailands (1162) soll der kaiserliche Kanzler und Kölner Erzbischof Rainald von Dassel dessen Gebeine 1164 als Geschenk von Kaiser Barbarossa bekommen haben. Dahinter verbarg sich jedoch eine politische Absicht des Kaisers. Die Gebeine der angeblich „ersten christlichen Könige" sollten dem Reich Barbarossas eine sakrale Rechtfertigung ohne eine Abhängigkeit vom Papst verleihen, die seit Pippin III. und seinem Sohn Karl I., dem späteren Großen, existierte.

In Neustadt am Main, nur 30 km nord-westlich von Würzburg, existieren auch drei Schädel. Ob sie Heilige sind, ist nicht bekannt. Der ehemalige, dortige Pfarrer Rudolf Langhans fand 1990 Überreste einer eingemauerten Kreuz-Kapelle [123] im Südturm der heutigen Pfarrkirche, der ehemaligen romanischen Klosterkirche der Benediktiner. Darin befindet sich ein Grab bzw. eine gemauerte Grube, mit Schädeln und Skeletten von 3 Personen. [124] Eine Untersuchung der eingemauerten Kreuz-Kapelle hat bis heute nicht durch das Bayerische Landesamt für Denkmalpflege, stattgefunden. In Ruf, Theodor 2022, findet man zu der von Ruf in der Funktion als Kreisheimatpfleger initiierten Knochen-Untersuchung, nach ca.

---

[121] Ruf, Theodor 2021, S. 194.
[122] Excerpta Latina Barbari, S. 51(B).
[123] Der südliche Bogen der Kreuzkapelle ist innen komplett freigelegt, und außen sieht man die Apsis. Nach Westen sieht man innen links oben den Ansatz des Bogens. Nach Osten sieht man außen die Apsis, und innen ist der Bogen oben rechts freigelegt. Nach Norden hat man die Freilegung des Bogens, aus statischen Gründen, nicht durchgeführt. Langhans ließ dann noch durch das BLfD, die Stabilität des Südturms durch Edelstahl-Gestänge verstärken.
[124] Siehe Abb. 7, Informationen dazu findet man auch bei Weyer, Klaus 2019, S. 113-116.

30 Jahren, folgende Daten. Die drei Schädel sollen aus folgenden Zeiträumen stammen:

Schädel 1: 1035-1158, Delta = 123 Jahre, Mittelwert = 1097.

Schädel 2: 994-1146, Delta = 152 Jahre, Mittelwert = 1070.

Schädel 3: 897-1022, Delta = 125 Jahre, Mittelwert = 960.

Damit kann man die Toten, und die eingemauerte Kreuz-Kapelle, dem 2. Kloster im Tal von Rorinlacha/Neustadt am Main, dem Missions-Kloster an der Neuen Statt, zuordnen.

Der Kilians Sarkophag im Neumünster in Würzburg

Joachim Lorenz ist ein deutscher Mineraliensammler und Spezialist für die Mineralien, Gesteine und Fossilien im Spessart. Wenn man den 1-seitigen Bericht von Joachim Lorenz bez. der Besichtigung des „Kilian-Sarkophag" liest, [125] kann man sich nicht vorstellen, dass dieser ausgestellte Sarkophag im Neumünster, von Kilian stammen soll. Lorenz beurteilte den Sarkophag rein aus technischer Sicht. Es fand leider keine zusätzliche detaillierte Untersuchung statt, sie war nicht erwünscht.

Meine abschließende Zusammenfassung zu Kilian:

Burkard hatte bei der Bistumsgründung 742 schon einen Bistums-Heiligen, er erhielt 738 die Reliquien des Apostel Andreas vom Papst Gregor III. bei seiner Romreise mit Bonifatius. [126] Diese Reliquien vom Apostel Andreas befanden sich die ersten 3 Jahre, von Anfang 742 bis Anfang 745, in der ehemaligen Klosterkirche von Immina auf dem Berg in Würzburg.

745 ließ dann Burkard die erste Kirche, mit dem Patrozinium Andreas, in der rechtsmainischen Stadt erbauen. Burkard brauchte jedoch dann, nach ca. 8 Jahren als Würzburger Bischof, einen Bistums-Heiligen, mit dem sich das Würzburger Volk identifizierte. Zu dem hl. Andreas hatten sie, so wie es aussieht, keinen Bezug. Und für Pippin den Jüngeren passte die Erfindung von Kilian, um von den Geschehnissen von 717/718 bezüglich der Hedenen und seines Vater Karl Martell abzulenken.

Kilian und seine Gefährten waren eine Erfindung von Burkard, abgestimmt mit Bonifatius. 751 abgesegnet vom Papst Zacharias, beim Besuch von Burkard in Rom, zusammen mit Fulrad. Anfang 752, unter der Herrschaft König Pippin, fand die inszenierte Erhebung statt.

Die erfundenen Reliquien von Kilian und seinen Gefährten kamen dann 752 in die Stadtkirche, die Burkard 745 für die Reliquien des Apostel Andreas bauen ließ.

---

[125] Veranlasst von Theodor Ruf im Jahr 2020.

[126] Diese Romreise ist in der älteren und jüngeren Vita des Burkard erwähnt, allerdings mit falscher zeitlicher Einordnung.

Für die Reliquien des Apostel Andreas, war nun kein Platz mehr in der Stadtkirche. Für ihn wurde ein Kloster unter dem Berg, auf der anderen Seite des Mains, weg vom Volk, gebaut. Ab 752 das Andreaskloster. Ab 988, als die Gebeine des Burkard von Bischof Hugo dorthin gebracht wurden, wurde es das Burkarduskloster.

Kilian und seine Gefährten existierten nicht, sie wurden von 750 bis 752 von Bischof Burkard von Würzburg erfunden. Mit Unterstützung des Karolinger Pippin dem Jüngeren, Missionar Bonifatius und Papst Zacharias.

5. Der karolingische Staatsstreich bis 741

Der karolingische Staatsstreich erstreckte sich über einen sehr langen Zeitraum, weit mehr als 100 Jahren und endete 751 mit der gesetzwidrigen Machtergreifung von Pippin den Jüngeren. Der Staatsstreich begann offiziell 614, nach der Ermordung von Brunichilde im Jahr 613. Im Edictum Chlotharii musste Chlothar II. Zugeständnisse an den austrischen Adel machen, in Person Arnulf von Metz und Pippin den Älteren. Wichtigste Regelung war, dass die Grafen nur noch aus der Region stammen durften, in der sie amtierten. Sie erhielten auch mehr politische Rechte gegenüber dem König, dem damit die Möglichkeit genommen wurde, Männer seines Vertrauens einzusetzen. Außerdem wurde das Amt des Hausmeiers verbrieft.

Ein Staatsstreich ist der Sache nach, natürlich eine unsaubere Angelegenheit und auch nicht rechtens. Jedoch wurde der karolingische Staatsstreich in nahezu allen Quellen stets als positiv hingestellt, auch heute noch. Das muss einem nicht verwundern, denn wir wissen ja, dass die Quellen dieser Zeit, sehr einseitig aus karolingischer Sicht manipuliert wurden. Und die hatten Gründe ihre Ereignisse zu schönen, und die ihrer Vorgänger und Gegner im möglichst ungünstigen Licht erscheinen zu lassen. Die Mietmäuler der Karolinger leisteten sogar so gründliche Arbeit, dass selbst heute noch Historiker, und auch Lerninhalte für Schulen, Karl den Großen fast immer unkritisch, ja mit Andacht und Verehrung behandeln.

Pippin der Ältere und sein Sohn Grimoald, Arnulf von Metz und sein Sohn Ansegisel, und dessen Sohn Pippin den Mittleren, waren anfangs die tragendenden Personen der Karolinger. [127]

Wie eingangs im Buch erwähnt, existieren wenige Quellen aus dem 8. Jahrhundert, noch weniger aus dem 7. und 6. Jahrhundert. Und die wenigen Quellen wurden auch noch von den Karolingern beeinflusst, sie wurden manipuliert. Ich denke auch viele Viten und die zwei Passiones des Kilian.

Childebrand, der Halbbruder von Karl Martell, manipulierte die zweite Fredegar Fortsetzung. Einhard, der Biograph Karl des Großen, verschwieg viele Fakten. Über die Frauen von Hausmeier Karlmann und König Karlmann existieren keinerlei Daten. Auch nicht über die erste Frau

---

[127] Siehe Abb. 8, die Siegerlinie der Pippiniden, Arnulfinger, Karolinger.

von Pippin den Jüngeren und auch nichts über die erste Frau von Karl den Großen.

Für die Jahre 746/747 und für die Zeit um 751 existieren nahezu keine Quellen.

Meine teilweisen korrigierten Fakten der Bonifatius Briefe halfen bei vielen Themen. Beispielsweise bei der Bistumsgründung von Würzburg, aber auch bei der Datierung vom Konzilium Germanicum, usw.

Eine wichtige Quelle, die Historia Langobardorum von Paulus Diaconus, bricht mit dem politischen Höhepunkt des Langobarden-Reiches unter König Liutprand († Jan. 744) ab. Obwohl Paulus sich erst 787 nach Montecassino zurückzog und dann nach ca. zehn Jahren, zwischen 797 und 799, in Montecassino starb. Bestimmt nicht, weil Paulus den Text nicht vollenden konnte. Vielleicht, weil der Rest beseitigt wurde, oder er sich nicht traute weiterzuschreiben. Beides könnte stimmen.

Bezüglich Kilian sind die Passio minor Kiliani von nach 768, [128] und die Passio maior Kiliani von um 960 vorhanden. Für Burkard greift man auf die Vita Burkardi I. von um 960 und auf die II. Vita von nach 1130 zurück. Und für Bonifatius zeugen seine Briefe und die Vita s. Bonifatius, von Willibald, [129] nach 755 geschrieben. Initiiert durch Lullus und Megingaud.

Nicht zu vergessen die umfangreiche Fries-Chronik von 1546. [130] Fries hatte als Schreiber von drei Würzburger Bischöfen, noch vor dem 30-jährigen Krieg, Zugriff auf viele alte Urkunden und Dokumente.

Der Aufstieg der Karolinger war von einer enormen Gewalt, Verfolgung und Tod der Kontrahenten geprägt. Wie bei den Merowingern. Auch die Päpste unterstützten die Karolinger dabei. Nicht wie bei den Merowingern. Um das Ziel zu erreichen, wurde vor nichts zurückgeschreckt, die Gegner durch Handlanger oder auch selbst zu töten, oft wurden sie auch nur politisch kaltgestellt, indem sie einfach in ein Kloster verwiesen wurden. Auch vom Papst in Rom.

Auf dem Weg vom merowingischen Hausmeier zum karolingischen König, wurden von den Karolingern viele Konkurrenten, mit Duldung bzw. Unterstützung der Kirche, aus dem Weg geräumt. Der Agilolfinger

---

[128] Erläutert in Tab. 11.

[129] Nicht von einem Priester, sondern von Bischof Willibald, propagiert Heinrich Wagner. Burkard und Willibald trafen sich schon 720, als Willibald mit seinem Vater und Bruder Wunibald, nach Rom pilgerte.

[130] Würzburg, Stadtarchiv, Ratsbuch 412. Reinschrift, 1546 geschrieben und von Lorenz Fries korrigiert.

Chrodoald wurde 624/25 von den Handlangern von Pippin den Älteren und Arnulf von Metz ermordet. Fara, der Sohn Chrodoalds, und Fredulf, fielen 641 in der Schlacht gegen Grimoald. Odo/Otto, aus der Gründersippe des Kloster Weißenburg und der Erzieher von Sigibert III., wurde 642 vom Alamannen Herzog Leuthari, dem Handlanger von Grimoald, ermordet.

Als Sigibert III. 656 starb, wurde Childebert adoptivus König von Austrien. Alle Quellen aus Merowinger Zeit, deuten laut Matthias Becher darauf hin, dass Childebert adoptivus, nicht wie bisher angenommen ein Sohn von Grimoald, sondern von König Sigibert III. war. [131] Was eigentlich auch Sinn macht. Childebert wurde nach dem Tod von Sigibert, von Grimoald adoptiert. Gleichzeitig ließ Grimoald Dagobert II., den anderen Sohn Sigibert III., kurz scheren und von Dido von Poitiers nach Irland bringen. Als Childebert 662 starb, wurde Childerich II. sein Nachfolger in Austrien. Wie auch immer, Grimoald wurde später von neustrischen Adeligen gefangen genommen und in Paris hingerichtet.

Die karolingischen Hausmeier der fränkischen Merowinger Könige erlangten seit dem 7. Jahrhundert erheblichen Einfluss auf Politik und Königtum. Nach 639, dem Tod von Dagobert I., führten sie faktisch die politischen Geschäfte. Pippin der Mittlere setzte 701 die Erblichkeit des Hausmeier Amtes durch. Die herausragende Stellung des Hausmeiers ebnete den Karolingern den Weg zur Königswürde. Pippin der Mittlere heiratete um 670 Plektrud. Diese Heirat war eine wichtigste Voraussetzung für die Stellung des karolingischen Hausmeiers im Merowinger Reich und damit auch für den endgültigen Aufstieg der Karolinger. Die Güter von Plektrud und ihrer Familie erstreckten sich von der mittleren Mosel über die Eifel bis an den linken Niederrhein und rundeten damit den bisherigen Besitz der Pippiniden an der Maas und der oberen Mosel ab, sie erlaubten das großzügige politische agieren von Pippin den Mittleren. Pippin der Mittlere und Ebrion ließen am 23. Dezember 679 den austrasischen Merowinger König Dagobert II., den Sohn von Dagobert I., bei Stenay-sur-Meuse in den Ardennen ermorden.

687 besiegte Pippin der Mittlere den neustro-burgundischen Hausmeier Berchar bei Tertry an der Somme und ließ ihn dann 688 ermorden. Er nannte sich seit 687 Hausmeier des Gesamtreiches, „Princeps francorum" bzw. „Principale regimine majorum domus".

---

[131] Matthias Becher, Der sogenannte Staatsstreich Grimoalds, Versuch einer Neubewertung, in: Karl Martell in seiner Zeit, Sigmaringen 1994, S. 119-147.

Berchars Nachfolger im Amt des neustro-burgundischen Hausmeiers wurde Pippin, dessen Sohn Drogo auch noch Berchars Witwe Anstrud heiratete. Der Hausmeier bzw. tatsächliche Machthaber des gesamten Frankenreiches, war ab 687 Pippin der Mittlere. Und der nutzte jede Gelegenheit das Reich zu vergrößern. So zog er nach dem Feldzug und Tod von Alamannen Herzog Gotfrid im Jahr 709 mehrfach bis 712 gegen einen Willehari in Suavis. [132]

Der Aufstieg der Karolinger unter Karl Martell hat auch etwas zu tun mit den Beziehungen der Karolinger zu den Hedenen und Thüringern und auch zu den Langobarden, Alamannen und Baiern. Und diese werden jetzt angesprochen.

Die Langobarden, nach Paulus Diakonus (Paul Warnefried, er war selbst ein Langobarde) in der Historia Langobardorum einstmals Winniler genannt, waren ein Teilstamm der Stammesgruppe der Sueben, eng mit den Semnonen verwandt, und damit ein elb-germanischer Stamm. Ursprünglich waren sie an der unteren Elbe zuhause und dort 5 n. Chr. von den Römern unter Tiberius geschlagen worden. Velleius Paterculus schrieb darüber: „Die Macht der Langobarden wurde gebrochen, eines Stammes, der noch wilder als die germanische Wildheit ist". [133] Im Jahr 166 drangen die Langobarden ins Römische Reich ein. Circa 100 Jahre nach dem Zusammenbruch des weströmischen Reiches im Jahre 476, besetzten sie dann ab 568, unter ihrem König Alboin, große Teile des heutigen Italiens und installierten dort ihr Reich.

Im Jahr 703 übernahm Aripert II. die Macht im langobardischen Reich in Italien, nachdem er den Thronfolger Liutpert gefangen nahm und ermordete. Aripert II. hatte gute Beziehungen zum fränkischen Hausmeier Pippin den Mittleren und wurde von diesem unterstützt. Und Ansprand, der Vormund des minderjährigen Liutpert, und sein jüngster Sohn Liutprand flüchteten ins Exil, an den bayerischen Hof zu Herzog Theodo. Denn die Langobarden und die bayerischen Agilolfinger waren seit der zweiten Hälfte des 6. Jahrhundert miteinander verschwägert und verbündet. Die restliche Familie von Ansprand wurde von Aripert verstümmelt. Ansprands älterer Sohn Sigiprand. wurden die Augen ausgestochen, seiner Frau Theodorada und seiner Tochter Aurona wurden Nase und Ohren abgeschnitten.

---

[132] Annales sancti Amandi in MGH SS 1, Hannover 1826.
[133] Velleius Paterculus, römischer Geschichtsschreiber, geb. 20 v. Chr., gest. 30 n. Chr., Velleius 2, 107; 2, 109, 1f

Nach einigen Jahren im Exil in Bayern, zogen Anfang 712 Ansprand und Liutprand mit dem Baiern-Herzog Theudebert, dem Sohn von Herzog Theodo II., und einem Heer nach Pavia und besiegten den Langobarden-König Aripert. Ansprand war dann ab März König der Langobarden. Im gleichen Jahr, am 13. Juni 712, wurde Liutprand der König der Langobarden, da sein Vater schwer erkrankte und kurz darauf starb.

Die Jahre ab 715 waren eine unruhige Zeit, den Pippin der Mittlere starb am 16. Dez. 714 und Plektrud nahm Pippins Sohn Karl, geb. 688 von Chalpaida, vorsichtshalber sofort in Haft. Nach dem Tod Pippins revolutionierte der Adel aus Neustrien gegen seine Frau Plektrud und ihrem Enkel, Hausmeier Theodoald. Sie siegten in der Schlacht in Compiegne am 26. Sept. 715 gegen Austrien. Auf beiden Seiten waren sehr hohe Verluste. Die Neustrier zwangen dann König Dagobert III., der in ihre Hände fiel, Raganfrid als Hausmeier von Neustrien einzusetzen. Ende 715, während Unruhen zwischen den Austriern und Neustriern, konnte Karl Martell aus der Haft Plektruds entfliehen.

Karl, er wurde 688 geboren, war nach neusten Erkenntnissen ein rechtmäßiger Sohn von Pippin mit Chalpaida. Pippin lebte bis 702 mit Chalpaida, der Mutter von Karl, zusammen. [134] Dann, vielleicht nach deren Tod, ging er wieder zurück zu Plektrud.

Ende 715 starb König Dagobert III. und Chilperich II. wurde König von Neustrien. Und im März 717 siegte Karl Martell bei Vincy im Gau Cambrai, nördlich von Reims, gegen die Neustrier.

Karl Martell war nach Ostern 717 Hausmeier von Austrien und ernannte in Austrien den Gegenkönig Chlothar IV., [135] der völlig abhängig von Karl Martell war. Karl ließ sich auch von Plektrud alle Schätze seines Vaters ausliefern. [136]

Nach einigen blutigen Zusammenstößen setzte sich letztendlich Karl Martell im Frühjahr 718 bei Soissons bzw. Nery gegen Eudo von Aquitanien, Raganfrid und König Chilperich II. von Neustrien durch. Eudo zog sich nach der Niederlage mit König Chilperich nach Aquitanien zurück. 718 fand auch schon ein Feldzug von Karl Martell gegen die Sachsen statt. [137]

---

[134] Schieffer, Rudolf 2000.
[135] Liber hist.Fr. 53; Cont. Fred. 10 (MGH SRM II).
[136] Bruno Krusch, in: MGH Scriptores rerum Merovingicarum 2, Hannover 1888, S. 1-193.
[137] Annales St. Amandi und Annales Petaviani.

Nachdem Chlothar IV. 718 starb, setzte Karl Martell den Merowinger Theuderich IV., den Sohn von Dagobert III., als austrischen König ein. Er forderte und bekam auch von Eudo die Übergabe von Chilperich. Karl Martell ist schließlich ab 720 als Hausmeier von Austrien und Neustrien in Urkunden bezeugt. Nachdem Chilperich 721 starb, setzte Karl Martell dann Theuderich IV., den Sohn von Dagobert III. der nach 711 geboren wurde, als König von Neustrien und Austrien ein.

Der bayerische Agilolfinger-Herzog Theodo II. zog, nachdem Pippin der Mittlere am 16. Dezember 714 gestorben war, gleich im darauffolgenden Jahr nach Rom zu Papst Gregor II. um seine bayerische Landeskirchenpolitik absegnen zu lassen. Herzog Theodo erkannte, nach dem Tod von Pippin, die momentane Schwäche der Karolinger. Er suchte 715 die Unterstützung des Papstes. Und er teilte schon vorher seine Herrschaft unter vier seiner Söhne, wie es schon immer die Merowinger-Könige gemacht haben. Die vier bayerischen Kirchensprengel wurden schon von Theodo II. installiert. In Regensburg, die Hauptpfalz der bayerischen Agilolfinger und ehemaliges römisches Kastell, in Freising, in Passau und in Salzburg.

Unter dem heutigen Niedermünster in Regensburg hat man von 1963 bis 1969 mehrere Kirchen unter dem heutigen Niveau ausgegraben. Die älteste, eine etwa 25x10 m große Kirche, mit Rechteckchor, aus Holz auf Steinfundamenten aus dem späteren 7. Jahrhundert, die teilweise auf den römischen Mauerstümpfen aufliegen. Die zweite, eine Saalkirche, mit Rechteckchor, aus Stein von um 715. An der nördlichen Längswand dieser Saalkirche fand man das Grab des um 715 verstorbenen hl. Erhard, der als Wanderbischof von Frankreich nach Regensburg kam und Bischof am Hofe des agilolfingischen Herzogs Theodo war. Bemerkenswert ist die Wiederverwendung eines römischen Sarkophag Deckels als Abdeckung des Erhard Grabes. [138]

Man kann auch annehmen, dass Korbinian bei der Romreise von Theodo dabei war und während seines Aufenthalts 715 in Rom vom Papst Gregor II. zum Bischof geweiht wurde. Korbinian war dann Bischof in Freising. Diese Pilgerreise der Agilolfinger hatte auch noch einen anderen Grund. Theodo begleitete seine Enkelin Guntrud zu Liutprand nach Pavia. Denn Guntrud, die Tochter des bayerischen Agilolfinger-Herzog Theudebert und seiner fränkischen Frau Regintrud, heiratete 715 den Langobardenkönig Liutprand. Guntrud hatte Liutprand bestimmt bei

---

[138] Wintergerst, Eleonore 2012.

dessen neunjährigen Exil in Bayern kennen lernte. Guntrud und Liutprand hatten in ihrer Ehe eine Tochter, [139] auf die wir später noch zurückkommen. Und es reiste auch Hucbert, der Bruder von Guntrud, mit nach Italien. Er heiratete um 715 Rattrud, die Tochter des späteren Langobardenkönig Ratchis. Theodo formte 715, direkt nach dem Tod von Pippin, ein starkes Bündnis zwischen den Agilolfingern und den Langobarden.

717/18 starb dann Herzog Theodo II., seine Frau war Folcaid, aus dem austrischen Adelsgeschlecht der Rupertiner. [140] Sie hatten folgende Kinder: Theudebert, Theodolt, Grimoald, Tassilo II., Uta/Oda und Lantpert. Lantpert soll den Bischof Emmeran von Regensburg umgebracht haben, wann ist unklar, wahrscheinlich auch eine Erfindung der Karolinger. Bald nach Theodos Tod bekämpften sich jedoch die Herzogs-Söhne.

719 griff Liutprand zugunsten von Theudebert, seinem Schwiegervater, in die bayerischen Auseinandersetzungen ein, er eroberte Gebiete von Grimoald von Freising und schob die Grenzen seines Langobarden-Reiches auf Kosten von Grimoald bis nach Meran in Südtirol vor. Im gleichen Jahr 719 vertrieb Grimoald, mit bisherigen Standort Freising, Theodolt aus der Hauptstadt Regensburg. Theodolt kam dabei ums Leben, Grimoald heiratete anschließend Pilitrud, die Witwe von Theodolt. Bischof Korbinian war gegen diese Ehe und musste deswegen ins Exil nach Südtirol, in die Nähe von Meran, flüchten.

Und 719 starb auch Tassilo II., sein Sitz war Passau und er war mit Imma verheiratet und hatte gesichert zwei Kinder, Swanahild und Grimoald. Viel spricht dafür, dass auch Odilo ein Kind von Tassilo II. war. Ein Hinweis ist der Satz in dem bayerischen Stammesrecht Lex Baiuvariorum: „Der Herzog aber, der dem Volke vorsteht, ist allezeit aus dem Geschlecht der Agilolfinger gewesen und muss es sein …“. Die Lex Baiuvariorum ist in der Zeit des 6. Bis 8. Jahrhunderts entstandene Sammlung des Volksrechtes der Bajuwaren, die älteste Sammlung von Gesetzen des bayerischen Stammesherzogtums. Der Sohn von Odilo und seiner Frau Hiltrud, die Tochter Karl Martells, war Tassilo III., dessen Großvater dann Tassilo II. gewesen wäre.

Die landläufige Aussage, dass Odilo ein Sohn des alemannischen Herzog Godofried/Gottfried war und die Mutter von Odilo die Schwester zu dem bayerischen Agilolfinger Herzog Theodo II. gewesen sein soll, ist nicht gesichert und auch nicht logisch. Dass Odilo ein Kind von Tassilo II. war, macht absolut Sinn. Für ein besseres Verständnis, der Mensch ist

---

[139] Historia Langobardorum VI, 43.
[140] Eine oppositionelle Adelsgruppe aus Austrien zu den Karolingern.

visuell veranlagt, werden 4 Stammbäume der Agilolfinger dargestellt. Siehe dazu Abb. 10-13.

Willibald pilgerte 720 mit seinem Vater und seinem Bruder Wunnibald über die Via Francigena nach Rom. Die Via Francigena ist einer der 3 christlichen Pilgerwege des Mittelalters, dessen Hauptachse von Canterbury in England nach Rom führte. Vorher in Lucca starb der Vater. Von Rom aus zog Willibald über Sizilien nach Jerusalem und hielt sich von 723 bis 727 im Heiligen Land auf. Auf der Rückreise brachte er längere Zeit in Konstantinopel (727–729) zu, wo er als Rekluse in einem Anbau der Apostelkirche lebte und auch einen Abstecher nach Nicäa (heute Iznik, Türkei) machte. Anschließend war er von 729 bis 739 Mönch im Kloster Montecassino und wirkte am äußeren und inneren Wiederaufbau des zu dieser Zeit zerstörten benediktinischen Ursprungsklosters Montecassino mit. Er war dort Küster der Kirche, Dekan und je vier Jahre Pförtner des oberen und unteren Klosters. 739/740 hielt er sich wieder in Rom auf, wo ihn Papst Zacharias nach Ostern 740 nach Germanien zu Bonifatius schickte.

Karlmann, älterer Sohn Karl Martels, ist in RI I n. 43b, 722 Jan. 1, Harastallio erstmals erwähnt. [141] Er unterfertigt die Urkunde seines Vaters für Utrecht no 34. - In den Urkunden führt Karlmann den Titel 'K. maiorem domus filius Karoli quondam'. Damit war er garantiert volljährig, 14/15 Jahre alt, bei einer Geburt in 707/8.

724 starb dann Herzog Theudebert aus Salzburg. Theudebert hatte mit Regintrud 2 Kinder, Guntrud und Hucbert. Regintruds Schwester Plektrud war mit Pippin den Mittleren verheiratet, somit waren Theudebert und Pippin der Mittlere verschwägert.

Im gleichen Jahr unterstützte der Langobardenkönig Liutprand, Papst Gregor II. militärisch gegen Byzanz. Mit Papst Gregor II., Papst von 715-731, hatte Liutprand gute Beziehungen. Mit Byzanz, Kaiser Leo III., lag er im Streit.

725 zogen Karl Martell und Liutprand nach Bayern, [142] denn Grimoald, der Bruder des verstorbenen Theudebert und Sohn Herzog Theodos, machte seinem Neffen Hucbert, dem Schwager Liutprands, das Teil-Herzogtum Regensburg streitig. Sie stürzten Grimoald und setzten Hucbert als Herzog ein. Anscheinend konnte sich Grimoald zunächst durch Flucht entziehen, wurde aber spätestens 728, als Karl Martell ein

---

[141] Abgerufen am 10.11.2023.
[142] Fredegar Cont. C.12 S. 175.

zweites Mal in Bayern einrückte, von „Feinden" ermordet. [143] Hucbert war mit Rattrud, der Tochter des Langobarden Ratchis verheiratet. Herzog Hucbert soll auch 725 Korbinian zurück aus dem Exil in Süd-Tirol geholt haben, Hucbert war anschließend 11 Jahre im Amt, er starb 736.

Dazu möchte ich auf die Aussagen von Wilhelm Störmer verweisen: Arbeo, geboren 723 und gestorben 784, berichtet in der Vita Corbiniani als Zeitzeuge, „dass alle Kinder aus dieser Ehe der Pilitrud, die mütterlicherseits wohl eine Karolingerin war, mit Herzog Grimoald unter schweren Heimsuchungen die Herrschaft und das Leben verloren, zuerst der offensichtlich älteste Sohn, der angeblich verzaubert worden war. Der Sohn Herzog Grimoald und Pilitrud kam auf geheimnisvolle Weise ums Leben, kurz nach dessen Tod auch Herzog Grimoald, Teilherzog mit der Hauptpfalz Freising. Er wurde von seinen Feinden (ab insidiatoribus) im Hinterhalt ermordet. Schließlich „die böse Gattin Pilitrud", durch Trug getäuscht, folgt dem in Bayern siegreichen Hausmeier Karl Martell ins Franken-Reich, wo sie Macht und Glanz und ihr gesamtes Vermögen verliert".

Laut der Vita Corbiniani verlor sie dort alles: "ammissa potestate et gloriae decorem, proprisis exuta substantus, nil quam asellum sub vectigali possidens", bis sie völlig verarmt nach Italien zog (wohl floh), wo sie endete. Man kann sich hier nur schwer vorstellen, dass der Vitenschreiber Arbeo hier fantasierte. Als Freisinger Bischof mussten ihm diese Vorgänge aus der Corbinian-Überlieferung noch bekannt sein. Die gesamte Familie des dux Grimoald und der Pilitrud wurde also von Karl Martell ausgerottet. [144]

Diese Fakten erinnern doch in starkem Maße an jene Methoden, die Karl Martell seit 723 gegen die Söhne seiner Halbbrüder anwandte. Karl Martell ging seit 723 gegen seine Neffen rücksichtslos vor; er inhaftierte nicht nur die zwei Söhne Drogos, [145] sondern zog wohl auch deren Besitzungen ein, wie er auch schon 717 Plektrud zwang, den Schatz seines Vaters herauszugeben. [146] Nicht zuletzt dadurch, konnte Karl Martell Besitzungen aus dem Erbe von Plektrud an sich bringen.

Karls erste Frau starb 725. Die Vermählung des siegreichen Hausmeiers mit Pilitruds neptis Sunnichilde (Swanahild) im Jahr 725 war ein genialer Schachzug von Karl. Die bayerischen Agilolfinger waren mit dem

[143] Vita Corbiniani.
[144] Störmer, Wilhelm 1972.
[145] BM2 nr. 35 b.
[146] BM2 nr. 30 t.

Langobardenkönig Liutprand verwandt. Diese offensichtlich für ihn gefährliche Familienkonstellation nutzte Karl Martell jedoch für sich aus, indem er die Agilolfingerin Swanahild selbst heiratete, und deren aus Franken stammende Tante, die Herzogin Pilitrud, wegen ihres Vermögens 725 ebenfalls mit an seinen Hof nahm. Swanahild, die zweite Frau von Karl Martell, und Guntrud, die Frau von Liutprand, waren Cousinen. Der gemeinsame Sohn von Swanahild und Karl, Grifo, wurde 726 geboren. Und Swanahild wurde im Reichenauer Verbrüderungsbuch, geschrieben 784 von Bischof Virgil, als Regina = Königin bezeichnet. Die Forschungen Jörg Jarnuts, im Beitrag Agilulfingerstudien [147], haben gezeigt, wie unvorstellbar groß das Geschlecht der Agilolfinger gewesen sein musste. Es gab zu dieser Zeit wohl nur eine Familie, die in dieser Hinsicht mit den Agilolfingern zu vergleichen war, die Merowinger.

Der Erfolg von Karl Martell war sein schwer gepanzertes Reiterheer. Für die kostspielige Finanzierung, die Ausrüstung für einen kompletten Panzerreiter war damals ca. so viel wert wie 15 Kühe, zog er im großen Stil Kirchengüter ein und verlieh sie als Lehen an adelige Gefolgsleute. Ein Beispiel für den enormen Grundbesitz eines großen Klosters, war das Kloster Saint Wandrille, es besaß nach der Einziehung von Grundbesitz durch Karl immer noch 4.284 Hufe (1 fränkischer Huf waren ca. 24 ha). Wido war in Wandrille Laien-Abt und verwandt mit den Karolingern.

Diese Gefolgsleute des Hausmeiers, Grafen und Markgrafen und auch Bischöfe und Äbte, waren die Reiter bei den Feldzügen. Ihre Bauern und Handwerker waren das Fußvolk. Die Gefolgsleute gelobten gegenüber dem Hausmeier Loyalität und Gehorsam. Und dafür erhielten sie ein Lehen, das im Wesentlichen aus Ländereien und Rechtsansprüchen bestand. Der Lehnsherr und der Lehnsnehmer profitierten voneinander, es war eine „Win-Win-Situation". Die „Verstaatlichung der Kirchengüter" war laut Rudolf Schieffer die größte politische Leistung von Karl Martell.

Liutprand eroberte 728 die Stadt Sutri und gab sie schon nach 140 Tagen gegen Geld an den Papst zurück. [148] Die erste „Schenkung" einer Stadt an die Kirche in Rom, ein früher Keim des Kirchenstaates außerhalb Roms.

730 fiel Karl Martell in Alemannien ein, dux Landfrid kam dabei wahrscheinlich ums Leben. 730 wurde auch Karlmanns Sohn Drogo geboren, Karlmann war da 23 Jahre alt. 732 wurde Eddo, der Abt und Nachfolger

---

[147] Jarnut, Jörg 1986.
[148] Dahn, Felix, „Liutprand", in: Allgemeine Deutsche Biographie (1884), http://www.deutsche-biographie.de/pnd102517460.html?anchor=adb. [29.12.2023]

von Pirmin im Kloster Reichenau, von Herzog Theudebald nach Uri verbannt, jedoch von Karl Martell befreit und wieder als Abt in der Reichenau eingesetzt. 734 wurde Eddo [149] zum Bischof von Straßburg ernannt. Um 732 geschah in Alemannien das Gleiche wie 719 in Thüringen / Mainfranken mit Herzog Heden. Karl schaltete den konkurrierenden Príncipes Theudebald aus und installierte seine eigene Herrschaft über das Dukat Alemannien. Während Theudebald aus Alemannien 732 floh, starb Herzog Heden aus Thüringen / Mainfranken im Jahr 718.

Und 732 erfolgte auch der legendäre Feldzug von Karl und den Langobarden mit König Liutprand gegen die Sarazenen / Araber unter Abderrahman bei Tour und Poitiers.

Um 735 „adoptierte" Liutprand den jüngeren Sohn von Karl Martel und seiner ersten Frau Chrotrud, Pippin den Jüngeren, in Pavia. [150] Pippin war 735 ca. 21 Jahre alt, also schon lange volljährig. In der Literatur wird oft das Jahr 737 für die „Adoption" genannt, obwohl in der Hist. Langobardorum keine Jahreszahl angegeben wird, und da diese Aussage mit dem Feldzug gegen die Sarazenen in der Pauli historia Langobardorum im gleichen Atemzug genannt wird, was jedoch nicht ein direkter Beweis für 737 ist. In den karolingischen Regesten wird die „Adoption" im Jahr 735 genannt. [151] Adoptiert man eine Person mit 21 Jahren? Nach meiner Meinung nicht! Die Langobarden kämpften 732, 737 und 739 zusammen mit Karl Martell gegen die Sarazenen. 738 traten die Langobarden sogar allein gegen die Sarazenen an.

Bis jetzt wurde die „Adoption" von Pippin durch den Langobardenkönig Liutprand nahezu nie angezweifelt, [152] obwohl Pippin zu diesem Zeitpunkt 21 Jahre alt war, schon längst volljährig. [153] Wobei Childebrand in der Fredegar-Fortsetzung und Einhard in der Karls-Vita die Adoption von Pippin verschwiegen. Welche Gründe bewegten sie dazu, die Adoption zu verschweigen? Beide mussten auf jeden Fall im Detail darüber Bescheid wissen. Jörg Jarnut kam zum Ergebnis, das diese Adoption vor allem das fränkisch-langobardische Bündnis absichern sollte. Das kann man bejahen, der Autor tut es nicht. Auch wurde in den Raum gestellt, dass

---

[149] Eddo, wahrscheinlich der Sohn Eddanus von Herzog Heden II.
[150] Historia Langobardorum Buch 6, Kapitel 53. Von Pavia nach Berceto sind es zu Fuß 147 km.
[151] RI I n. 53h
[152] In: Hartmann, Florian 2020, S.87, findet man die bisherigen Veröffentlichungen dazu in FN 1.
[153] Hartmann, Florian 2020, plädierte für eine Adoption von Grifo. Seine Thesen lehnt der Verfasser ab.

der ältere Karlmann sich dadurch zurückgesetzt fühlte. Das muss man anzweifeln, denn das Verhalten von Karlmann, nach der Reichsteilung, spricht dagegen. Dass diese sogenannte Adoption wahrscheinlich keine Adoption war, wie wir es heute verstehen, wurde nie betrachtet. Die weitaus schlüssigere Variante ist: Pippins erste Frau war sicherlich die langobardische Königstochter von Liutprand und Guntrud. Denn in der Pauli historia Langobardorum ist erwähnt, dass Guntrud und Liutprand eine Tochter hatten [154], sie konnte 735 ca. 19 Jahre alt gewesen sein. Guntrud und Liutprand heirateten 715, 716 wurde wahrscheinlich ihre Tochter geboren. Und Pippin hätte sie dann 735, er selbst war da 21 Jahre alt, geheiratet. Sein älterer Bruder Karlmann war schon um 728 verheiratet, und hatte seit 730 einen Sohn Drogo. Pippin stand unter Zugzwang. Das Paulus Diaconus diese Heirat in seiner Chronik, die am Hofe Karls entstand, nicht direkt ansprach, kann man auch verstehen. Das wäre nicht im Sinne von Karl dem Großen gewesen, es ging ja um den Vater Karls und auch um seine Mutter. Bertrada wäre dann nicht die erste Frau von Pippin dem Jüngeren gewesen und Karl der Große nicht der Erstgeborene Sohn von Pippin. Wieder eine Manipulation der Karolinger.

Außerdem ist es auch nicht logisch, dass Bertrada die erste Frau von Pippin gewesen sein sollte und er erst so spät mit 30 Jahren zum ersten Mal heiratete, und mit 34 Jahren erst Vater wurde. Sein Bruder Karlmann war 730 schon lange verheiratet, und hatte auch einen Sohn Drogo als Thronfolger, Man muss sich auch fragen, warum Pippin, erst nach dem Tod von Liutprand, Bertrada heiratete. Es hatte einen Grund.

Eine Heirat mit 20 Jahren war damals nichts Ungewöhnliches. [155] Karl Martell heiratete mit 20 Jahren, um 708, seine erste Frau Chrotrud, die Mutter von Karlmann und Pippin, die 725 starb. Und Karlmann, Pippins älterer Bruder, heiratete um 728 mit 21 Jahren seine nicht beim Namen bekannte Frau. Drogo, der Sohn von Karlmann, wurde 730 geboren. [156] Es muss wichtige Gründe geben haben, warum der Name von Karlmanns Frau nicht mehr bekannt ist. War sein Bruder Pippin später dafür verantwortlich? Oder sein Neffe Karl? Wahrscheinlich beide.

Pippins „erstgeborener Sohn" mit Bertrada, der spätere Karl der Große, heiratete mit 20 Jahren seine erste Frau, die Fränkin Himiltrud.

---

[154] Historia Langobardorum Buch 6, Kapitel 43.
[155] Hellmann, Siegmund 1903.
[156] Drogo wurde 747/748 im Bonifatius-Brief 79 erwähnt. „ob er (Bonifatius) zu der Synode des Herzogs der westlichen Provinzen (Pippin) abgereist ist oder zu Karlmanns Sohn". Das war Drogo.

König Karlmann, Karls jüngerer Bruder, heiratete sogar mit ca. 17 Jahren seine Frau Gerperga. Von Gerperga existieren keinerlei weitere Fakten. Wahrscheinlich fand die Hochzeit von König Karl und Karlmann sogar im gleichen Jahr statt.

Man fragt sich, warum nichts von der Frau des Hausmeiers Karlmann und auch nichts von der Frau des König Karlmann überliefert ist. Da wurde sicher im Nachhinein „gute Arbeit" von den Karolingern geleistet!

Nachdem Hubert 736 gestorben war, wurde Odilo, der Bruder von Swanahild, von Karl Martell und Liutprand zum bayerischen Herzog bestimmt. Dies war wohl auf den großen Einfluss von Swanahild zurückzuführen.

Der Stammbaum der bayerischen Herzöge begann mit Tassilo I., der 592 von König Childebert II., anstelle seines Vaters Garibald, als Bayernherzog eingesetzt wurde. [157]

Weitere Details zu den Söhnen von Theodo II.: Theododolt, Grimoald, Tassilo II. und Theodebert in den folgenden vier Stammbäumen Abb. 10 bis 13.

Nach dem Tod des bis dahin letzten Merowinger Königs Theuderich IV., der in den ersten zehn Wochen des Jahres 737 verstorben war, hatte Karl Martell keinen neuen König mehr erhoben. Sein Bündnis mit Liutprand gab ihm Rückhalt.

738 zogen die Langobarden unter Liutprand, diesmal allein, gegen die Sarazenen in der Provence, den Karl war auf einem Feldzug an der Lippe gegen die Sachsen. [158] Die Sarazenen zogen sich kampflos zurück, als sie sich einer Übermacht der Langobarden gegenübersahen. [159]

738 soll Karl Martell seinen Verwandten Wido, Abt von St. Vaast und St. Wandrille, der sich angeblich an einer Verschwörung gegen ihn beteiligt hatte, enthauptet haben. [160] Wahrscheinlich aber wurde Wido 743 von Karlmann abgesetzt und enthauptet, beide Klöster lagen im Reichsteil von Karlmann. Das Chronicon nennt Wido zum Jahr 729, die Abtsliste gibt ihm eine Abtszeit von 14 Jahren = 743. [161] Karlmann hat dem Kloster St. Vaast zwei Jahre später, 745, eine Güterschenkung gemacht. [162] Mit höchster Wahrscheinlichkeit wurde Wido, und auch Milo, von Pippin zur

---

[157] Historia Langobardorum Buch IV, Kapitel 7.

[158] RI I n. 41a, in: Regesta Imperii Online.

[159] Historia Langobardorum, Buch VI, Kapitel 54.

[160] RI I n. 41a.

[161] MGH SS XIII, S. 382 und 701.

[162] Heidrich, Ingrid: Die Urkunden der Arnulfinger, Bad Münstereifel 2001, Deperditum Nr. 82a Internet-Edition.

Verschwörung gegen Karlmann angestiftet. Milo, Widos Bruder, war Gefolgsmann Pippins nach dem Tod Karl Martells.

Papst Gregor III. ging 738 ein Bündnis mit den auf Konfrontation zum Langobardenkönig bedachten Herzögen Transamund von Spoleto und Godescalc von Benevent ein - für Liutprand eine Provokation. [163] Liutprand marschierte daher nach Süden und eroberte Anfang Juni 739 Spoleto. Herzog Transamund musste nach Rom fliehen. Der langobardische König folgte ihm und rückte erstmals seit rund zehn Jahren wieder in den Dukat von Rom ein. Er besetzte vier wichtige Kastelle und konnte damit jederzeit die Ewige Stadt ernsthaft militärisch bedrohen, tat es jedoch nicht.

Der Hilferuf des Papstes Gregor III., Papst von 731 bis 741, an Karl Martell im Jahre 739 trübte dessen Bündnis mit Liutprand nicht. In der Fredegar-Fortsetzung von Karls Halbbruder Childebrand ist jedoch der Angriff der Langobarden auf Rom nicht erwähnt. Lediglich in zwei erhaltenen Briefen des Codex Carolinus ist aufgeführt, dass das Hilfegesuch des Papstes sich gegen die Langobarden richtete. Der Codex epistolaris Carolinus ist eine heute nur mehr in einer einzigen Handschrift (Wien, ÖNB, Cod. 499, 9. Jahrhundert) erhalten. Er ist eine von Karl dem Großen veranlasste Briefsammlung mit 99 fast ausschließlich päpstlichen Schreiben an die karolingischen Herrscher Karl Martell, Pippin den Jüngeren und Karl den Großen aus der Zeit von 739/740 bis 791. Schon komisch, kein Schreiben an den Hausmeier Karlmann, und an den König Karlmann.

Karl nahm jedoch den Hinweis nicht auf die leichte Schulter, er schickte eine Gesandtschaft mit Abt Grimo von Corbie (Abt von 694 bis 747) und dem Reklusen (= Eingeschlossenen) Sigibert von Saint-Denis. [164] Bei dem Abt Grimo handelte es sich um einen Verwandten Pippin des Mittleren, dem späteren Erzbischof von Rouen. Zacharias, der Nachfolger von Gregor III., bewilligte 744 das Pallium. Aber warum reiste der völlig unbekannte Klausner Sigibert nach Rom? Sigibert ist ein Name, der sehr oft im merowingischen Königshaus vorkam. Das war bestimmt kein Zufall. War er ein Sohn von Chilperich II.?

Wie konnte der Papst vor diesem Hintergrund, überhaupt auf den Gedanken kommen, Karl Martell könnte sich gegen seinen langobardischen Bundesgenossen Liutprand wenden und Rom zu Hilfe eilen? Schon

---

[163] Noble, Thomas F. X.: The Republic of St. Peter, The Birth of the Papal State, Philadelphia 1984, S.47f.
[164] MGH SS rer. Merov. 2, Kap. 2: Fredegarii, Seite 179.

Schieffer vermutete, dass Bonifatius während seines langen Rombesuches 737/38 mit dem Papst nicht nur über Fragen der Mission und der Kirchenreform konferierte, sondern auch über die langobardische Bedrohung Roms. [165] Wobei Bonifatius und seine Begleiter, darunter Burkard, 738 auf dem Rückweg nach Germanien, sich beim Langobarden König Liutprand in Pavia aufhielten. [166]

739 kämpften Karl und Liutprand auch wieder zusammen in der Provence gegen die Araber. Liutprand hatte seine Aktionen vor Rom im August 739 wohl nur deshalb unterbrochen, um Karl Martell in der Provence gegen die Sarazenen zu unterstützen. [167] Nach seiner Rückkehr im Herbst 739 wurde Karl zuhause krank, „Karl überfiel die tödliche Krankheit".

Im Bonifatius Brief Nr. 45 antwortet Papst Gregor III. an Bonifatius. Der Brief wurde am 29. Oktober 739 verfasst, die Datierung: „Am 4. Tag vor den Kalenden des Novembers. Im 23. Jahr von Kaiser Leo III. (Leo wurde 717, März gekrönt). Nach seinem Konsulat im 23. Jahr (= 739 Okt 29). Im 20. Jahr von Kaiser Konstantin. (Konstantin wurde 720, März 31 Mitregent = 739 Okt 29). Im 8. Steuerjahr". Gregor III. benutzt hier im Einleitungssatz, wie der Autor der Vita s. Bonifatii Willibaldo (Vita Prima), das Wort "coepiscopo". Der Inhalt:

1. Lob an Karl Martell bezüglich der Sachsenmissionierung im Jahre 738.

2. Lob an Bonifatius bez. der Organisation der bayerischen Kirche in vier Sprengel. Vivilo wurde als Bischof von Passau bestätigt. Mit Zustimmung des Odilo (bayerischer Herzog von 736-748) wurden drei bestehende Bischöfe durch neue ersetzt, Gaubald in Regensburg, Erembert in Freising und Johannes in Salzburg. (Die neu organisierte bayerische Kirchenprovinz war politisch ein Bollwerk gegen das Machtstreben der Karolinger).

3. Rat bezüglich der Priesterweihe.

4. Rat wegen der Taufe.

5. Empfehlung für eine Synode am Ufer der Donau.

6. Und zu guter Letzt erhält Bonifatius vom Papst keine Erlaubnis an einem Ort zu verweilen!

---

[165] Schieffer, Theodor: Winfrid-Bonifatius und die christliche Grundlegung Europas, Freiburg 1954, S. 173. Auf der Rückreise 738, verbrachte Bonifatius einige Zeit bei König Liutprand in Pavia.
[166] Vita s. Bonifatii Willibaldo, Kap. 7.
[167] Noble, Thomas F. X.: The Republic of St. Peter. The Birth of the Papal State, Philadelphia 1984, S.45.

740 war ein Jahr ohne fränkischen Feldzug. [168] Von Spätsommer 740 bis Frühjahr 741 kam Odilo an den Hof von Karl Martell und seiner Frau Swanahild. [169] Eine oppositionelle Gruppe vertrieb den Herzog aus Baiern nachdem er zusammen mit Bonifatius 739 die bayerische Landeskirche nach kanonischem Recht reformierte. Als Karl noch lebte, soll Odilo, der Bruder von Swanahild, schon Hiltrud, die Tochter von Karl Martell, geheiratet haben. Angeblich auf Rat „der bösen Stiefmutter Swanahild" und „gegen den ausdrücklichen Willen von Karlmann und Pippin". [170]

Skandalös wurde diese Verbindung in der Vita Ludwigs des Frommen des Astronomus [171] dargestellt: „Der Kaiser habe dem lockeren Treiben seiner Schwestern in Aachen ein Ende bereitet, aus der Sorge heraus, dass etwa das Ärgernis, welches einst Odilo und Hiltrud gegeben hatten, sich erneuern könnte". Warum wurde aber von einem Skandal gesprochen? Ein Skandal wäre es damals sicher gewesen, wenn Odilo, als Bruder der Swanahild, die Stieftochter von Swanahild geheiratet hat. Kein Skandal wäre es gewesen, wenn Odilo aus dem Haus der alemannischen Agilolfinger abgestammt hätte. Außerdem war Hiltrud 740 um die 20 Jahre alt, also alt genug, um zu heiraten.

Am 17. September 741 schenkte Karl Martell in seiner letzten Urkunde dem Kloster Saint Denis die Villa Clichy. [172] Signiert ist die Urkunde des Hausmeiers Karl, drei Grafen und von der „inclustris matrona Sonechildis" und „Grifonis filii sui". Swanahild und Grifo sind in dieser letzten Urkunde von Karl erwähnt, nicht aber Karlmann und Pippin. Daraus lässt sich schließen, dass seine Frau Swanahild und sein jüngster Sohn Grifo bis zu seinem Ende mit Karl in sichtbarem Einvernehmen standen. [173] Bei Karlmann und Pippin gibt es keinen Hinweis darüber. Gleichzeitig ist das auch ein Hinweis, dass Grifo das Gebiet um St. Denis von seinem Vater vererbt wurde. Über den Aufenthalt bzw. den Tätigkeiten der beiden älteren Söhne von Karl erfahren wir im Zeitraum von Sommer 741 bis zum Tod Karls nichts aus den Quellen. Wahrscheinlich waren beide am 17.

---

[168] Annales Petaviani, S. 9.

[169] Becher, Matthias: Eine verschleierte Krise, Die Nachfolge Karl Martells 741 und die Anfänge der karolingischen Hofgeschichtsschreibung, in: Von Fakten und Fiktionen. Mittelalterliche Geschichtsdarstellungen und ihre kritische Aufarbeitung, 2003, S. 117 ff.

[170] Fredegar.

[171] Vita Hludovici imperatoris.

[172] Heidrich, Ingrid: Die Urkunden der Arnulfinger. in: MGH DD Arnulfinger, Echte Urkunden Nr. 14.

[173] Schieffer, Rudolph: Die Karolinger, Stuttgart 1992, S. 49.

September, als Karls letzte Urkunde in Quierzy ausgestellt wurde, nicht anwesend.

Am 22. Oktober 741 starb Karl Martell in seiner Pfalz in Quierzy, ca. 40 km westlich von Laon. Karlmann und Pippin waren nicht anwesend. Das muss Gründe gehabt haben. Und die hatten bestimmt mit der Teilung des Reichs zu tun.

Ein Überblick zu den Feldzügen von Karl Martell von 717 bis 739 ist in Tab. 4 aufgeführt.

Am 18. Juni 741 starb Kaiser Leon III. in Konstantinopel. Seine Herr-schaft, seit 717, ging auf seinen Sohn Konstantinus V. über.

Nachdem Karl Martell am 22. Okt. 741 gestorben war, begann erneut eine unruhige Zeit. Er starb laut der Fredegar-Chronik in Laon. Charibert, ein Enkel des Pfalzgrafen Hugobert und der Irmina von Oehren und ein Vetter von Swanahild, war damals der Graf von Laon. Laon gehörte an-schließend von 742 bis 747 zum Reichsteil von Karlmann.

Karl Martell wurde in St. Denis (Merowinger Hauskloster) begraben, Grifo und Swanahild waren anwesend, Karlmann und Pippin nicht. [174]

In der Liber pontificalis und in der Vita Stephani II. wird Karl Martell sogar als König betitelt. Entweder aus Unkenntnis der fränkischen Ver-hältnisse oder wegen einer späteren Interpolation.

Die erste Reichsteilung fand wohl schon 741 auf dem Märzfeld statt, da die Zustimmung der Großen ausdrücklich erwähnt wurde. [175] Karl-mann bekam damals Austrien, Alemannien und Thüringen und für Pippin wurde Neustrien, Burgund und die Provence bestimmt.

Aquitanien mit Dux Chunoald und Bayern mit Odilo waren noch selbstständig, obwohl Karl Martell auch in diese Herzogtümer eingefallen war. Ob das Elsass zu dieser Zeit eigenständig war, oder ob es zu Ale-mannien gehörte, kann man annehmen.

Jedoch gab es noch vor dem Tod von Karl Martell eine weitere Reichsteilung. Die Metzer Annalen erwähnen zum Jahr 741, dass noch zu Lebzeiten Karl Martells ein geänderter Teilungsplan existierte. Karls Sohn, Grifo, soll einen Erbteil erhalten haben, der je aus einem Teil von Neustrien, Austrien und Burgund zusammengesetzt war. Eine Mitwir-kung der Großen wurde nicht erwähnt. Die Metzer Annalen machen des-halb auch die Franci für den Ausbruch des Kampfes verantwortlich.

Die heute gängige Meinung, wie Karl Martell vor seinem Tode das Reich unter seinen Söhnen aufteilte, ist die Unwahrscheinlichste. Vier Ge-schichtswerke, alle den Karolingern nahe stehend, berichteten sogar un-terschiedlich darüber, dass sagt alles aus. Matthias Becher berichtete seine Variante im Jahr 2003 in seinem Artikel „Eine verschleierte Krise".

---

[174] Nonn, Ulrich: Die Nachfolge Karl Martells und die Teilung von Vieux-Poiters, in: Der Dynastiewechsel von 751 Scriptorium, Münster 2004, S. 68.
[175] Fredegar.

Für den Einfluss von Swanahild und Grifo im Pariser Raum berichten zwei Urkunden. Am 17. September 741 dotierte Karl die Villa Clichy im Pariser pagus an das Kloster St. Denis, die Konsensunterschriften der Urkunde sind die von Swanahild und Grifo. Und eine weitere Urkunde wird erst 753 in einem Placitum Pippins ersichtlich. In dieser Urkunde wird Swanahild auch bezüglich des Klosters St. Denis erwähnt. [176]

Die wahrscheinlichste Variante der zweiten Reichsteilung, vor dem Tod von Karl Martell am 22. Oktober 741, war sicherlich: Grifo (*um 726, +753 durch Grafen von Pippin), er stammte aus der rechtmäßigen Ehe von Karl Martell und Swanahild (Agilolfingerin), bekam den Hauptteil des Reiches.

Grifo erhielt Austrien, Thüringen, Neustrien und die Provence. Karlmann bekam Alemannien. Und Pippin bekam Burgund, dafür gibt es auch einen Hinweis, denn Pippin zog mit seinem Onkel Childebrand und einem Heer noch vor dem Tod von Karl Martell direkt nach Burgund. [177]

Ein weiterer Beweis ist der Brief 48 von Bonifatius an Majordomus Grifo. Der Brief ist von Tangl und auch von mir auf kurz nach 22. Oktober 741 datiert, er besitzt keine Datierung im Brief. Im Brief steht: „… wie das schon Euer Vater (Karl Martell) solange er noch lebte". Bonifatius bittet Grifo um die Unterstützung bei der Missionierung in Thüringen. Ein Beweis, dass Grifo auch Thüringen von seinem Vater bekommen hatte. Laut Ulrich Nonn soll Bonifatius an alle drei Brüder je einen Brief geschrieben haben, wobei jedoch nur der Brief an Grifo erhalten ist. [178]

Die Reichsteilung von 741/42 als Übersicht in den vier pro-karolingischen Geschichtswerken: Frededar 2. Fortsetzung, Reichs Annalen 1. Teil, Metzer Annalen älterer Teil und Einhards Annalen anschließend. Dargestellt in Tab. 5.

Im zweiten Teil des Continuatio Fredegarii, unter Childebrand abgefassten Teil der Chronik, wird Grifo mit keinem Wort erwähnt, obwohl Childebrand als Angehöriger des arnulfingischen Hauses sicherlich die Situation bezüglich Grifo kannte. Man darf daher aus dieser zeitgenössischen Quelle, verfasst von Childebrand dem Halbbruder von Karl Martell, keine objektive Berichterstattung erwarten. Siehe Tab. 6.

---

[176] Schüssler, Heinz Joachim: Die fränkische Reichsteilung von Vieux- Poitiers (742), in: Francia Forschungen, Band 13, Sigmaringen 1985, S. 47-112.
[177] Annales Mettenses.
[178] Nonn, Ulrich. 2004: Die Nachfolge Karl Martells und die Teilung von Vieux-Poiters, Seite 70.

Kurz nach dem Tod von Karl kam der ehemalige Alamannen Herzog Theudebald zurück, er wurde 732 von Karl vertrieben, und rebellierte Ende 741 zusammen bzw. gleichzeitig mit den Wasconen, Bayern und Sachsen im Elsass. [179] Karlmann reagierte im Elsass nach dem Aquitanien-Feldzug in 742.

Grifo und Swanahild verschanzten sich Ende 741 in Laon, ca. 50 km nordwestlich von Rheims, im Reichsteil von Grifo. Laon lag in der Reichsmitte, östlich von Quiercy und Nord-östlich von Soissons. Beide wurden von Karlmann dort gefangen genommen, nicht von Pippin. Karlmann war der Aktivere und Pippin der Defensivere, wie wir auf den nächsten Seiten weiter erfahren. Grifo wurde in Chevremont, südöstlich von Lüttich, von Karlmann in Klosterhaft gesteckt, in dem späteren Gebiet Karlmanns. Grifos Mutter Swanahild kam ins Kloster Celles-sur-Belle, zwischen Poitiers und La Rochelle, nahe der Atlantikküste gelegen, ebenfalls in dem späteren Gebiet Karlmanns.

Nachfolgend der Grenzverlauf nach der Teilung von Le Vieux-Poitiers von Anfang 742, nachdem sie vorher gemeinsam einen Feldzug gegen Dux Hunoald von Aquitanien erfolgreich abschlossen in Abb. 14.

Die Teilung vom Märzfeld 741, die erste Teilung ihres Vaters Karl Martell, war für Karlmann und Pippin die einzig „wahre Teilung". Und diese Teilung vereinbarten sie dann auch noch Anfang 742 offiziell in Vieux-Poitiers. Karlmann bekam, wie Anfang 741 von ihrem Vater festgelegt, Austrien, Thüringen, Schwaben (Suavia) und Alemannien. Er konnte sein Teilreich nach Norden, Süden und Osten expandieren. Pippin erhielt Neustrien, Burgund und die Provence und auch einen Teil vom ehemaligen Austrien, z.B. Trier und Metz. Siehe Abb. 14. Bei der Reichsteilung von Karlmann und Pippin, kann man keine Bevorzugung von Pippin erkennen.

Dies ist ein weiterer Beweis, dass beide nicht das Reich, wie auf dem Märzfeld 741 vereinbart, am Ende von Ihrem Vater Karl Martell erhielten. Denn wie wir vorher erfahren haben, soll Grifo, kurz vor dem Tod von seinem Vater Karl, den größeren Anteil vom „Reichskuchen" erhalten haben.

Deswegen haben Karlmann und Pippin Anfang 742 in Vieux-Poitiers die erste Teilung bestätigt!

---

[179] Annales Alamannici, ed. W. Lendi.

Mit dem Papst Zacharias machte Liutprand 742 seinen Frieden, wobei er auf seine Eroberungen im Dukat von Rom und auf andere römische Kirchengüter verzichtete. Der Papst konnte ihn auch von einem geplanten Feldzug gegen Ravenna abbringen.

Im Bonifatius Brief 50, von ca. Januar/Februar 742, begrüßte Bonifatius den neuen Papst Zacharias, er wurde am 10. Dezember 741 geweiht. Bonifatius informierte den Papst; „Wir müssen auch Eurer Väterlichkeit mitteilen, dass wir durch Gottes Gnade für die Völker Germaniens, die einigermaßen aufgerüttelt und zurechtgewiesen sind, drei Bischöfe bestellt und die Provinz in drei Sprengel eingeteilt haben, und jetzt bitten und wünschen wir, dass die drei Orte oder Städte, in denen sie eingesetzt und bestellt sind, durch Urkunden Eurer Machtfülle bestätigt und gesichert werden. Ein Bischofssitz, so haben wir bestimmt, soll in der Burg sein, die Würzburg heißt; und der zweite in der Stadt, die Büraburg [180] heißt; der dritte an einer Stelle, die Erfurt heißt, diese war ehedem eine Stadt ackerbautreibender Heiden. Wir fordern dringend die Bestätigung und Sicherung dieser drei Plätze.“

Auch bez. dem geplanten Concilium Germanicum fragt Bonifatius den Papst im Brief 50: „Kund sei ebenso Eurer Väterlichkeit, dass der Frankenherzog Karlmann mich zu sich entboten und gebeten hat, in dem seiner Gewalt unterstehenden Teil des Frankenreiches den Zusammentritt einer Synode einzuleiten. Und er hat das Versprechen gegeben wegen der Kirchenverfassung, die schon lange, nämlich mindestens sechzig oder siebzig Jahre, [181] mit Füßen getreten und zerrüttet war, in einiger Hinsicht eine Besserung und Regelung zu veranlassen. Darum muss ich, wenn er auf Gottes Geheiß wahrhaftig dieses Versprechen erfüllen will, einen Rat und eine Anweisung von Eurer Machtfülle, d. h. vom apostolischen Stuhl bekommen und Bescheid wissen.

Die Antwort vom Papst kam prompt mit dem Brief 51, nicht erst ein Jahr später, das ist nicht logisch. Der Papst bestätigt die drei neuen Bischöfe, Sprengel und Städte, hatte jedoch Bedenken wegen der Größe der Städte.

---

[180] Ein Berg ca. 5 km süd-westlich von Fritzlar.
[181] Kein Hinweis auf Kilian und seine Gefährten. Außerdem ist 742-60 Jahre = 682.

Und die Antwort zum Concilium Germanicum. „Was aber Deine Mitteilung an uns betrifft, dass Dich unser Sohn Karlmann gebeten hat, zu ihm zu kommen, um in dem unter seiner Botmäßigkeit und Gewalt stehenden Teil des Frankenreiches eine Synode abzuhalten, weil in dieser Provinz jegliche kirchliche Ordnung und Satzung völlig aufgehoben ist, so ist das sehr zu beklagen, dass hier seit langer Zeit keine Priestersynode abgehalten wurde, weshalb denen, die Priester zu sein glauben, nicht einmal bewusst ist, was das Priestertum ist. Sobald aber mit Gottes Hilfe das, was unser erwähnter Sohn in Aussicht gestellt hat, durchgeführt wird, soll Deine Brüderlichkeit, wenn sie das erwähnte Konzil zusammen mit diesem vortrefflichen Mann leitet, falls sie feststellt, dass irgendwelche Bischöfe, Priester oder Diakone sich gegen die Vorschriften und Satzungen der Väter vergangen haben, ...“

Das bedeutet, der Brief 51 vom Papst an Bonifatius wurde am 1. April 742 geschrieben.

Das Bistum Würzburg mit Burkard als ersten Bischof wurde schon um den März 742 von Bonifatius gegründet [182], und vom austrischen Hausmeier Karlmann dem Älteren [183] 742 durch großzügige Schenkungen unterstützt. [184] Karlmann, der Hausmeier von Austrien, Thüringen und Alemannien, schenkte unter anderem 25 Königskirchen [185]. „Die Basilika unterhalb der besagten Burg (in Würzburg), die zu Ehren der heiligen Maria erbaut wurde, mit ihrem Zubehör“, [186] gehörte auch zu den 25 Königskirchen. Das Kloster in Karlburg mit der Marienkirche wurde auch noch von Karlmann geschenkt. [187]

An 14 Orten befand sich neben den merowingischen Königskirchen auch noch ein Fiskalgut. Gekennzeichnet sind diese Orte in der Tabelle durch ein * nach dem Ortsnamen. Siehe Tab. 7.

Nach der einwandfreien Überlieferung des Inkarnationsjahres fand das Concilium Germanicum im April 742 statt. [188] Da aber das Inkarnationsjahr in den Handschriften des Kapitulars weder durch Indiktion noch durch Herrscherjahr gestützt wird, äußerte sich Theodor Schieffer dahingehend, dass die Möglichkeit einer fehlerhaften Aufzeichnung und

---

[182] Ausführlich hergeleitet in: Weyer, Klaus 2019, S. 71-73.
[183] Nicht von Pippin, er war erst ab Anfang 748 als Hausmeier für Austrien zuständig.
[184] Wagner, Heinrich 1992.
[185] Königskirchen, die von den christlichen Merowingern gebaut wurden.
[186] MGH DD LdF1, Seite 534, Urkunde Nr. 217 von 823 Dez. 19, Frankfurt.
[187] Das Kloster ist um 960 in der jüngeren Vita des Kilians erwähnt.
[188] MGH Conc. 2,1 S.1-4, und auch MGH Epp. sel. I 56, S. 98 f.

daraus entstandenen Überlieferung zu erwägen sei. Ein Trugschluss von Theodor Schieffer.

Das Concilium Germanicum fand am 21. April 742 statt, die Antwort vom Papst wurde drei Wochen vorher verfasst. Theodor Schieffer und viele andere haben diese Zusammenhänge nicht erkannt. Aber eigentlich ist es eine logische Schlussfolgerung. Der Brief 51 ist nicht vom 1. April 743, sondern vom 1. April 742. Die Bischöfe der ersten austrischen Synode, dem Concilium Germanicum unter Karlmann I. und Bonifatius, kamen nur aus Karlmanns Reich. Neben Bonifatius nahmen an der Synode noch sechs weitere Bischöfe teil.

Et Burghardum (Würzburg), et Regenfridum (Köln), et Wintanum (Büraburg), et Willibaldum (später Eichstätt), et Dadanum / Adaelarius (Erfurt), et Eddanum (Straßburg). [189]

Der Bonifatius Brief 56 ist von mir schlüssig auf 21. April 742 datiert, im Brief selbst ist keine Datierung. Der Hausmeier Karlmann verkündet die Beschlüsse des Konzilium Germanicum selbst an alle.

1. Statt der adligen Laien, die in einigen Bistümern seit der Lehensvergabe durch Karl Martell herrschten, wurden als Leiter der Bistümer wieder Bischöfe eingesetzt.

2. Als verbindliche Klosterregeln wurden die Benediktinerregeln für alle Klöster vorgeschrieben.

3. Jeder Bischof wurde zur Visitationsreise durch seine Pfarreien verpflichtet, während deren er die Firmungen vornahm. In diesem Zusammenhang kam der Brauch auf, Hilfsbischöfe, so genannte Weihbischöfe, einzusetzen, die den Bischof bei seinen Aufgaben unterstützen.

4. Der Klerus musste seinem Bischof einmal jährlich in der Fastenzeit Rechenschaft über seine Lebens- und Amtsführung abgeben.

5. An jedem Gründonnerstag sollte eine Messe stattfinden, in der der Bischof die Heiligen Öle weihte, die für alle Pfarreien seines Bistums bei ihm abgeholt werden mussten.

6. Dem Klerus wurden das Tragen von Waffen und die Jagd verboten.

Die erste Synode im Teilreich von Karlmann, das Reformkonzil, das Concilium Germanicum am 21. April 742, wurde vom Hausmeier Karlmann initiiert, nicht von Bonifatius. Der schwerwiegendste Beschluss, von enorm großer politischer Sprengkraft, war die Rückgabe des Kirchenguts, das früher von Karl Martell eingezogen wurde. Karlmann brachte damit den Adel gegen sich auf. Die Bischöfe von Köln und Straßburg,

---

[189] Vita Willibaldi episcopi Eichstetensis, ed. Oswald Holder-Egger, in: MGH SS 15,1, Hannover 1887, S. 86-106.

vom alt-austrasischen Episkopat, waren auf dem Reformkonzil anwesend. Nicht die Bischöfe von Worms, Speyer und auch nicht Bischof Milo von Trier. Milo gehörte als Widone zur höchsten austrasischen Aristokratie und war mit den Karolingern verwandt.

Karlmann nannte sich in den Konzilsbeschlüssen „Dux et principeps", inhaltlich gleichberechtigt mit rex (König). Und sein Reich nannte er „regnum meum" (mein Reich). Karlmann dominierte gegenüber Pippin, Pippin hielt sich politisch klug auf der Seite des Adels. Karlmann ließ sich von Bonifatius beeinflussen und verlor mehr und mehr den Rückhalt des fränkischen Adels. Der fränkische Adel opponierte gegen Bonifatius und Karlmann.

Im Juni 742 erhob sich Artavasdos gegen seinen Schwager Kaiser Konstantinus V., der Papst unterstütze Artavasdos. Konstantin wurde gestürzt, Artavasdos wurde zum neuen Kaiser gekrönt. Doch am 2. November 743 zog Konstantinus siegreich in Konstantinopel ein, stürzte Artavasdos und nahm blutige Rache. [190]

Im Herbst 742 fand der Straffeldzug von Karlmann nach Alemannien statt, Grund war der Aufstand von Theudebald das Jahr zuvor im Elsass. [191]

Das merowingische „ducatus Alemanniae" reichte im Westen bis ins Elsass, im Südwesten bis zur Aere (gegen Burgund), im Süden bis zu den Seen des Schweizer Mittellandes (gegen Rätien), im Osten bis zum Lech (gegen Bayern) und im Norden bis knapp nördlich von Cannstatt (gegen Franken). Das Gebiet stimmte teilweise mit der Ausdehnung des Konstanzer Bistums überein.

Am 1. Oktober 742 setzte Pippin für das Bistum Metz, Chrodegang als Bischof ein. [192] Sigibald, Chrodegangs Vorgänger in Metz, war schon am 26. Oktober 741 gestorben. Chrodegang, der Referendar Karl Martells, aus einer vornehmen Familie des pagus Hasbaniensis (Gau östlich der Maas) stammend, ist damit als enger Vertrauter Pippins bezeugt. Chrodegang wurde von Pippin als Gegenpol zu Bonifatius installiert und aufgebaut. Pippin setzte auf fränkische Bischöfe und Karlmann arbeitete mit den englischen Bischöfen wie Bonifatius, Burkard, Willibald und Witta zusammen.

---

[190] Rau, Reinhold 1968, S. 90.
[191] Erwähnt für 742 in den Ann. Fulda, Ann. Mett. und Ann. Lauriss. Minor. Für 743 in den Ann. Petav. erwähnt.
[192] Vita Chrodegangi und Paulus Diaconus.

Am 1. März 743 fand die Synode zu Estinnes an der Sambre im Hennegau statt, die 2te Synode für Karlmanns Herrschaftsgebiet.[193] Bonifatius und Bischof Burkard nahmen teil. Die Beschlüsse des Concilium Germanicum wurden korrigiert, wobei viele Punkte praxisnah modifiziert wurden. Die neuen Themen: Kampf gegen Ehebruch und Inzest sowie das Verbot christliche Sklaven an heidnische Herren zu geben. Karlmann gab wegen der Rückgabe des Kirchenguts dem Adel nach. Auch die Einführung der Benediktinerregeln für alle Klöster wurde gelockert. Eine Niederlage für Karlmann und Bonifatius, ein Sieg für den fränkischen Adel und Pippin.

Zwei Tage später, am 3. März 743, wurde noch einmal ein merowingischer König mit dem Namen Childerich III. von Karlmann eingesetzt, nicht von Pippin. [194] Es hatte den Zweck, die Position des Hausmeiers unanfechtbar zu machen. Karlmann übernahm auch hier die Initiative, eventuell war die vorherige Synode oder der darauffolgende Feldzug in Bayern der Grund.

Im Jahr 743 zogen Karlmann und Pippin nach Bayern und besiegten ihren Schwager Odilo, der über den Lech floh. „Odilos Heer habe sächsische, alemannische und slawische Hilfstruppen gezählt; [195] in der Schlacht sei der Priester Sergius, ein Gesandter des Papstes Zacharias, gefangen worden, der vor dem Ausbruch des Krieges von Odilo an Karlmann und Pippin geschickt worden sei, um im Namen des Papstes den Krieg zu verbieten. Auch der Alamannenherzog Theobald habe sich geflüchtet, die Sieger hätten 52 Tage Baiern durchstreift". [196] Papst Zacharias war vor der Schlacht auf der Seite von Odilo, nach der Schlacht wechselte er auf die Seite zu den karolingischen Siegern. Dies bedeutete, Papst Zacharias hatte den Priester Sergius zum Legaten für Baiern bestellt und die bayerische Kirche aus der austrasischen und damit aus der Zuständigkeit des Bonifatius herausgenommen. Der Papst hatte die Grenzen von Bonifatius erkannt und Sergius gesandt. Jedoch nach der Schlacht hat er die merkwürdige Sergius-Episode wieder bereinigt und Bonifatius wieder in seinem Amt bestätigt.

Nicht im gleichen Jahr 743, sondern erst im Jahr 745, erfolgte der erfolgreiche Heerzug von Karlmann nach Sachsen. [197] Jörg Jarnut hat 1990

---

[193] MGH Conc. 2,1 S. 5-7.
[194] MGH DD Merov. 1 Nr. 192, S. 477, Childerich wurde von Karlmann eingesetzt.
[195] Annales Lobienses, MGH SS 13 S.227.
[196] RI I n. 45b.
[197] Jarnut, Jörg 1990, S. 62.

die Feldzüge in der Zeit von 743 bis 746 neu und chronologisch sinnvoll angeordnet. Siehe dazu Tabelle 9.

Der Bonifatiusbrief 57 ist von mir auf den 22. Juni 743 datiert, obwohl laut Tangl die Datierung 744 sein soll. Die Datierung im Brief: „Am 10. Tag vor den Kalenden des Julis. Im 3. Jahr des Kaiser Artavasdus (Gegenkaiser ab 741 Juni => 743 Juni 22). Im 10. Steuerjahr". Kaiser Artavasdus, auf ihn bezieht sich die Datierung des Briefes, wurde am 2. November 743 von Konstantin V. geblendet und abgesetzt. Also kann der Brief nicht von 744 sein. Papst Zacharias antwortet an Bonifatius und bestätigt das Pallium an die neubestellten Erzbischöfe Grimo von Rouen, Abel von Rheims und Hartbert von Sens.

Der Bonifatiusbrief 58 ist von mir auf den 5. Nov. 743 datiert, da der Kaiser Artavasdus, auf ihn bezieht sich die Datierung des Briefes, am 2. November 743 geblendet und abgesetzt wurde. Die Datierung im Brief: „An den Nonen des Novembers. Im 3. Jahr des Kaiser Artavasdus (Gegenkaiser ab 741 Juni => 743 Nov 5). Im 13. Steuerjahr".

Papst Zacharias antwortet an Bonifatius. Er ist wegen des Ansuchens der Franken verwundert, die Palliumsverleihung auf Grimo von Rouen zu beschränken. Wer sind „die Franken" die sich direkt an Papst Zacharias wenden? Man muss beachten, dass Rouen im Herrschaftsgebiet von Karlmann lag. Grimo war von 694 bis 747 Abt von Corbie und ein Verwandter von Pippin den Mittleren. Grimo war 739/40 mit Sigoberto für Karl Martell in Rom. Im Brief vom 22. Juni 743 hatte der Papst bereits die drei Pallien für Grimo, Abel und Hartberg schon bestätigt. Jetzt gab es kein Pallium mehr für Abel von Rheims, Abel war ein englischer Bischof, gefördert von Bonifatius. Milo, der ehemalige Schwager von Karl Martell, konnte sich gegen Abel in Rheims durchsetzen. Und es gab auch kein Pallium für Hartbert von Sens, auch Werbert genannt, und auch Werbert war ein englischer Bischof, der von Bonifatius gefördert wurde. Hier ist zu beachten, dass Rheims und Sens im Herrschaftsgebiet von Pippin lagen. Der Adel und Pippin auf der einen Seite, hatten sich gegen Bonifatius und die zwei englischen Bischöfe durchgesetzt.

Sind Pippin und sein Adel „die Franken", die sich direkt an den Papst wanden? Es spricht alles dafür. Auf jeden Fall hielt Pippin ab 743 erste direkte Kontakte zum Papst Zacharias.

Der Bonifatius Brief 58 enthält auch die Zurückweisung des Vorwurfs der Simonie (Kauf oder Verkauf eines kirchlichen Amtes) vom Papst an Bonifatius. Und im Brief empfiehlt der Papst die Ausdehnung des Legatenamts des Bonifatius auf die gesamte fränkische Kirche. Das bedeutete,

Bonifatius sollte für beide Teilreiche zuständig sein! Sicher ein Konflikt mit Pippin und Chrodegang.

Im Januar 744 starb der Langobardenkönig Liutprand. Direkt nach dem Tod seines Schwiegervaters verstieß Pippin daraufhin seine erste Frau, die Tochter von Liutprand und der baierischen Agilulfingerin Guntrud. Pippin und seine langobardische Frau [198] hatten nach der neunjährigen Ehe sicherlich gemeinsame Kinder. Pippin heiratete noch 744, mit 30 Jahren, seine zweite Frau, Bertrada die Jüngere. [199]

Bertradas Bekanntheit basiert hauptsächlich auf dem karolingischen Sagenkreis, [200] in dem sie unter dem Namen "Bertha mit dem großen Fuß" sehr bekannt wurde. Die Bertrada-Sage ist in rund 20 Fassungen erhalten. Es handelt sich in der Sage um zwei Frauen, die angeblich vor der Heirat ausgetauscht wurden, jedoch soll Pippin die richtige Bertrada erkannt haben. Auch in der Sage [201] wird von einer zweiten Frau Pippins erzählt!

Laut Settipani [202] waren der Ur-Großvater mütterlicher Seite von Pippin und der Ur-Ur-Großvater väterlicher Seite von Bertrada die gleiche Person. Das bedeutet Pippin und Bertrada waren eng miteinander verwandt. Bertrada war die Enkelin von Bertrada der Älteren. Deren Schwestern waren Plektrud (verheiratet mit Pippin dem Mittleren), Regentrud (verheiratet mit dem Baiernherzog Theodo II.), Adela von Pfalzel und Chrodelind. Deren Mutter war Irmina von Oehren, Gründerin von Kloster Echternach, der Vater war der merowingische Seneschall Hugobert. Die Familie Bertradas galt als eine der mächtigsten innerhalb der austrasischen Führungsschicht. [203] Sie war im Herrschaftsgebiet der Karolinger, im Maas-Mosel-Raum, begütert. Die Familie hatte diese Stellung bereits vor dem Herrschaftsantritt Pippins d. Mittleren von 679/680 inne.

Bertrada bekam jedoch nicht gleich nach der Heirat ein Kind. Sicherlich ein Problem für Pippin, denn sein Bruder Karlmann hatte schon mindestens seit 730 einen Sohn mit Namen Drogo, 14 Jahre vor der zweiten Heirat von Pippin mit Bertrada. Und schon fünf Jahre vor der Heirat von

---

[198] Der Name von Pippins erster Frau, der Tochter von Liutprand und Guntrud, ist nicht überliefert. Wieder hatten die Karolinger sicher ihre Hände im Spiel.

[199] Becher, Matthias 1989, S. 145.

[200] Bei Sagen bzw. Legenden existiert ein Bezug zu einer Zeit, Person und Ort. In jeder Sage bzw. Legende steckt immer ein Fünkchen Wahrheit.

[201] Anders als Märchen knüpft die Sage an wirkliche Gegebenheiten an, die schließlich fantasievoll ausgestaltet wurden.

[202] Settipani, Christian 2000, siehe Abb. 3.

[203] Pippins zweite Frau Bertrada stammte aus dem Reich seines Bruders Karlmann, eine gezielte Heirat, um den Bruder zu schwächen.

Pippin mit seiner ersten Frau, der langobardischen Prinzessin im Jahr 735. Schon wieder ein Argument gegen eine erste Heirat von Pippin im Jahr 744. Pippin wollte, vor Juni 747, die Ehe mit Bertrada beim Papst lösen, sie hatten nach dreijähriger Ehe noch kein Kind. Deshalb schickte er 746 bzw. 747 seinen Gesandten Ardobanius nach Rom, der den Standpunkt von Papst Zacharias zu unerlaubten Ehe-Verbindungen erkunden sollte. [204]

Am 3. März 744, fand ein Konzil in Soissons für Pippins Herrschaftsgebiet statt. Es nahmen 23 Bischöfe teil. Es ist nur Abel von Rheims und Hartbert von Sens mit Namen bekannt, sie hatten nicht den Titel Erzbischof. Die Inhalte von Les Estinnes wurden in eine noch praktikablere Form für den Adel gebracht. Die Synode fand auf jeden Fall ohne Bonifatius statt. Pippin war auf der Linie mit dem fränkischen Adel, den nach dem Tod seines Schwiegervater Liutprand, wechselte Pippin sicher komplett auf die Seite des fränkischen Adels.

744 erfolgte eine Heerfahrt von Karlmann und Pippin nach Aquitania. „Der Zug habe die Züchtigung des Herzogs Hunald für dessen Einfall in fränkisches Gebiet während des Baiernkrieges bezweckt und Hunald habe sich vollständig unterworfen". [205]

744 schenkte Karlmann dem Bonifatius, auf dessen Bitte, den Adelshof Eihloha am Fluss Fulda samt Umland im Radius von 4.000 Schritt (etwa 8 bis 9 Kilometer) zur Gründung eines Klosters. [206] Es war die um 700, von Heden II. erbaute Herzogspfalz in Fulda. Im Auftrag des Bonifatius gründete Sturmi am 12. März 744 das später sehr bedeutende Benediktiner-Kloster Fulda. Eigil erwähnte in der Vita des Sturmi, dass unmittelbar nach der Gründung des Klosters, die Gesandten des Hausmeier Karlmanns alle Adeligen des Grabfelds motivierten, ihren Grundbesitz im engeren Raum, um Fulda dem Bonifatius zu schenken. 1968 entdeckte Walter Schlesinger (*1908 - †1984) auf dem Domplatz in Fulda Fundamente, die als Reste eines Pfalzbaues Herzog Hedens des frühen 8. Jahrhundert datiert wurden.

Und in der zweiten Hälfte des Jahres 744, nach der Heirat von Pippin und Bertrada, vereinbarte Karlmann mit dem bisherigen Feind, seinem Schwager Odilo, Frieden und gab ihm das Herzogtum Bayern zurück. [207] Nur Karlmann hatte das initiiert, Pippin war bei dieser Entscheidung nicht

---

[204] Information an Bonifatius im Brief Nr. 77.
[205] RI I n. 49a.
[206] RI I n. 47.
[207] RI I n. 48a.

beteiligt. Das bedeutet auch, dass Karlmanns Beziehungen mit seinem Verwandten Odilo und höchstwahrscheinlich auch mit Theudebald geregelt wurden. Die Reaktion von Karlmann auf die Verstoßung Pippins erster Frau mit ihren Kindern, und die Heirat von Pippin mit Bertrada aus Austrien. Eine gefährliche Konstellation für Pippin!

Im Frühjahr 745 fand eine Gesamtfränkische Synode statt, wahrscheinlich in Mainz. Es existieren keine Aufzeichnungen. Wir kennen die Beschlüsse aus einem Brief des Papstes an Bonifatius. [208]

Diese stießen sicher wieder auf eine heftige Opposition des fränkischen Adels. Und Pippin war auf der Seite des fränkischen Adels.

Bonifatius setzte auf der Synode von Frühjahr 745 durch, dass die beiden Führer der Widerstandsbewegung, die Bischöfe Aldebert und Clemens, abgesetzt wurden. Sie entgingen der Klosterhaft, da Karlmann bzw. Pippin die Vollstreckung des Urteils nicht durchsetzen wollten. Papst Zacharias mahnte schließlich noch Anfang 747 die Verfolgung der häretischen Exbischöfe Aldebertus, Godalsacius und Clemens an. [209]

Ein anderer seiner Gegner, der Bischof Gewilib von Mainz, der an einem Sachsen 738 Blutrache geübt hatte, soll kurz vor der Synode von 745 zurückgetreten sein. Die Absetzung Bischof Gewilibs von Mainz wurde dennoch auf der Synode beschlossen. Er soll daraufhin zum Papst nach Rom gegangen sein. Auch hier ist nicht sicher, wann er abgesetzt wurde, 745, 746 oder wahrscheinlich erst 747? Gestorben ist Gewilib 748 in Spanesheum, dem heutigen Sponsheim.

Die Teilnehmer der Synode haben auch die Erhebung Kölns als Erzbistum und die Verleihung des neuen Metropolitansitzes an Bonifatius beschlossen. Der Papst hatte auch noch zugestimmt und die Bestätigungsurkunde ausgefertigt. Im entscheidenden Augenblick hatte aber die fränkische Opposition, unter Leitung von Pippin, Oberhand gewonnen. Bonifatius, und auch Karlmann, mussten sich den veränderten Verhältnissen fügen und den neuen Bischof von Köln anerkennen. Denn Bonifatius dürfte ihn schließlich wohl selbst geweiht haben. [210] Nach dem 31. Oktober 745 ist Agilof als Bischof von Köln bezeugt. Agilof war vorher Abt im Kloster Stablo-Malmedy, einer merowingischen Gründung im Gebiet Karlmanns. Nach dieser Synode hatte Pippin bestimmt wieder direkten Kontakt zu Zacharias.

---

[208] Papst Zacharias an Bonifatius im Brief Nr. 60 vom 31.Okt. 745.
[209] Bonifatiusbrief 77.
[210] Rau, Reinhold 1968: Bonifatiusbrief 82, S. 272ff.

745 erfolgte auch der erfolgreiche Heerzug von Karlmann nach Sachsen. [211] Er bestrafte die Sachsen, weil sie Odilo bei der Schlacht in Baiern beistanden.

745 berichtet Childebrand im Fredegar, dass Pippin, während Karlmann in Sachsen weilte, gegen Theudebald („den Sohn Herzogs Gotfried", hier ausdrücklich genannt) gezogen sei. Pippins Heer siegte und vertrieb Theudebald „aus seinen Stellungen in den Alpes". Vielleicht flüchtete er zu den Langobarden nach Oberitalien.

Hier möchte ich Jörg Jarnut, jedoch mit textlichen Korrekturen (in Klammern), zitieren: „Erstaunlich ist, was nun nach dem Zeugnis Childebrands in Alemannien geschah. Revocatoque sibi eiusdem loci ducato, kehrte Pippin als strahlender Sieger in seinen eigenen Herrschaftsbereich zurück, das heißt also, nachdem er den Dukat Alemannien an sich gebracht hatte. Dies bedeutet nicht mehr und nicht weniger, als dass er – während sein Bruder Karlmann im fernen Sachsen kämpfte – dessen Gebiet annektierte (oder einen Teil davon), das diesem (Karlmann) durch das Erbe seines Vaters Karl Martel im Jahre 741 und die Zustimmung der fränkischen Großen im Jahre 742 zugefallen war. Es ist auch ohne große Fantasie vorstellbar, dass dieser feindselige Schritt die Beziehungen zwischen beiden Brüdern erheblich belasten musste.

Wie unsicher die Herrschaftsverhältnisse im Jahre 745 waren, zeigen zwei St. Galler Urkunden [212] vom 30. August 745, die weder auf Childerich III., noch auf Karlmann oder Pippin und natürlich auch nicht auf Herzog Theudebald, sondern auf das dreißigste Jahr nach dem Tod König Dagoberts III. datiert sind."

745 soll Karlmann, laut den Karolinger nahestehenden Einhard-Annalen, seinen Rücktritt beschlossen haben. Es gab jedoch keine Anzeichen dafür, dass Karlmann zurücktreten wollte. Auch nicht später. Karlmann hatte alles unternommen um seine Stellung gegenüber Pippin zu kräftigen. Was die karolingischen Quellen uns suggerieren wollen, ist für den Autor nicht nachvollziehbar! Viele glauben es immer noch.

Karlmann stellte am 10. Sept. 745 je eine Urkunde in Grafstall und Illnau, in der Nähe des Zürichsees, aus. Im Rückzuggebiets Theudbalds war Karlmann als Herrscher anerkannt.

746 erlässt der Langobardenkönig Ratchis eine Passvorschrift. Den Langobarden war es nicht mehr gleichgültig, wer vom Frankenreich nach Rom pilgerte bzw. wer von Rom ins fränkische Reich reiste. Mögliche

---

[211] RI I n. 48b.
[212] Urkundenbuch Abtei St. Gallen Nr. 8 und 9.

Überbringer von wichtigen Nachrichten, deren Inhalt die Freundschaft zwischen dem fränkischen Reich von Karlmann und den Langobarden gefährdete, sollten unterbunden bzw. begrenzt werden. Die Langobarden erkannten die papstfreundliche Politik von Pippin. Karlmann und Pippin hatten kontroverse Ansichten und Beziehungen zum fränkischen Adel, zu Bonifatius, zu den Langobarden und nun auch zum Papst. Pippin verbündete sich mit dem Papst.

Zusammengefasst: 742 und 743 war allein Karlmann der politische Ansprechpartner für Papst Zacharias. 744 und 745 sprach der Papst die beiden karolingischen Brüder zusammen an, aber Pippin stets an erster Stelle. Und ab 746 nahm der Papst direkt Kontakt mit Pippin allein auf. Siehe Tab. 8.

Und nun zum Thema Cannstatt im Jahre 746. Die sog. Einhard-Annalen und Einhards Karlsvita erwähnen Cannstatt überhaupt nicht. Die Annales Mettenses messen ihr große Bedeutung zu und Cont. Fredegari unterstellt gar ein Rücktrittsmotiv. Die den Karolinger nahestehenden Quellen widersprechen sich schon wieder, zwei verschweigen sogar das Ereignis. Wahrscheinlich, weil das Geschehene im krassen Widerspruch zu der von Pippin erfundenen Rücktrittstheorie stand.

Glauben wir den Metzer Annalen, sie berichteten schon 741/742 als einzige Quelle über drei Reichsteilungen, so lesen wir darin etwas Verblüffendes: „Er (Karlmann) drang mit seinem Heer in ihr Gebiet ein und hielt in Cannstatt eine Versammlung ab. Dort hätten sich die Heere der Franken und Alamannen vereinigt. Dabei sei ein wahres Wunder (magnum miraculum) geschehen, denn kein Heer habe das andere umringt, sondern sie hätten sich ohne jegliche kriegerische Bedrängung miteinander vereinigt. Diejenigen von den Großen, die mit Theobald in die Verschwörung Odilos gegen die unbesiegten Fürsten Pippin und Karlmann verwickelt waren, ergriff Karlmann und barmherzig, gemäß den Verdiensten der einzelnen, wies er sie zurecht". [213]

Mit diesem Bericht ändert sich die Ausgangslage, Karlmann konnte keine Gewissensbisse haben. Das wichtigste Argument, wie in den Annales Petaviani behauptet, für einen Rücktritt von Karlmann, verpuffte damit. Karlmann sei deswegen Mönch geworden, weil er so für den Tod vieler Tausend von ihm erschlagenen Alamannen büßen wollte. Kein Argument für mich, Karolinger hatten generell keine Gewissensbisse. Sie wurden so erzogen.

---

[213] Mohr, Walter 2001, S. 542.

Cannstatt fand ein Jahr nach dem Alemannenfeldzug von Pippin und ein Jahr vor Karlmanns angeblichem Rückzug ins Kloster statt. Und Cannstatt war die von den Quellen bezeugte letzte militärische Aktion von Karlmann.

Zum besseren Verständnis wird eine zeitliche Abfolge der Ereignisse in Tab. 9 aufgelistet.

Childebrand als Onkel von Pippin und Verfasser der Fredegar-Fortsetzung verfälschte bzw. verschleierte, laut Jörg Jarnut, raffiniert die Vorgänge der Jahre 742 bis 746. Er suggerierte eine fortbestehende Harmonie der beiden Brüder. Childebrand ließ den gemeinsamen Aquitanienfeldzug von ursprünglich 744, auf den Alemannienfeldzug Pippins von ursprünglich 745 folgen. Dadurch vermied er, dass Cannstatt mit dem Alemannenfeldzug von Pippin direkt in Bezug gebracht wurde. Im Gegensatz zu allen anderen Quellen, stellte er den Feldzug von Karlmann 742 in Alemannien, als gemeinsamen Feldzug von Karlmann und Pippin dar. Wobei er 742 nur von Alemannien und 745 nur von Theudebald sprach, um so die Zusammenhänge zu verschleiern. Laut Jarnut ist es eigentlich nicht weiter verwunderlich, dass der Chronist Childebrand, der das Wirken des Bonifatius ebenso konsequent wie den Aufstand Grifos verschwieg, solche Manipulationen vornahm. Childebrand als Mitglied des karolingischen Hauses, und Stiefbruder von Karl Martell, war sicher über alle damaligen Vorgänge bestens informiert.

Karlmann hatte auch nach dem Ereignis von Cannstatt dem Abt Otmar vom Kloster St. Gallen die Benediktinerregel übergeben, damit sie in diesem Kloster eingeführt werden. Karlmann ordnete an, dass das Kloster St. Gallen sich dem zuständigen Bischof zu unterwerfen hatte. [214]

Die Datierung im Bonifatius Brief 77 ist der 05. Januar 747 und auch der 05. Januar 748. Papst Zacharias informiert Bonifatius darüber, dass der Hausmeier Pippin ihn „per suum homine nomine Ardobanium" gebeten habe, ihm bestimmte kanonische Bestimmungen, auch zum Eherecht, zu übersenden. Das kann nur am 5. Januar 747 gewesen sein. Laut Heinrich Wagner soll Ardobanium als Harthamus, Bischof und Abt von Mettlach zur Zeit des Königs Pippin, gelesen werden. [215] Pippin hatte 746/747 ernsthaft erwogen, seine Frau Bertrada zu verstoßen, da sie seit der Hochzeit im Jahr 744, immer noch nicht schwanger war.

Der Papst beantwortete diese Anfrage mit einem Schreiben, gerichtet nicht nur an den Hausmeier Pippin, sondern auch an die Bischöfe, Äbte

---

[214] Riesenberger, Dieter 1097, S. 280.
[215] Wagner, Heinrich 2003-a, S. 153-154.

und principes Francorum (Codex Carolinus Nr. 3, MGH Epist. III S. 479-487).

Am 12. März 747 mitunterzeichnet Burkard die Urkunde für das Kloster Fulda: Bonifatius beurkundet auf Grund der Schenkung Karlmanns und Pippins die Grenzbeschreibung des Klostergebietes. Laut Stengel soll es eine Fälschung des Mönches Rudolf von Fulda von 822-824 sein. Ich stimme zu. Denn eigentlich hatte Karlmann ursprünglich 744 die Schenkung allein an Bonifatius gemacht, nicht zusammen mit Pippin. Fulda lag in Austrien, im Reich von Karlmann.

747 schickte Bonifatius ein Mahnschreiben [216], unterzeichnet von seinen englischen Mitbischöfen Wera, Burghard (Burkard), Werbert (auch Hartberg genannt), Abel, Wilbald, Hwita und Leofwine, an den sittenlosen König Aethelbald von Mercien (heutiges Großbritannien).

Im März 747, auf einer von Bonifatius initiierten Synode in Austrien, unterschrieb auch Bischof Burkard von Würzburg die Obödienz-Erklärung an Papst Zacharias. Bonifatius und 13 weitere Bischöfe nahmen teil, die Namen finden wir später im Bonifatius Brief 82, in der Antwort vom Papst. Pippin und Karlmann nahmen nicht an der Synode teil.

Die nächste Romreise von Burkard folgte daraufhin. Burkard überbrachte in Rom die Obödienz-Erklärung (Das von den fränkischen Bischöfen unterzeichnete Gehorsams- und Treuebekenntnis) an den Papst Zacharias. [217] Dieser antwortete am 1. Mai 747. [218]

Der „hier gegenwärtige (in Rom) uns liebwerte Bischof Burghart" bzw. „Burhardo Wirzaburchensi episcopo" ist in zwei Briefen [219], 80 und 82, von Papst Zacharias an Bonifatius erwähnt.

Brief 80 ist datiert, auf den 1. Mai 747, von Tangl jedoch fälschlicherweise auf 748 datiert. Die Datierung im Brief: „An den Kalenden des Mai. Im 28. Jahr von Kaiser Constantinus (Mitregent 720, März 31 = 747 Mai 1). Im 6. Jahr nach Konsulat (Gekrönt 741 Juni = 747 Mai 1). Im 1. Steuerjahr". Der Inhalt: Nochmalige Erörterung der Fragen über Taufe, Irrlehren und fränkische Synoden.

Der Bonifatius Brief 82 ist nicht datiert, er gehört zu Brief 80. Er wurde von mir auch auf 1. Mai 747 datiert. Von Tangl auf den 1. Mai 748.

---

[216] Rau, Reinhold 1968, Brief 73, S. 212ff.

[217] Muss man wegen so einem Schreiben, persönlich zum Papst nach Rom reisen? Normalerweise nicht. Nur wenn man zusätzlich eine geheime Mitteilung an den Papst übergeben muss, die sonst niemand anderes mitbekommen darf.

[218] Neues Archiv 41, 1919, S. 54.

[219] Rau, Reinhold 1968, Brief 80, S. 256-271 und Brief 82, S. 272-277.

Papst Zacharias schreibt an die 13 fränkischen Bischöfe. "Den uns liebenswerten Bischöfen Reginfried von Rouen, Deodatus von Beauvais, Rimbert von Amiens, Heleseus von Noyen, Fulcrich von Tongern, David von Speier, Aethereus von Therouanne, Treward von Cambrai, Burchard von Würzburg, Genebaudus von Laon, Romanus von Meaux, Agilolf von Köln, Heddo von Straßburg..."

Dank für ihre Ergebenheitserklärung und Mahnung, den Anordnungen des Bonifatius Folge zu leisten. Es waren nur Bischöfe aus dem Teilreich von Karlmann, genannt pars Francorum, bei der März-Synode von 747 anwesend.

Für mich stellt sich hier eine entscheidende Frage: Hatte diese Romreise von Burkard, im Mai 747, etwas mit der Absetzung von Karlmann zu tun? Der Autor plädiert dafür. Muss man wegen einer Obödienz-Erklärung extra nach Rom reisen? Sicherlich nicht. Viel spricht nach meiner Meinung dafür, dass Burkard der Bote von Pippin war, für eine äußerst geheime Botschaft von Pippin an den Papst. Es würde auch die nächste Romreise von Burkard, im Auftrag von Pippin, erklären. Denn ein Burkard mit seiner langjährigen langobardischen Vergangenheit war der ideale Bote für Pippin zum Papst. Er konnte ganz einfach die damalige Passvorschrift der Langobarden umgehen. Dies bedeutet auch, dass nicht nur der Papst, sondern auch Bischof Burkard von Würzburg, von Karlmann auf die Seite von Pippin wechselte!

Im Juli 747 wurde Bertrada endlich schwanger. Karlmann wusste natürlich nichts davon.

Für das Jahr 747 gibt es noch eine Meldung in den Reichsannalen. Karlmann setzte Bischof Gewilib von Mainz ab und bestellte Bonifatius als dessen Nachfolger mit der Entscheidung, dass die Kirche von Mainz keiner anderen unterworfen, sondern Haupt und Metropole sei. Wurde Gewilib nicht schon 745 abgesetzt? Bonifatius wurde jedenfalls erst 746 oder 747 Bischof von Mainz! Die Ernennung von Mainz als Erzbistum fand schließlich erst zu Lullus Bischofszeit statt.

Im Chartular des Klosters Stavelot-Malmedy, beide Städte liegen heute in Belgien, sind drei Urkunden aus der Hausmeierzeit Karlmanns überliefert.

Eine Urkunde des Merowingerkönigs Childerich III., mit der Nennung des Ausstellungsmonats Juli, ohne Tag- und Jahresangabe. Mögliche Jahre sind 743 bis 747. Der König weist in der Urkunde darauf hin, dass er vom Hausmeier Karlmann eingesetzt worden sei, das war am 3. März 743. [220]

Eine Urkunde, eine Schenkung Karlmanns an das Kloster Stavelot-Malmedy vom 6. Juni ohne Jahresangabe, datiert wahrscheinlich auf das Jahr 746, da 746 Pfingsten auf den 5. Juni fiel. [221] Karlmann hat den Abt Anglinus des Klosters, und Gotbaldus, einen Verwandten des Anglinus, stark begünstigt. Karlmann schenkte die Villen Leignon und Wellin im Gau Condroz samt zugehörigen Besitzungen. Der Eindruck entsteht, dass Karlmann für den zustimmenden Drogo Parteigänger geworben hat. Drogo, der Sohn Karlmanns, gab seine Zustimmung zu der Schenkung und ist in der merowingischen Tradition als vir illuster erwähnt, womit wohl zum Ausdruck gebracht werden sollte, dass Karlmanns Sohn zur eigenständigen Regierungshandlung fähig und somit mündig bzw. volljährig war.

Eine Urkunde von Karlmann an des Kloster Stvelot-Malmedy vom 15. August ohne Jahresangabe, datiert wahrscheinlich auf das Jahr 747. Sie beginnt mit folgenden Worten: „Carlomannus maior domus, cui dominus regendi curam committit". [222] Die Betonung des göttlichen Auftrags seiner Herrschaft, die erstmals in dieser Form bei einem Karolinger auftaucht, ist nicht geeignet, den Eindruck zu erwecken, Karlmann habe aus religiösen und Gewissensgründen der Herrschaft entsagen wollen [223].

Dies bedeutet, Drogo war 746 mindestens 14 Jahre alt, eher 16 Jahre alt, also volljährig. Er wurde um 730 geboren, bevor Pippin seine erste Frau, die langobardische Königstochter, um 735 heiratete. Karlmann war um 707/708 geboren und schon um 728, mit 21/20 Jahren, verheiratet.

Nach dem 15. August 747, reiste Karlmann nach Rom zum Papst Zacharias. Die verlässlichen Metzer Annalen berichten: „Karlmann ist mit einem beachtlichen Gefolge (fehlte dadurch die Unterstützung für den zurückgebliebenen Drogo) und unzählbaren Geschenken zur Reise aufgebrochen". Hier wird von einer Reise nach Rom mit Geschenken berichtet, nicht von einem Rücktritt!

Und diese Reise stellte für Karlmann zu diesem Zeitpunkt keine Gefahr dar, er wusste bestimmt nichts von der Schwangerschaft von Bertrada. Damit waren für ihn, zu diesem Zeitpunkt, sein Sohn Drogo und seine Brüder nicht nur seine, sondern auch Pippins Erben. Und

---

[220] MGH DD imperii 1, Nr. 79.
[221] https://www.dmgh.de/mgh_dd_arnulf/index.htm#page/34/mode/1up
[222] https://www.dmgh.de/mgh_dd_arnulf/index.htm#page/36/mode/1up
[223] Riesenberger, Dieter 1970, S. 280.

außerdem, warum sollte Karlmann zurücktreten? Ein Mann, der sich ganz bewusst als „dux et princeps" bezeichnete und von seinem Reichsteil als von „regnum meum" gesprochen hatte. Und kurz vor seiner Reise nach Rom auch noch von einem göttlichen Auftrag seiner Herrschaft spricht. Ein Mann, der 744 Odilo das Bayerische Herzogtum zurückgab, und der sich 746 in Cannstatt mit den Alamannen verbündete und dadurch eine große Gefahr für Pippin darstellte. Sicherlich war es Karlmann, der Grifo aus dem Gefängnis freiließ und nicht wie die manipulierten Quellen berichteten, dass es Pippin war. Folgende Urkunden, natürlich nicht die Fortsetzung von Fredegar durch Pippins Onkel, beziehen sich auf die „Abdankung" Karlmanns und die Freilassung von Grifo.

1. Ann. Mett. (geschrieben 805): Entlassung Grifos aus der Haft, zu der weiteren Mitteilung: Dedit illi comitatus et fiscos plurimos.

2. Ann. Einh. 747 (geschrieben 815): Gripho Pippino subiectus esse nolens, quamquam sub illo honorofice viveret, collecta manu in Saxoniam profugit.

3. Ann. Fuld. 748 (Teil 1 geschrieben 829): Gripho potestatem quandam affectaus.

Auffallend ist Grifos Route, zuerst über Thüringen nach Sachsen, dann nach Bayern, dann nach Aquitanien, und am Ende nach Italien, um zu den Langobarden zu flüchten.

Pippins Frau Bertrada, die Tochter des Grafen von Laon, war zu diesem Zeitpunkt, im August 747, im 2. Monat schwanger. Der lang, seit 744, ersehnte Nachwuchs hatte Pippin bestimmt dazu bewogen zu diesem Zeitpunkt die Initiative zu übernehmen. Wie er Karlmann in Rom ausschaltete, wird wohl für immer ein Rätsel bleiben. Beteiligt waren sicher der fränkische Adel und die Kirche mit Papst Zacharias und der erste Würzburger Bischof Burkard. Karlmann setzte auf die falschen, Pippin manipulierte die richtigen Verbündeten.

Und nun zu Drogo: Die offizielle Variante finden wir in RI 55b, Fredegarii cont. c. 30 (116).: Abdankung Karlmanns, der Pippin das Reich und seinen Sohn anvertraut, qua successione P. roboratur in regno. P. regnum patris totum sibi vendicat.

Aber Pippin konnte nicht die Vormundschaft von Drogo übernommen haben, da dieser zu diesem Zeitpunkt bereits volljährig war. [224]

Nun zu Einhard. Karls Biograph verschwieg bestimmte Fakten, bzw. stellte sie bewusst falsch dar. Er musste am besten über die damaligen

---

[224] Becher, Matthias 1989.

Ereignisse informiert gewesen sein, er verfälschte die Tatsachen! Nachfolgend die Anmerkungen von Matthias Becher: [225]

1. Einhard verweigerte jede Information über Karls Geburt, Kindheit und Jugend. Er schrieb sogar bewusst die Unwahrheit, dass Karls Kindheit und Jugend völlig unbekannt seien.

2. Er erwähnte den Besuch von Papst Stephan II. im Frankenreich nicht. Und damit auch nicht die Rolle Karls, der dem Papst entgegen reiste und ihn zu seinem Vater Pippin geleitete. Und auch nicht die Salbung von Karl.

3. Er berichtete, Pippins Bruder, der abgedankte Hausmeier Karlmann, habe den Rest seines Lebens im Kloster Montecassino mit frommen Übungen zugebracht. Das ist unwahr!

Jedoch gibt es auch eine merkwürdige Anmerkung von Einhard: „das Karlmann schwerlich nur aus religiösen Gründen zurückgetreten sei". Einhard wusste offenbar mehr und hatte andere Informationen, jedoch verschwieg er sie aus bestimmten Gründen.

Auch bezüglich Bonifatius finden wir Hinweise zu Karlmanns „Rücktritt". Bonifatius schrieb nach der Romreise von Karlmann einen Brief an Papst Zacharias, den Brief 86. Bonifatius zeigt sich darin über die „Resignation Karlmanns" informiert. Den Brief überbrachte Lullus 748 dem Papst in Rom persönlich, der verdächtige Inhalt: „Die Heiligkeit Eurer väterlichen Huld beschwöre ich mit inständigen Bitten, dass Ihr diesen meinen Priester namens Lul, den Überbringer meines Schreibens, in Gewogenheit gnädig aufnehmt. Er hat nämlich etliche vertrauliche Aufträge von mir, die er allein Eurer Huld eröffnen soll, manches nur mündlich Euch vortragen, anderes schriftlich aufgezeichnet vorzeigen soll; wegen einiger Schwierigkeiten aber, die ich habe, soll er nachforschen und fragen und mir den Bescheid Eurer Väterlichkeit und Euren Rat auf Grund der Machtvollkommenheit des heiligen Apostelfürsten Petrus zur Unterstützung meines Alters überbringen, damit ich, wenn es Tatsachen gibt, die Euch gefallen, bemüht bin, mit Gottes Hilfe sie zu vermehren, wenn aber, wie zu befürchten ist, etwas missfällt, ich je nach der Entscheidung Eures Apostolats entweder Verzeihung finde oder angemessene Buße leiste". [226]

Man sieht, dass Bonifatius von Papst Zacharias vorher nicht im Detail über die Ereignisse mit Karlmann informiert war.

---

[225] Becher, Matthias 1992.
[226] Rau, Reinhold 1968, Brief 86, S.288-291, datiert von mir nach August 747.

Auch Abt Sturmi aus Fulda ging mit zwei Gefährten 748 nach Rom und nach Montecassino. [227] Fand dieser Besuch auch wegen dem „Rücktritt" von Karlmann statt? Sicherlich! Nach seiner Rückkehr von Rom lag Sturmi im Kloster Kitzingen einige Zeit krank darnieder. [228]

Nachdem Karlmann den Papst in Rom besuchte, soll er sich anschließend in einem Kloster am oder auf dem Monte Soratte aufgehalten haben. Ob er je dort war, oder falls er dort war, sein Aufenthalt dort freiwillig war, oder ob er dort eingeschlossen wurde, ist nicht mehr ergründbar.

Laut des Annales Metenses Priores soll Karlmanns Haupthaar, auf Befehl des Papstes Zacharias, geschoren worden sein. Ein Aufenthalt auf dem Monte Soratte, ca. 50 km nördlich von Rom, wurde nicht erwähnt. Karlmann soll sich dann eine Weile in Rom aufgehalten haben. Nach einiger Zeit begab sich Karlmann „auf Rat des Papstes" nach Montecassino und gelobte dem Abt Optato den Gehorsam gegenüber der Regel. Das muss erst ab 750 gewesen sein, da Optato von 750 bis 760 Abt in Montecassino war.

Nach den religiösen Bräuchen der damaligen Zeit durfte ein Mann, der einmal – freiwillig oder unfreiwillig – der Welt entsagt hatte und Mönch geworden war, selbst nie mehr in sein früheres Leben oder seine frühere Stellung zurückkehren, da er sonst der göttlichen Strafe verfiel.

Der Legende nach wurde auf dem Gipfel des Monte Soratte bereits von Papst Silvester I. († 335) eine Kirche gebaut, als er sich auf der Flucht vor der Verfolgung durch Konstantin den Großen befand. Ob das Kloster San Silvestro auf dem Berggipfel von Karlmann selbst gegründet wurde, muss stark angezweifelt werden.

Laut Benedikt vom Kloster St. Andrea am Fuße des Monte Soratte, soll Karlmann dort sogar drei Klöster, Silvester, Stephan und Andreas, gegründet haben. [229] Was mit Karlmann in Rom passierte, wurde geschickt verschleiert.

Die nächste Urkunde von Pippin ist auf Ende 747 bzw. Anfang 748 datiert. Pippin stellte dem Kloster St. Gallen, auf die von Abt Otmar überbrachte, briefliche Empfehlung seines Bruders Karlmann (no 53), urkundlich einige zinspflichtige Leute im Thurgau aus. Im Regestentext 53 empfiehlt Karlmann das Kloster St. Gallen brieflich seinem Bruder Pippin.

---

[227] Die Regesten der Mainzer Erzbischöfe, BW, RggEbMz 01 Nr. 078 Datierung 748, URI: http://www.ingrossaturbuecher.de/id/source/4847 (Zugriff am 15.11.2022)

[228] Büll, Franziskus: Das Monasterium Suuarzaha, S. 210-214.

[229] Riesenberger, Dieter 1970.

Gozperti Mirac. s. Galli c. 11 M. G. SS. 2, 23, St. Galler Mittheil. 12, 68, niedergeschrieben ad monasterium s. Galli. Er soll dabei erklärt haben, nicht selbst mehr für das Kloster tun zu können, was er wolle, da er sich von den Reichsgeschäften zurückgezogen habe. Auch diese Information ist misteriös.

Am 18. Januar 748 starb Herzog Odilo von Bayern, der Schwager von Pippin, mit ca. 50 Jahren. Gleich darauf zog Grifo nach Baiern und übernahm als Agilolfinger und Karolinger zugleich, die Macht über das Dukat Baiern, unterstützt nicht nur von bayerischen Großen wie Swidger, sondern auch fränkischen und alemannischen Großen wie Landfrid. 749 wurde Grifo jedoch von Pippin am Inn besiegt. Pippin setzte anschließend Tassilo, den 8-jährigen Sohn von Odilo und seiner Schwester Hiltrud, als Herzog ein.

Im Bonifatius Brief 79 ist Karlmanns Sohn Drogo erwähnt. Ein ungenannter Untergebener des Bonifatius erkundigte sich bei Andhunus warum er nicht die Kleider aus der Fraesarum provincia übersandt habe und ob er (Bonifatius) zu der Synode des Herzogs der westlichen Provinzen (Pippins Hoftag im Frühjahr 748 in Düren) abgereist ist oder zu Karlmanns Sohn (Drogo). Man kann davon ausgehen, dass Bonifatius an der Synode von Drogo teilnahm. 747 verlor Bonifatius den Rückhalt von Karlmann, deswegen suchte er ihn bei Drogo. Sein englischer Freund, Bischof Burkard von Würzburg, wechselte auf jeden Fall schon vor März 747 zu Pippin, ich denke 746. Den Rückhalt von Pippin hatte Bonifatius nie! Damit ist auch das politische Verschwinden von Bonifatius ab 748 erklärbar.

Der Bonifatius Brief 79 muss um den März 748 verfasst worden sein, denn Pippin hatte schon Teile von Karlmanns ehemaligen Gebieten vereinnahmt. Denn Düren lag laut der Karte von Heinz Joachim Schüssler im ehemaligen Gebiet Karlmanns. Drogo hatte zu dieser Zeit noch unabhängig von seinem Onkel agiert, er konnte wahrscheinlich anfänglich nur im Osten den Adel hinter sich bringen. Siehe Tab. 10.

Bis 753/54 erfahren wir dann nichts mehr über Drogo. Pippin hatte sich wohl als Älterer und Erfahrener gegenüber dem jugendlichen und unerfahrenen Drogo durchgesetzt.

Am 2. April 748, wurde Karl der Große, der erste Sohn von Pippin und Bertrada geboren. [230] Pippin, der 714 geboren wurde, war zu dieser

---

[230] Becher, Matthias 1992.

Zeit schon 34 Jahre alt und hatte vorher bestimmt mit seiner ersten Frau, der Tochter von Liutprand, schon Kinder.

Geheiratet hatten Bertrada und Pippin im Jahr 744, direkt nach dem Tod von Liutprand, Pippins ersten Schwiegervater. Schwanger wurde Bertrada aber erst im Juni/Juli 747, nach über drei Jahren Ehe mit Pippin.

Die nachfolgende zeitliche Übersicht hilft, um die Zusammenhänge zwischen den Karolingern und Langobarden besser zu verstehen.

703: Der Langobarde Ansprand und sein jüngster Sohn Liutprand flüchteten ins Exil, an den bayerischen Hof zu Herzog Theodo.

707/8: Geburt von Karlmann, [231] Eltern: Karl Martell und Chrodtrud.

712: Liutprand und sein Vater Ansprand zogen mit dem Agilolfinger Theodebert, ein Sohn von Theodo II., aus ihrem bayerischen Asyl, nach Italien und vertrieben Aribert II., der 703 den König ermordete, und die Macht übernahm. Ansprand wurde König, nach 3 Monaten starb er, und Liutprand wurde König der Langobarden.

714: Geburt von Pippin dem Jüngeren, Eltern: Karl Martell und Chrodtrud.

714 Dez. 16: Tod von Pippin dem Mittleren. Karl Martell übernimmt bald die Macht.

715: Heirat von Liutprand, König der Langobarden, und der Agilolfingerin Guntrud, die Cousine von Swanahild.

715: Geburt von Hiltrud, Eltern Karl Martell und Chrodtrud. Später war Hiltrud mit dem Agilolfinger Odilo, dem Bruder von Swanahild, verheiratet.

716: Geburt der Tochter von Liutprand und Guntrud, Name der Tochter nicht überliefert. [232]

718: Liutprand gründet das Kloster Berceto. Erster Abt war Bischof Moderanus. Burkard war dort Mönch. Nach dem Tod von Moderanus, Burkard ab 731 zweiter Abt.

---

[231] Karlmann, als filii ipsius [Karoli], in RI I n. 34 722 ian. 1, Harastallio erwähnt, deutet auf eine Geburt im Jahr 707/8.
[232] Historia Langobardorum VI, 43.

719 nach Mai 15: Auf der Rom-Rückreise besucht Bonifatius den Langobarden-König Liutprand in Pavia. Er trifft bei der Hin- und Rückreise jeweils Burkard in Berceto.

722 Jan 1: Erste urkundliche Erwähnung Karlmanns mit 14 Jahren. [233]

724: Liutprand unterstützt den Papst militärisch gegen Byzanz.

725: Chrodtrud, die erste Frau von Karl Martell, stirbt.

725: Bertrada die Jüngere wird geboren, Tochter von Heribert, Graf von Laon. Der Name der Mutter ist nicht überliefert. Es spricht viel dafür, dass sie Gisela hieß.

725: Karl und Liutprand besiegen den Agilolfinger Herzog Grimoald, und setzten dessen Neffen Hugbert, Theudeberts Sohn, ein. Karl nimmt die Agilolfingerin Swanahild, und ihre Tante Pilitrud mit nach Franken, Karl heiratete in diesem Jahr noch Swanahild.

726: Geburt von Grifo, Eltern: Karl Martell und Swanahild.

728: Karlmann heiratet mit 21 Jahren, Name der Frau nicht überliefert.

Um 730: Karlmanns ältester Sohn Drogo wird geboren.

732: Schlacht bei Tour und Poitiers. Karl Martell wehrt, zusammen mit den Langobarden (sie werden immer vergessen!), die Sarazenen unter Abderrahman, mit Steigbügeln ausgerüsteten Panzerreitern ab.

735: Pippin heiratet die 19-jährige Tochter von Liutprand und Guntrud, Cousine von Swanahild. Liutprand adoptierte Pippin nicht mit 21 Jahren! [234]

737 Apr.: Theuderich IV. stirbt. Kein Merowinger König mehr unter Karl Martell.

---

[233] Regest Nr. 34 als Volljähriger.
[234] Paulus Diaconus, Historia Langobardorum VI, 53.

737: Feldzug gegen die Sarazenen in der Provence. Die Sarazenen haben Avignon besetzt. Karl und seinen Stiefbruder Childebrand vertreiben zusammen mit den Langobarden unter Liutprand die Sarazenen. Burgund und die Provence werden Teil der fränkischen Grafschaftsverfassung, nur Septimanien bleibt noch arabisch.

737/738: Bonifatius zieht 737 nach Rom. Burkard stößt ab Berceto dazu. Burkard war dort von 718 bis 737 im Kloster an der Via Francigena. [235] Burkard wird vom Papst Gregor III. Anfang 738 zum Bischof ohne Bischofssitz geweiht. [236] Burkard erhält die Reliquien des Apostel Andreas vom Papst für das zukünftige Bistum Würzburg geschenkt.

738: Auf dem Rückweg ins Frankenreich machten Bonifatius und seine Begleiter Burkard, Lullus, Gregor von Pfalzel, und Wunibald halt bei Liutprand in Pavia. [237]

738: Die Langobarden traten sogar allein gegen die Sarazenen an, die Sarazenen flüchteten.

739: Die Langobarden und Franken kämpfen gegen die Sarazenen

741 Okt 22: Tod von Karl Martell, Partner von König Liutprand. Grifo, der Sohn mit Swanahild, ist mit 15 Jahren volljährig, und erhält den größten Teil des Reiches.

Nach 741 Okt. 22: Bonifatius bittet Grifo um die Unterstützung bei der Missionierung in Thüringen. [238]

741 November: Liutprands Hauptgegner, Papst Gregor III., stirbt.

741 Ende: Grifo und Swanahild werden in Laon von Karlmann gefangen genommen, nicht von Pippin, und in ein Kloster gesteckt.

---

[235] In Ruf 2020 und 2022 schreibt Theodor Ruf, dass man über das Vorleben von Burkard nichts weiß, und dass er wohl im Reichsdienst bei Pippin war. Dies ist historisch falsch, da Karl Martell, von 719 bis zu seinem Tod am 22. Oktober, der Gesamt-Hausmeier des Frankenreich war. Pippin, war ab 742 Hausmeier in Neustrien. Sein älterer Bruder Karlmann war in Austrien, und damit in Mainfranken, ab 742 der Hausmeier.
[236] Erwähnt in der älteren und jüngeren Vita des Burkards.
[237] Willibald, Vita Bonifatii c.7, ed. Levison, S.37.
[238] Bonifatius-Brief 48

742 Anfang: Endgültige Reichsteilung zwischen Karlmann und Pippin in Vieux-Poitiers. Karlmann ist für Austrien, Thüringen und Alemannien zuständig. Pippin für Neustrien, Provence und Burgund.

742 Anfang: Bistumsgründung Würzburg, Büraburg und Erfurt. Das Bistum Würzburg, in Person Burkard, besitzt die Reliquien des Apostel Andreas. Das Bistum Würzburg erhält 25 merowingische Königskirchen, und das Kloster Karlburg, vom austrischen Hausmeier Karlmann. Immina schenkt Burkard ihr Kloster auf dem Berg in Würzburg, und erhält zu Lehen das Kloster Karlburg, gegründet von Gertrud von Nivilles.

742 April 21: Concilium Germanicum, initiiert durch Karlmann.

743 März 01: Synode von Les Estinnes im Reich von Karlmann.

743 März 03: Karlmann setzt Childerich III. als König ein.

744 Jan.: Tod vom Langobarden König Liutprand.

744 nach Jan.: Pippin verstößt nach 9 Jahren Ehe seine 1. Frau, die Tochter von Liutprand und der Agilolfingerin Gundrun, mit den Kindern.

744: Pippin heiratet Bertrada. Pippin ist 30 Jahre alt. Bertrada war 19 Jahre alt, sie stammt aus Austrien, Karlmanns Reich. Ein raffinierter Schachzug von Pippin.

747: Das Bistum Büraburg wurde in das Bistum Mainz eingegliedert.

747 Mai 01: Burkard ist offiziell im Auftrag von Bonifatius in Rom beim Papst Zacharias. Inoffiziell überbringt er geheime Informationen von Pippin.

747 Juni/Juli: Bertrada ist mit Karl schwanger, nach 3 Jahren Ehe.

747 Aug. 15: Letzte Urkunde von Karlmann.

747 Sept.: Romreise von Karlmann, keine Rücktritts-Reise. Karlmann wird in Rom vom Papst in ein Kloster gesteckt.

747 Ende: Drogo mit 17 Jahren im Bonifatius-Brief 79 erwähnt. [239]

748 April 02: Geburt von Karl, dem späteren Großen. [240]

Aufgrund der tendenziösen karolingischen und päpstlichen Berichterstattungen sind die Vorgänge in Rom, von 747 bis 751, nicht so einfach nachzuvollziehen.

Der Komplott zwischen Papst Zacharias und Pippin ist offensichtlich, er basierte auf einem „Kuhhandel". Und der angelsächsische Bischof Burkard von Würzburg war der Bote 747 und 750/751.

Pippin der Jüngere, der Vater von Karl den Großen, war schließlich ab 748 Hausmeier im gesamten fränkischen Reich. Pippin ignorierte den Anspruch seines Halbbruder Grifo und den von Karlmanns Sohn Drogo, beide waren volljährig. Heute nennt man das eine Annexion. 749 soll Papst Zacharias Karlmann aufgefordert haben, Rom zu verlassen. Laut anderen Informationen verließ Karlmann das Kloster in San Silvestro, um nach Montecassino umzuziehen, da er sich angeblich durch fränkische Pilger zu häufig gestört fühlte. [241]

Nachdem Ratchis von Papst Zacharias zu einem Abbruch des Feldzuges gegen die byzantinischen Besitzungen in Italien bewogen wurde, stürzte ihn 749 die anti-byzantinische Opposition und erhob seinen Bruder Aistulf zum König. Ratchis trat nach seiner Absetzung als Mönch ins Kloster Monte Cassino ein. [242]

---

[239] Synode im Teil Karlmanns.
[240] Becher, Matthias 1992, Seite 37-60.
[241] Becher, Matthias 1989, Seite 150.
[242] 755 Ann. R. Franc. (Lauriss.) RI I n. 53e.

In den Reichsannalen von 790 steht für die Jahre 749/750 [243] die nächste Romreise von Burkard: „… Bischof Burkard von Würzburg und der Kaplan Fulrad wurden zu Papst Zacharias gesandt, um wegen der Könige in Francien zu fragen, die damals keine Macht als Könige hatten, ob das gut sei oder nicht. Papst Zacharias gab Pippin Bescheid, es sei besser, den als König zu bezeichnen, der die Macht habe, statt dem, der ohne königliche Macht blieb. Um die Ordnung nicht zu stören, ließ er Kraft seiner apostolischen Autorität Pippin zum König machen. Pippin wurde nach der Sitte der Franken zum König gewählt und gesalbt von der Hand des Erzbischofs Bonifatius heiligen Andenkens und von den Franken in Soissons zum König erhoben. Hilderich aber, der Scheinkönig, wurde geschoren und ins Kloster geschickt". [244]

Ein weiterer Schritt des „Kuhhandels" zwischen Pippin und dem Papst. Bischof Burkard von Würzburg war wieder maßgeblich als Bote beteiligt. In Realität war diese Reise jedoch 750/751.

Fulrad war seit ca. Mitte 749 Abt von Saint Denis, er wurde am 17.8.750 erstmals urkundlich erwähnt.

In der zeitnahen Fortsetzung des Fredegar, sie wurde 751 von Childebrand geschrieben, ist eine Gesandtschaft zum Papst erwähnt, jedoch sind keine Namen der Gesandten aufgeführt: „Zu dieser Zeit wurde auf Rat und mit der Zustimmung aller Franken eine Gesandtschaft an den apostolischen Sitz geschickt und nachdem der päpstliche Wahrspruch bekanntgeworden war, wurde der erlauchte Pippin, so wie es von alters her die Ordnung verlangt, durch die Wahl aller Franken gemeinsam mit der Königin Bertrada auf den Thron des Reiches gesetzt, wobei ihn die Bischöfe weihten und die ersten des Reiches sich ihm unterwarfen". [245]

In den zeitnahen Quellen gibt es jedoch schon wieder widersprüchliche Aussagen. In der zweiten Fortsetzung des Fredegar, entstanden 787 durch Childebrands Sohn Nibelung, gibt es keine Zeitangabe für die Königserhebung. In anderen Quellen, wie die Reichsannalen von 790, die Metzer Annalen von 805, die Einhard Annalen von 815 und Anderen, werden unterschiedliche Zeitangaben wie 750, 751, 752 und 753 genannt. Die Annales S. Amandi und Annales Laubacenses erwähnen eine Salbung

---

[243] In Realität war diese 4. Romreise von Burkard im Jahr 750/751.
[244] Rau, Reinhold 1955.
[245] Fredegarii Continuationes

Pippins 751 in Soussons. Die Annales Petaviani, Annales Mosellani und Annales Laureshamenses erwähnen für 752 eine Königserhebung. Und die Murbacher Annalen erwähnen für 751 eine Königserhebung.

In den Reichsannalen von 790 übernimmt Papst Zacharias die starke Rolle, laut seiner Aussage, soll Pippin König werden. Pippin wird dann gewählt, durch den Erzbischof Bonifatius allein gesalbt, von den Franken in Soissons zum König erhoben und der bisherige Merowinger König Childerich ins Kloster verbannt.

Wobei J. Semmler für 751 eine Salbung ablehnt und für 754 von einer postbaptismalen Taufsalbung ausgeht.

Anschließend noch die Informationen aus der Bonifatius Vita des Willibald: „Als aber Pippin, der glückliche Nachfolger seines genannten Bruders (Karlmann), durch Gottes Gnade die Herrschaft im Frankenreich übernahm und nach kurzer Zeit, als die Aufruhr der Völker sich etwas gelegt, zum König erhoben war, ...". Eine Salbung durch Bonifatius ist nicht erwähnt, jedoch wird von einem Aufstand der Völker berichtet.

Die Liber pontificalis erwähnt die Ereignisse von 751 überhaupt nicht, die letzte Meldung stammt von 749. Wurden die fehlenden Informationen darin später gelöscht?

Der byzantinische Chronist Theophanes Confessor (*ca. 760, + 817/18) schrieb 813 in seiner Chronographia, sicher den Grund, weshalb die Gesandtschaft aus Franken zum Papst geschickt wurde: Der Papst habe Pippin und seine Parteigänger von jenem Eid gelöst, den sie dem Merowinger König, bei dessen Machtantritt 743, geleistet hatten. [246] Dies wurde von Papst Gregor VII. im 11. Jahrhundert bestätigt. Als er 1076 und erneut 1080 König Heinrich IV. exkommunizierte, berief er sich auf den Präzedenzfall durch Papst Zacharias. Dieser habe durch die Lösung aller Franken vom Treueide gegenüber ihrem König entschieden, dass der Papst die Vollmacht besitze, die auch Könige einschließen, Treueide zu lösen. [247] Das Gewissen, einen Eidbruch zu begehen, schien Pippin und seinen Anhängern 750/51 zu dieser Maßnahme getrieben haben.

Das war der Grund, dass Burkard und Fulrad 750/751 beim Papst Zacharias in Rom waren!

Der Weg für Pippin den Jüngeren war frei, er wurde wahrscheinlich Weihnachten 751 König der Franken, die Karolinger lösten die

---

[246] Semmler, Josef 2003, S. 21f.
[247] Semmler, Josef 2003, S. 28f.

Merowinger nach ca. 300 Jahren als Könige ab. Königs- und Privaturkunden engen die Zeitspanne zwischen November 751 und 23. Januar 752 ein. [248]

Geweiht wurde Pippin sicherlich nicht von Bonifatius. Es ist anzunehmen, dass die Weihe, wenn überhaupt, von Chrodegang durchgeführt wurde. Pippin war Chrodegangs Mentor. In der zeitnahen Fredegar-Chronik ist auf jeden Fall keinerlei Salbung für 751 erwähnt. Wenn es in 751 keine Salbung durch den Papst gab, wurde auch in diesem Jahr kein „Königtum von Gottes Gnaden" installiert!

Warum aber ging Bischof Burkard von Würzburg im Auftrag von Pippin nach Rom? Weil er Pippin aus seiner Zeit in Berceto, von 718 bis 737, kannte? Das hatte sicher mit dazu beigetragen. Mit Bonifatius stand Pippin von Anfang an auf Kriegsfuß. Burkard war für Pippin die bessere Wahl im östlichen Teil des Reiches. Burkard kannte Papst Zacharias von seinem Rombesuch im Mai 747, als er damals noch offiziell im Auftrag von Bonifatius nach Rom ging, aber inoffiziell schon der Bote von Pippin war. Burkard überbrachte geheime Informationen, bezüglich Karlmann, von Pippin an den Papst. Den Inhalt kennen wir nicht, er hatte sicherlich mit dem „Kuhhandel" zwischen Pippin und dem Papst zu tun. Burkard selbst, hatte auch ein Anliegen. Er ließ sich seine Kilian-Erfindung vom Papst absegnen. Der letzte Satz in der Passio Kiliani minor ist: [249] „Da der Herr so ihre Verdienste ins Licht stellte, wurden sie nach dem Rate und der Weisung des Papstes Zacharias, durch Vermittlung des Erzbischofs Bonifatius, von Burkhard, dem ersten Bischof von Würzburg, aus ihrem Grabe ehrenvoll erhoben, unter der glücklichen Herrschaft Pippins, dem ersten König der Ostfranken."

751/752 stattete Pippin das Bistum Würzburg mit dem Zehnten aus und verlieh ihm die Immunität. Die Verleihung der „Immunität" durch Pippin hatte zur Folge, dass kein königlicher Amtsträger befugt war auf Bistumsbesitz Amtshandlungen vorzunehmen. Die Gerichtsbarkeit wurde stattdessen durch bischöfliche Beauftragte, „Vögte", wahrgenommen. Folgende Zehnten wurden verliehen:

a.   mit dem Zehnten aus den ostfränkischen Gauen (von den Gauen Waldsassen, Taubergau, Wingarteiba, Jagst-, Maulach-, Neckar-, Kocher-, Ran-, Gollach-, Iff- und Haßgau, von Grab- und Tullifeld, Saale- und Werngau, vom Gozfeld und vom Badanachgau).

---

[248] Semmler, Josef 2003, S. 3-5.
[249] Initiiert 752 von Bischof Burkard.

b. und mit dem Zehnten von 26 Fiskalgütern [250] (Ingelheim (am Rhein), Riedfeld im Rangau (heute Ortsteil von Neustadt/ Aisch), Rügshofen im Volkfeld, [Bad] Kreuznach (an der Nahe), Nierstein (am Rhein), (Groß-)Umstadt, Albstatt (Wüstung auf der Gemarkung von Waldbrunn westl. Würzburg), (Gau-)Königshofen, Sonderhofen, Gollhofen, (Burg-)Bernheim, Ickelheim, Willanzheim, (Grafen-)Rheinfeld, Gänheim im Gozfeld, Prosselsheim, Hallstadt im Radenzgau, Chungeshofe (Königshofen a.d. Tauber), [Bad] Königshofen (i. Gr.), Salz (bei Bad Neustadt/S.), Hammelburg, Iphofen, Dettelbach, (Ober-)Pleichfeld, Heilbronn und Lauffen) aus.

Die Zentschenkungen Pippin des Jüngeren an Würzburg sind in folgenden Urkunden erwähnt:

1. Von König Arnulf (887-899) Diplom n.69 von 889 November. Reihenfolge: Pippin der Jüngere, Karlmann (König), Ludwig der Fromme.

2. Von König Heinrich I. von 923. Reihenfolge: Pippin der Jüngere, Karlmann (König), Ludwig der Fromme, Arnulf, Konrad I.

3. Von König Otto III. von 992. Reihenfolge: Pippin der Jüngere, Karlmann (König), Karl der Große.

Bei der in den Urkunden Zweitgenannten Person, Karlmann (II., König von 768 – 771 im Nord-, Ost-Reich), handelt es sich um den Bruder von Karl den Großen (Karl war König von 768 – 771 im Westreich und von Dez. 771 – 800 im Gesamtreich und Kaiser von 800 - 814). Bei Karlmann handelt es sich garantiert nicht um Hausmeier Karlmann. Er war vor Pippin den Jüngeren, der Hausmeier im Nord-, Ost-Reich.

Zusätzlich verlieh Pippin der Jüngere dem Bistum die Immunität. Das geschah mit Wahrscheinlichkeit kurz nach der Königserhöhung im Dezember 751, oder Anfangs 752.

Der emotionale Hintergrund: Bischof Burkard hatte Pippin den Jüngeren durch seine Mithilfe bei der Absetzung seines Bruders Hausmeier Karlmann im Jahr 747 einen unschätzbaren Dienst erwiesen. Anders ausgedrückt: Bischof Burkard hatte sich schon vor dieser Romreise in 747 bereits an Pippin verkauft.

751 überbrachte Burkard, bei seiner Romreise mit Fulrad, wieder die Informationen von Pippin an den Papst. Diesmal wegen der Absetzung der Merowinger als Frankenkönige. Und er ließ sich auch noch die Erhebung der angeblichen irischen Missionare Kilian, Kolonat und Totnan vom Papst Zacharias absegnen. Pippin wurde durch die Mithilfe Bischofs

---

[250] Es waren keine Königshöfe, wird jedoch immer wieder publiziert.

Burkard von Würzburg im Dezember 751 zum König gewählt, die Merowinger wurden durch die Karolinger als Könige abgelöst. Burkard erhielt zahlreiche Schenkungen von Pippin für sein Bistum. Die Erhebung der „Würzburger Märtyrer" inszenierte dann Burkard im Jahr 752.

Dem existierenden merowingischen König Childerich III. entzog man im Kloster St. Medard vor Soissons seine Insignien und den Titel. [251] Zum Mönch geschoren, wurde er in das Kloster St. Omer verbannt. Sein Sohn Theuderich kam geschoren in das Kloster St. Wandrille. [252]

Der vereinfachte Merowinger-Stammbaum ab Dagobert I. bis 751 wird in der Abb. 16 dargestellt.

Das Amt des Hausmeiers wurde 751 von Pippin, im eigenen Interesse, abgeschafft. Denn das Amt des Hausmeiers ermöglichte den Karolingern langfristig die Macht im Frankenreich zu übernehmen. Wobei Anfang des 7. Jahrhundert das Hausmeiertum unter den starken Einfluss des Adels geriet, die Bindung zum König wurde damals gelöst. Eine Vererbung des Majordomats ist seit Grimoald, Sohn Pippin des Älteren, in Austrien bezeugt. Diese erneute Gefahr einer Machtübernahme wollte Pippin natürlich ausschließen.

Am 23. Mai 753 besuchte Bonifatius König Pippin in der Pfalz Verberie. Pippin entschied im Streit um die Utrechter Kirche in seinem Sinn. [253]

Im Juni 753 mitunterzeichnen Burkard und Megingozi die Urkunde für das Kloster Fulda in Attigny: Pippin bestätigt Bonifatius das Exemtionsprivileg des Papstes Zacharias für das Kloster. Laut Stengel soll es eine Fälschung des Mönches Rudolf von Fulda kurz vor 856 sein.

Vor dem geplanten Papstbesuch schaltete Pippin weitere Kontrahenten endgültig aus. Grifo, der 3te Sohn von Karl Martell und Halbbruder von Pippin, wurde 753 auf der Flucht zu den Langobarden, in den Bergen des Schweizer Jura, im burgundischen St-Jean-de-Maurienne von Pippins fränkischen Grenzgrafen getötet.

Und für das Jahr 753 berichten die drei Annalen Laureshamenses, Mosellani und Petaviani, dass die Söhne Karlmanns, Drogo und seine Brüder, zu Mönchen geschoren wurden. Auf jeden Fall bedeutet dies, dass Drogo noch bis 753 lebte, aber politisch bedeutungslos war. Obwohl alle drei Quellen das Jahr 753 nennen, sprechen Hinweise dafür, dass diese Tonisierung eventuell auch erst 754 stattfand. Die Tat stand im engen

[251] Annales regni Francorum, S. 14f.

[252] Bei Lorenz Fries findet man andere Informationen

[253] Flahkamp, Franz: Die frühe Friesen- und Sachsenmission aus northumbrischer Sicht, Das Zeugnis des Baeda, Böhlau Verlag Köln Wien, 1969, S. 199.

Zusammenhang mit der Reise Papst Stephan II. ins Frankenreich. Abt Droctegang von Kloster Jumieges brachte 753 von seiner Gesandtschafts-Reise zum Papst nach Rom zwei Briefe mit, ein Brief für Pippin und ein zweiter für die fränkischen Großen. Der Brief an Pippin war sehr allgemein gehalten, das Wichtige wurde sicherlich anders übermittelt. Der Brief an die Großen, lässt Rückschlüsse auf die Verhältnisse im fränkischen Reich zu. Die Großen wurden unter wiederholter Berufung auf den heiligen Petrus vom Papst aufgefordert, Pippin zu unterstützen. Wer sich anders verhalte, gefährde sein ewiges Seelenheil. [254]

Ein weiterer Schritt im „Kuhhandel" zwischen Pippin und dem Papst. Der Papst verbot auch 754 den fränkischen Großen, künftig Könige zu wählen, die nicht von Pippin abstammten. Laut Matthias Becher, richtete sich diese Bestimmung hauptsächlich gegen die Söhne Karlmanns. [255]

Abt Droctegang vom Kloster Jumieges und Herzog Autcharius, als Gesandte von Pippin, waren vom 14. Oktober bis 15. November 753 beim Papst in Rom. Am 15. November reisten sie zusammen mit dem Papst ins fränkische Reich.

Im Januar 754 empfing Pippin III. Papst Stephan II. am Epiphanias-Tag in der Pfalz in Ponthion. Heute eine kleine Gemeinde mit ca. 120 Einwohnern, in der Region Champagne-Ardenne. Papst Stephan blieb das ganze Jahr 754, bis Anfang 755, im Frankenreich.

Nibelung erwähnt im Fredegar den Papstbesuch im fränkischen Reich, aber keine Königssalbung oder Königsweihe. Kein Ort, kein Datum, keine Legaten und kein Merowinger König werden von ihm erwähnt. Nibelung erwähnte jedoch besonders die Königin Bertrada.

Die Reichsannalen berichten über 754: „Der erwähnte Papst Stephan bestätigte Pippin durch die heilige Salbung als König und mit ihm salbte er auch seine beiden Söhne Karl und Karlmann zu Königen".

Anfang 754 [256] dankte Burkard als Bischof von Würzburg ab. Megingaud, der Abt aus Rorinlacha, war sein Nachfolger als Bischof, wie schon um 740 als Abt in Rorinlacha. [257] Bisher wurde immer angenommen, dass Burkard wegen seinem hohen Alter zurücktrat. Ein anderer Rücktritts-Grund könnten auch Missstimmungen zwischen Burkard und Pippin gewesen sein.

[254] Codex Carolinus Nr. 5, S.488.
[255] Becher, Matthias 1989, S. 150.
[256] Weyer, Klaus 2019, S. 83-87.
[257] Weyer, Klaus 2019, S. 75-81.

Denn Pippin trat die jahrzehntelange Freundschaft der Karolinger mit den Langobarden mit Füßen, er verstieß 744 seine erste langobardische Frau, und verband sich langfristig mehr und mehr mit dem Papst gegen die Langobarden.

Das war sicherlich nicht im Sinne von Burkard. Denn Burkard verbrachte nahezu zwei Jahrzehnte im Kloster Berceto, nahe der langobardischen Hauptstadt Parma. [258] 747 half er Pippin seinen Bruder abzusetzen, der ihn eigentlich ab 742 unterstützte, keine Auszeichnung für Burkard. Und 751 half er Pippin die Merowinger nach ca. 300 Jahren als Könige abzusetzen. Burkards Förderer Bonifatius hatte mittlerweile keine Macht mehr im fränkischen Reich. 752 bekam Burkard, bzw. das Bistum Würzburg, die Belohnung von Pippin für die Botendienste von Burkard. Pippin stattet das Bistum Würzburg mit dem Zehnten aus 17 ostfränkischen Gauen und mit dem Zehnten von 26 Königskirchen aus. Zusätzlich verlieh Pippin III. dem Bistum Würzburg die Immunität. Vielleicht hatte aber Burkard auch erkannt, dass er von Pippin als Werkzeug im „Kuhhandel" benutzt wurde. Oder gab es noch einen anderen Grund? Wusste Burkard Anfang 754 schon, dass Karlmann aus dem Kloster Montecassino nach Franken kommt, und ist er deswegen zurückgetreten? Um Karlmann aus dem Weg zu gehen? Karlmann, der mit den englischen Bischöfen Burkard und Bonifatius eng zusammenarbeitete. Karlmann, der 742 die Initiative ergriff, und dem Bistum Würzburg 25 merowingische Königskirchen, inklusive einer Marienkathedrale am Fuß des Bergs in Würzburg und das Kloster in Karlburg am Main, schenkte. Karlmann, der 742 das Concilium Germanicum initiierte und die Kirche förderte.

Pippin forderte 753/754 den Langobardenkönig Aistulf auf, die feindlichen Vorkehrungen gegen die Römer (den Papst) einzustellen. Daraufhin begab sich Aistulf in das Kloster Montecassino, und übte Druck auf den Abt aus. Auf Geheiß seines Abtes reiste der gehorsame Mönch Karlmann 754 ins Frankenreich, um ein Bündnis zwischen Papst Stephan II. und Pippin dem Jüngeren gegen die Langobarden zu verhindern. Das Unternehmen scheiterte, Karlmann wurde im Kloster in Vienne von Pippin, in Absprache mit dem Papst, festgehalten. Er starb dort - angeblich nach vielen Krankheitstagen, bzw. einigen Tagen Gebrechens, oder von starkem Fieber befallen - unter der Obhut seiner Schwägerin Bertrada. Schon wieder viele unterschiedliche und falsche Aussagen.

---

[258] Grisenti, Franco und Bertozzi, Giuseppe; 2005.

Wahrscheinlich wurden auch Karlmanns Söhne 754 tonsuriert, in den geistlichen Stand gesetzt, ins Kloster verbannt und damit ihrer Erbrechte beraubt. [259]

755 ließ Pippin die sterblichen Überreste von Karlmann zusätzlich noch nach Montecassino bringen, um jegliche Verehrung im Frankenreich zu unterbinden.

„Interessant ist, laut Gunther G. Wolf, dass Einhard in seiner Vita Karoli, die Mission Karlmanns von 754 völlig verschweigt und Karlmann nach 747 für den Rest seines Lebens im Kloster Montecassino verbergen lässt". [260] Man kann mit Recht annehmen, dass Einhard sehr wohl alle Details kannte.

Am 28. Juli 754 wurden Pippin und seine beiden Söhne Karl und Karlmann von Papst Stephan II. in St. Denis, im alten Hauskloster der Merowinger gesalbt und als Könige bestätigt. Pippin erkannte damit die geistige Herrschaft des Papstes an.

Wie wir schon vorher von Josef Semmler erfuhren, lehnte er 751 eine Salbung ab. Er ging 754 von einer postbaptismalen Taufsalbung aus. [261]

Die rituelle Salbung eines Königs erscheint erstmals im Alten Testament, im ersten Buch Samuel. Dort wird berichtet, dass der Prophet Samuel, Saul um 1000 v. Chr. zum ersten König von Israel gesalbt hat.

Die erste durch Quellen belegte Königssalbung in der Neuzeit war die des westgotischen Herrschers Wamba im Jahr 672 in Toledo.

Im Gegenzug versprach Pippin dem Papst die Rückgabe der von den Langobarden besetzten Gebiete. Pippin versprach dem Papst das Dukat Rom, das Exarchat Ravenna, die Pentapolis, Tuszien, Venetien, Istrien und die Herzogtümer Spoleto und Benevent, die Pippinsche Schenkung. Das war das Ziel des Papstes im „Kuhhandel" mit Pippin. Der Papst übertrug Pippin und seinen Nachkommen die Aufgabe als Schirmherren des hl. Stuhles mit dem Titel „patricius Romanorum".

755 zog Pippin mit dem Papst und Fulrad nach Rom gegen die Langobarden: „Eodem anno Stephanus papa reductus est ad sanctam sedem per missos domni regis Pippini, Folradum et reliquis, qui cum eo erant". [262] Im Liber pontificalis wird bei der Rückführung des Papstes im Jahr 755, ein Hieronymus, ein angeblicher Stiefbruder Pippins, genannt.

---

[259] Annales Petaviani (MGH SS I,11), Mosellani (MGH SS XVI,495) und Laureshamenses (MGH SS I,28).
[260] Vita Karoli c.2 Ende (l.c. Seite 5).
[261] Semmler, Josef; Der Dynastiewechsel von 751, Düsseldorf 2003.
[262] Annales regni Farncorum a 755, ed. Kurze.

Dies bedeutet, Papst Stephan überwinterte von 754 auf 755 im Frankenreich bei Pippin.

Als Pippin 756 erneut mit Fulrad nach Italien zog, weil der Langobardenkönig Aistulf Städte besetzte, verblieb Fulrad, nach dem erneuten Sieg gegen die Langobarden, in Italien. Pippin selbst zog wieder zurück ins Reich. Fulrad erwarb sich in dieser Zeit viel Ansehen bei Pippin, mit seiner Vermittlertätigkeit in Italien. [263] Burkard wurde durch Fulrad ersetzt.

Schließlich sorgte Fulrad, nach dem Tod von Aistulf in 756, auch dafür, dass sich letztendlich dux Desiderius gegen den Königsbruder Ratchis als neuer König im Jahr 757 durchsetzte.

757 führte Pippin, wie bereits 753, einen erfolgreichen Krieg gegen die Sachsen. Überdies konnte er Herzog Tassilo III. von Bayern 757 zur Leistung des Vasalleneides zwingen.

759 nahm Pippin die Küstenlandschaft Septimanien mit dem Zentrum Narbonne, den letzten maurischen Vorposten nördlich der Pyrenäen, ein.

Seit 760 führte Pippin nahezu jährliche zermürbende Feldzüge gegen Aquitanien unter dem dux Waifar, woran er bald auch seine Söhne Karl und Karlmann beteiligte. 762 fiel Bourges, 766 war die Garonne erreicht, und 768 nahm das Ringen ein wenig rühmliches Ende, als der letzte aquitanische Herzog einem Mordanschlag aus der eigenen Umgebung erlag, an dem schon Zeitgenossen Pippin die Schuld gaben.

---

[263] Vita Stephani II c. 41-47.

10. König Karl I. und sein Bruder König Karlmann

Am 24. September 768 starb Pippin der Jüngere mit 54 Jahren. Nur zwei Wochen nach seinem Tod, wurden seine beide Söhne Karl und Karlmann am 9. Oktober 768, am Tag des Schutzpatrons der Franken, des heiligen Dionysius, zu Königen erhoben. So die aktuelle landläufige Meinung.

Im Fredegar berichtet jedoch Nibelung, dass Karl in Noyon und Karlmann in Soissons am 18. September zu Königen gekrönt wurden. [264] Dieses Datum verwundert, 6 Tage vor dem Tod von Pippin am 24. September. Noyon liegt ca. 40 km nord-westlich von Soissons.

Die Reichsannalen berichten knapp: „Und Karl und Karlmann wurde zu Königen erhoben, Karl am 9. Oktober in Noyon, Karlmann in Soissons ebenso. Karlmanns Königserhebung fand in Soissons statt, da wo sein Vater Pippin 751 als König der Franken erhoben wurde. Das war bestimmt kein Zufall.

Vieles spricht dafür, dass die Aufteilung des Reiches, nicht wie bei Fredegar beschrieben, sondern anders erfolgte.

Die Bestimmungen von Pippins Reichsteilung finden wir in Einhards Vita Karoli: „Franci ... ambos sibi reges constituunt, ea condicione praemissa, ut totum regni corpus ex aequo partirentur, et Karolus eam partem quem pater eorum Pippinus tenuerat, Karlomannus veroeam cui patruus eorum Karlomannus praeerat regendi gratia susciperet".

Karl und Karlmann werden also beide uno actu zu Königen bestimmt, mit der Bedingung der Reichsteilung ex aequo, derart dass Karl den Teil des Vaters Pippin, Karlmann den des gleichnamigen Oheims übernimmt.

Das bedeutet:

1. Nicht erst nach Pippins Tod erfolgte die Reichsteilung, sondern schon vorher.

2. Karl und Karlmann sollten auf Vorschlag von Pippin, wohl noch zu dessen Lebzeiten, jeder sein Teilreich nur unter der Bedingung „ex aequa parte" (gleichmäßig teilen) als König regieren. [265]

Ließ sich Karlmann, während Pippin noch lebte, schon als König, in Soissons, krönen? War das die Ursache des Bruderstreits?

---

[264] Cont. Fredegar 53 (Anm. 2) S. 192f.
[265] Wolf, Gunther 1991, S. 282-295.

117

Die Grenze von 768 war, basierend auf den vorherigen Fakten: Karl erhielt wie vorher Pippin, den West-Südteil und Karlmann, wie sein Onkel Karlmann, den Ost-Nordteil. Siehe auch, der Grenzverlauf zwischen dem Reich von Hausmeier Karlmann (nördlich, östlich und süd-östlich) und Pippin (westlich und süd-westlich) vom Frühjahr 742. Siehe Abb. 14. Auch die Urkunden von Karl und Karlmann zwischen Ende 768 und Ende 771 sprechen für diesen groben Grenzverlauf.

Die Schenkungen von Pippin an das Bistum Würzburg im Jahr 751, wurden zuerst von König Karlmann bestätigt. Das bedeutet, Mainfranken gehörte von Sept./Okt. 768 bis Dez. 771 zum Teilreich von Karlmann.

Im Frühjahr 769 rebellierte Hunoald II., der Sohn vom ehemaligen dux Waifar, in Aquitanien. Karl wurde aktiv und plante einen Feldzug. Er sollte dazu seinen Bruder Karlmann in Duasdives um Unterstützung gebeten haben, der soll jedoch abgelehnt haben. [266] Duasdives, heute Moncontour de Poitou, lag im nördlichen Aquitanien. Moncontour de Poitou befindet sich ca. 86 km süd-westlich von Tours und 46 km nord-westlich von Poitiers. Schließlich zog Karl allein weiter und besiegte Hunoald II. Im Juli 769 war Karl schon auf dem Rückzug. Man kann diese Meldung nicht nachvollziehen. Denn die Karolinger zogen nur gemeinsam in einen Feldzug, wenn das Gebiet noch nicht aufgeteilt war und keinem Karolinger allein gehörte. Aquitanien wurde jedoch schon von Pippin dem Jüngeren 768 besiegt und ins fränkische Reich integriert. Waifar, Herzog von 745 bis 768, wurde 768 ermordet. Also müsste Aquitanien von Anfang 769 eindeutig zu Karl gehört haben. Später wurde dieser Vorfall von Einhard in der Vita Caroli Magni schließlich nachträglich zu einer angeblichen Heeresfolgeverweigerung bestimmt, was es aber, so wie es aussah, sicherlich nicht war.

Eine weitere Heeresfolgeverweigerung wurde ja auch später Tassilo angedichtet, als er 763 Pippin nicht nach Aquitanien begleitete. Wie man sieht, eine beliebte Vorgehensweise der Karolinger. Beim Tode Pippins war Aquitanien, laut der Einhards Annalen und der Vita Caroli, nicht völlig unterworfen. Sie berichten, dass Karl von seinem Vater, den noch nicht vollendeten aquitanischen Krieg übernommen hatte. In den älteren Reichsannalen hat es den Anschein, dass Karl Aquitanien bereits vor seiner Zusammenkunft mit Karlmann in Duasdives unterworfen hatte. Dann hätte Karl im Jahre 769 Karlmann seines Anteils an Aquitanien beraubt. Aus der Tatsache, dass Karlmann nach Duasdives kam und dann

---

[266] Ann. Regni Franc. Ad. A. 769

wieder abzog, hatten die Einhards Annalen eine Heeresfolgeverweigerung konstruiert. Was die beiden Brüder dort Vereinbarten ist nicht bekannt.

770 verschärfte sich das Verhältnis zwischen den beiden karolingischen Brüdern. Der Grund war sicher die Geburt Pippins, des Sohnes Karlmanns. Karl hatte bereits mit seiner ersten Frau Himiltrud auch einen Sohn mit Namen Pippin, jedoch war er „bucklig". [267] Die Geburt des gesunden Pippins begünstigte eindeutig die Stellung von Karlmann, er sicherte damit die Zukunft des karolingischen Königsgeschlechtes ab. Und mit der gleichen Namensgebung zeigte Karlmann bewusst, dass seiner Linie die Zukunft im Frankenreich gehörte. Sein gesunder Sohn Pippin stand dem verkrüppelten Pippin seines Bruders Karl gegenüber, und bedeutete eine Kampfansage von Karlmann an Karl. Karl heiratete wahrscheinlich sein erste Frau 768 mit 20 Jahren, und Karlmann heiratete wahrscheinlich 769 mit 18 Jahren.

Im Mai 770 traf sich Bertrada, die Witwe von Pippin den Jüngeren und Mutter von Karl und Karlmann, mit Karlmann in Selz im Elsass. Wiederum ein Hinweis, dass Karlmann Herrscher des Nord-östlichen Reichs war. Über was Bertrada und ihr jüngerer Sohn Karlmann sprachen ist nicht bekannt. Bertrada plante dann eine Reise nach Italien, über Pavia, zum Papst nach Rom. [268] Ihr Ziel war es, laut Einhard, Karl mit einer der Töchter des Langobardenkönig Desiderius zu verheiraten. Anselperga war Äbtissin von San Salvatore in Brescia. Adelperga war mit Arichis II., Herzog von Benevent, verheiratet. Liutperga war die Frau von Tassilo, Herzog von Baiern. Und „Desiderata" sollte mit Karl verheiratet werden. Bertrada wollte auch ihre Tochter Gisela mit Adelchis, dem Sohn des Langobardenkönig Desiderius, verheiraten.

Dem Papst in Rom blieben diese Planungen nicht verborgen, es gab genügend viele päpstliche Spione im Frankenreich. Im Sommer 770 adressierte Papst Stephan III. einen Brief an beide fränkische Könige von einem derartigen Frevel abzusehen. [269] Er verwies in dem Brief auch auf den Bruch des Bündnisses, das Pippin der Jüngere und seine Söhne Karl und Karlmann 754 mit dem Papst Stephan II. gegen die langobardischen Könige abgeschlossen hatten.

Karlmann schickte sofort eine hochrangige Gesandtschaft, geleitet vom Abt Berold und dem vir illuster Adelbert, um dem Papst seinen

---

[267] Einhard, Vita Karoli 20, 25. Wahrscheinlich schon 769 geboren.
[268] Annalium Petavianorum Continuatio
[269] Cod. Carol. 45, 560-563.

Standpunkt zu übermitteln. [270] Sie betonten, dass die Position ihres König Karlmann zum Papst und zu den Langobarden unverändert zu dem Abkommen von 754 sei. Papst Stephan III. lobte daraufhin in seinem Antwortbrief überschwänglich Karlmanns Glaubensfestigkeit und Ergebenheit für die römische Kirche und bot ihm die Taufpatenschaft für seinen Sohn Pippin an.

Die geplante Hochzeit zwischen Gisela und Adelchis, dem Sohn von Desiderius, fand nicht statt. Papst Stephan III. war dagegen, und teilte das Karl und Karlmann mit. [271] Eine Enttäuschung für Bertrada. Gisela blieb unverheiratet und wählte dann angeblich den Ordensstand.

Anschließend reiste Bertrada nach Rom zum Papst Stephan III. Der Papst billigte die Auflösung der Ehe zwischen Karl und der Fränkin Himiltrud, und genehmigte die Ehe von Karl mit der Tochter von Desiderius, und er nahm offensichtlich auch Abstand, Taufpate von Pippin, dem Sohn Karlmanns, zu werden. Fränkische Große, unter ihnen war auch Adalhard, ein Cousin von Karl, beschworen die Ehe mit der Langobarden-Tochter. Papst Stephan III. wechselte offensichtlich, auf Initiative von Bertrada, auf ihre Seite.

770 verstieß Karl seine erste Frau, die Fränkin Himiltrud, mit der er einen Sohn hatte, Pippin den „Buckeligen". Er heiratete jedoch nicht die langobardische Königstochter „Desiderata", die seine Mutter Bertrada Ende 770 mit ins Frankenreich brachte. Karl ließ Desiderata sofort zurückschicken, ein Affront von Karl gegenüber Desiderius. Bei der Verstoßung der Langobardin widersetzte sich Adalhard, der Sohn von Bernhard, dem Frankenkönig Karl. [272] Zu Beginn des Jahres 772 musste er dann ins Kloster Corbie gehen, wo er dann später Abt war. Einhard versuchte diesen Vorgang später zu vertuschen.

Warum heiratete Karl, Ende 770, nicht die langobardische Königstochter? Karl heiratete schon kurz zuvor die Schwäbin Hildegard, sie war zu dieser Zeit 12 bzw. 13 Jahre alt! Und sie kam aus dem Reichsteil von Karls Bruder Karlmann. Karls kopierte seinen Vater Pippin, auch er heiratete 744 seine zweite Frau Bertrada, die aus dem Reichsteil seines Bruders Karlmann stammte.

Hildegard war die Tochter des schwäbischen Grafen Gerold aus dem Geschlecht der Geroldonen und der Imma, Tochter des alemannischen Grafen Hnabi und der Hereswintha vom Bodensee. Ihrem Vater gehörten

---

[270] Cod. Carol. 47, 565f
[271] CC 45, 563.
[272] Vita Adalhardi 7.

weitläufige Besitztümer im Herrschaftsgebiet von Karls jüngerem Bruder Karlmann. Karl konnte so seine Position in den Gebieten östlich des Rheins stärken und den alemannischen Adel an sich binden. Mit Hildegard hatte Karl neun Kinder in 13 Jahre Ehe. Hildegard, geboren 758, starb am 26. April 783 bei der letzten Geburt zusammen mit ihrer fünften Tochter Hildegard.

Karl der Jüngere, der Sohn von Karl und Hildegard, wurde im Juli 771 in der Regeste RI I n. 141 erwähnt. Dies bedeutet im Umkehrschluss, dass Karl der Jüngere im Oktober bzw. November 770 von Karl und Hildegard gezeugt wurde, und beide zuvor heirateten.

Man muss sich wirklich fragen, warum bisher immer von einer einjährigen Ehe zwischen Karl und Desiderata berichtet wurde.

Auch Kardinal Joseph Hergenröther schreibt in seinem Handbuch der allgemeinen Kirchengeschichte, dass Desiderata bereits 770 zurückgeschickt wurde. [273] Joseph Hergenröther war ab dem 9. Juni 1879 der Kardinalprefekt des Vatikanischen Geheimarchives.

Die politische Situation in Rom nahm jedoch Karlmann nicht hin, Karlmann schickte seinen missus (Beauftragten) Dodo 771 nach Rom. Der ursprünglich als Pilgerreise getarnte Rombesuch vom Langobardenkönig Desiderius im Februar / März 771 beim Papst, richtete sich jedoch gegen den langobardenfeindlichen primicerius (Vorsteher der Verwaltung) Christophorus und seinem Sohn Sergius. Karlmanns missus Dodo hatte sich offenbar auf die Seite Christophorus geschlagen. Desiderius besiegte sie, und ließ Christophorus und seinen Sohn Sergius blenden, Christophorus starb sofort, Sergius wurde kurz vor Papst Stephans Tod von Paulus Afiarta, den neuen starken Mann im Lateran, ermordet. Karlmann stand nun allein da, auch verlassen von seiner Mutter.

Im Herbst 771 gipfelte sich der Konflikt zwischen Karlmann und Karl zu. Am 4. Dezember 771 verstarb jedoch Karlmann plötzlich, ohne irgendwelche Anzeigen zuvor. Alle Quellen, außer Einhard in seiner Vita Karoli, erwähnten lapidar den Tod von Karlmann, ohne Einzelheiten zu nennen.

Die Reichsannalen berichten: „Damals hielt König Karl I. den Reichstag ab in Valenciennes. [274] In diesem Jahr starb Karlmann auf dem Hofgut Samoussy am 4. Dezember. König Karl kam auf das Hofgut Corbency; hierhin kamen Erzbischof Wilchar und Kaplan Folrad mit anderen

---

[273] Joseph Kardinal Hergenröther, Handbuch der allgemeinen Kirchengeschichte, Band 2, Herder, Freiburg, 1884, Seite 71
[274] Ehemals ein bekannter Ruhepunkt auf der großen Straße vom Westen zum Osten.

Bischöfen und Geistlichen, die Grafen Warin und Adalhart mit anderen Vornehmen, die zu Karlmann gehörten. Karlmanns Frau aber zog mit etlichen Franken nach Italien".

Man sieht, dass alle damaligen Berichte aus der Sicht des siegreichen Karl geschrieben wurden.

Adalhart war der Sohn von Bernhard, Karl Martell war sein Großvater. Warin bzw. Warnherius war ein Widone, die Widonen waren schon die Helfer von Pippin dem Mittleren und von Karl Martell.

Karl soll sich schon seit November 771 in Longlier aufgehalten haben, ca. 170 km Ost-Ost-Nord von Laon. Longlier liegt ca. 150 km West-West-Nord von Trier. Karl eilte sofort nach dem Tod von Karlmann nach Corbeny, ca. 23 km süd-östlich von Laon, wo ihm die Großen aus dem Reichsteil von Karlmann huldigten. [275] Erzbischof Wilcharius von Sens und Abt Fulrad vom Kloster St. Denis waren die Initiatoren.

Fulrad unterstützte Pippin 750/751 bei der Königserhebung. Nach Pippins Tod war er einer der führenden Berater Karlmanns. Zu Karl stieß er erst nach dem Tod von Karlmann. [276] Fulrad hatte, von König Karlmann zu Karl, die Seiten gewechselt.

Es drängt sich auf, sofort daran zu denken, dass bei dem plötzlichen Tod Karlmanns nachgeholfen wurde. Karl hatte schon im Herbst 771, als ein Bruderkrieg drohte, großes Interesse an der „Ausschaltung" seines Bruders Karlmann gehabt. [277]

Gerperga, die Frau von Karlmann und die Schwägerin von Karl, floh nach dem Tod von Karlmann mit wenigen Getreuen und ihren zwei Kindern sofort zum langobardischen König Desiderius. [278] Gerperga hatte die Situation richtig eingeschätzt, sie brachte ihre beiden Kinder nach Pavia zu Desiderius, vor Karl in Sicherheit. Desiderius und Karl waren seit Ende 770 zerstritten, als Karl „Desiderata", die Tochter von Desiderius, nach Pavia zurückschickte. Hadrian I. löste Papst Stephan III., der am 24. Januar 772 starb, ab und war ab dem 1. Februar 772 Papst.

Unmittelbar nach der Reichsversammlung von Worms brach im Juli 772 ein fränkisches Heer gegen die Sachsen auf. Als erstes wurde die Eresburg, südlich von Paderborn, angegriffen und erobert. Karl zerstörte die Irminsul, das sächsische Baumheiligtum, und den angrenzenden

---

[275] Ann. Regni Francorum, ad a. 771 (Anm. 2) 32.
[276] Ann. Regni Franc. Ad 771 und Ann. Mettens. Priores ad 771.
[277] Gunther G. Wolf, Einige Bemerkungen zum Tod von Karlmann d. Ä. und Karlmann d. J., Archiv für Diplomatik, 45. Band, 1999, Seite 13.
[278] Vita Karoli 4 (Anm. 16), 6.

Tempelhain. Die dort platzierten Gold- und Silberschätze fielen in die Hände von Karl. Die Zerstörung der Irminsul und des heiligen Hains, und der Raub der Schätze, lösten einen erbitterten Widerstand der Sachsen aus.

Der Langobardenkönig Desiderius verlangte 772 vom neuen Papst Hadrian (772-795), die beiden Söhne von Karlmann und Gerperga zu fränkischen Königen zu salben, der widersetzte sich jedoch. [279] Hadrian war auf der Seite von Karl.

Im Sommer 773 ließ Karl sein Heer bei Genf versammeln. Hier teilte er seine Armee in zwei Korps. Eines führte er persönlich über die Route Chambéry – Modane – Mont Cenis, das andere sein Onkel Bernhard über die Route Martigny – Großer St. Bernhard – Aosta – Ivrea nach Italien. Als Karl im Herbst 773 vor den Toren von Pavia ankam, flohen Autchari und Gerperga mit den Söhnen nach Verona, der besten befestigten Stadt im langobardischen Reich. Karls Truppen belagerten Pavia.

Karl ließ seine Frau Hildegard mit den Söhnen Karl und Karlmann, später wurde er Pippin getauft, zu sich nach Pavia bringen. Hildegard war im Herbst 773 hochschwanger mit dem dritten Kind, einer Tochter, die nach der Geburt nicht lange lebte. Karl zog dann nach Verona. Gerperga ergab sich mit den Kindern von Karlmann in Verona oder wurde ausgeliefert. Ihr weiteres Schicksal und das ihrer Kinder erfahren wir nicht. Sie begegnen uns seitdem nie wieder in den Quellen.

Im April 774 zog Karl nach Rom. Der Deal mit dem Kirchenstaat zwischen dem Papst und Karl wurde erneuert. Ab dem 5. Juni 774 nannte sich Karl jetzt Rex Francorum, König der Franken und Langobarden. Das langobardische Königreich war erloschen.

Im Juni 774 eroberte Karl Pavia und ließ Desiderius samt Familie scheren und ins Kloster bringen. Desiderius Sohn Adelchis konnte jedoch vorher nach Konstantinopel entkommen.

König Karl I. zeigte bei seinem Kampf gegen seinen Bruder Karlmann keine Größe! Er brach den Eid von seiner Mutter mit Desiderius und nahm seine Tochter „Desiderata" nicht zur Frau, sondern die Schwäbin Hildegard. Er ignorierte die Rechte von Karlmanns Kindern und ließ sie sogar zusammen mit ihrer Mutter „Gerperga" verschwinden. Und letztlich hatte er beim plötzlichen Tod von seinem jüngeren Bruder Karlmann sicherlich die Hände im Spiel.

---

[279] Schieffer, Theodor, "Karlmann" in: Neue Deutsche Biographie 11 (1977), S. 274-275

Jetzt noch eine Merkwürdigkeit in den Karolingischen Regesten: Bei Karlmann - RI I n. 130a steht: Der Todestag von Karlmann war 771 dez. 4, villa Salmonciagus. [280]

Bei Karl der Grosse – RI I n. 142a steht: Die Besitznahme des Reiches Karlmann war 771 dez. 00, ad Corbonacum villam. Eine 00-Tagesangabe im Dezember 771 gab es nicht. Hat Karl das Reich von Karlmann vor oder nach dessen Tod annektiert? [281]

Für den Rücktritt von Burkard, Anfang 754, haben wir die möglichen Gründe kennengelernt.

Für Megingauds „Rücktritt" kannte man bisher nicht den wahren Grund, außer dem gängigen, das Alter. Wobei Megingaud im Jahr 769 nur 59 Jahre alt war. Burkard war bei seinem Rücktritt im Jahr 754 schon 70 Jahre alt war, er starb am 2. Februar 755, 1 Jahr später mit 71 Jahren, kurz vor Bonifatius. [282] Nicht so Megingaud, er lebte noch weitere 14 Jahre.

Mit dem neuen König Karlmann, ab September/Oktober 768 für Austrien zuständig, [283] kamen auch Änderungen nach Würzburg. Der Bischofsstuhl wechselte Anfang 769 von Megingaud zu Berowelf. Wobei der Autor die Meinung vertritt, dass Megingaud nicht selbst zurücktrat, sondern von König Karlmann „zurückgetreten wurde". Hinweise dazu folgen.

Die Quellen schreiben anschließend von einer Belästigung Megingauds, die Berowelf ausübte. Mein Kommentar dazu: Das war nur möglich, wenn der König für Austrien und Mainfranken, und das war König Karlmann, den dritten Bischof Berowelf von Würzburg selbst einsetzte, und hinter ihm stand. Und den zweiten Bischof Megingaud von Würzburg seines Amtes enthob.

Im Jahr 772 änderte sich jedoch alles. Karl war ab Mitte Dezember 771 der Gesamtkönig des Frankenreichs. Im Sommer 772 begann Karl sofort mit der Schwertmissionierung in Engern, Westfalen und Ostfalen,

---

[280] RI I n. 130a, in Regesta Imperii Online, URI: http://www.regesta-imperii.de/id/0771-12-04_1_0_1_1_0416_130a (abgerufen am 01.11.2022).

[281] RI I n. 142a, in: Regesta Imperii Online, URI: http://www.regesta-imperii.de/id/0771-12-00_1_0_1_1_0_460_142a (abgerufen am 01.11.2022).

[282] Garantiert starb Burkard nicht 791, wie es in den total unzuverlässigen Daten der Würzburger Bischofschroniken ab dem 11. Jhd. aufgelistet wird. Erst Ignatius Gropp näherte sich im Jahre 1750, in seiner „Wirtzburgischen Chronick", dem realistischen Todes-Jahres von 755. Bei ihm steht: 02 Februar 754.

[283] Falsche Angabe bei Ruf 2022, S.91. Er gibt Karl ab 24 Sept. 768 als König an. Karlmann war der König für Austrien und damit Mainfranken.

der Sachsenmissionierung mit dem Schwert. Und dafür brauchte König Karl I. Mönche als Missionare und für sie Ausbildungszentren. [284]

König Karl I. veranlasste daraufhin Missions-Klöster. Eine Wahl fiel auf Megingaud, dem ehemaligen Bischof von Würzburg, denn er wurde auf Initiative von seinem verhassten Bruder Karlmann abgesetzt.

Megingaud war seit Anfang 769 wieder in seinem Kloster an der „Alten Statt" im Tal von Rorinlacha. König Karl I. war 769 noch nicht für Austrien und Mainfranken zuständig. Vor seinem Würzburger Bischofsantritt in 754 war Megingaud schon in diesem Kloster in Rorinlacha an der „Alten Statt". Dieses Kloster mit einer Saalkirche und Apsis in südangelsächischer Bauweise, [285] heute unter dem Pfarrhaus gelegen und 1981/82 vom BLfD komplett ausgegraben, wurde um 740 eingeweiht. [286]

Karl initiierte daraufhin, 772 bzw. kurz danach, ein neues karolingisches Missionskloster in Rorinlacha. Die 50 adeligen Mitbrüder aus Würzburg schickte garantiert nicht Bischof Berowelf nach Rorinlacha, sondern König Karl I. [287] Ein Hinweis für das Missionskloster an der Neuen Statt in Neustadt am Main, sind die im 9. Jhd. erwähnten drei Neustadter Äbte (Spatto, Tancho, Harud), sie waren gleichzeitig Bischof im Missionsbistum von Verden an der Aller (bei Bremen).

Bei den nächsten beiden Terminen sieht man, dass Karl ab 772 mit Megingaud zusammenarbeitete, nicht mit Berowelf, dem Bischof von seinem verhassten Bruder Karlmann. [288] Berowelf wurde von Karl I. kaltgestellt.

Am 1. September 774 fand die Weihe der Nazariusbasilika in Lorsch durch den Mainzer Chor-Bischof Lul statt. Karl d. Große wohnte bei, machte Stopp auf seinem Weg von Rom nach Fritzlar. Die geistliche Elite der Zeit assistierte: Weomad von Trier, Megingoz von Würzburg (nicht

---

[284] Die Kirche wurde benutzt, um ein Gebiet zu annektieren. Keine neue moderne Erfindung!

[285] Wie die erste Klosterkirche 744 in Fulda. Sie wurde persönlich von Bonifatius gebaut!

[286] Link, Georg 1873, S. 183, Erwähnt in der Bisitation der geistlichen Räte aus Würzburg im Kloster Neustadt am 6. April 1768: „… es ist dies die hl. Stätte des ältesten Klosters, das mit dem Würzburger Bisthum gleichen Alters ist".

[287] Obwohl Megingaud ab Anfang 769 kein Bischof von Würzburg mehr war, vertraute Karl auf Ihn, und nicht auf Berowelf, den Bischof seines verhassten Bruders Karlmann. Deswegen war Megingaud am 1. September 774 bei der Weihe der Nazariusbasilika in Lorsch dabei. Und auch um 780 bei der Einweihung der Kirche zu St. Goar am Rhein.

[288] Die Aussage von Theodor Ruf 2020 S. 87, dass Megingaud ab 768/9 weiter Bischof mit Sitz in Neustadt a. M., und Berowelf sein Chorbischof mit Sitz in Würzburg war, ist nicht nachvollziehbar. Ruf bezieht sich dabei auf die unzuverlässigen Daten der Würzburger Bischofschroniken ab dem 11. Jhd.

der aktuelle Bischof Berowelf von Würzburg!) und der Chef der Hofgeist-lichkeit, Bischof Angilramnvon Metz. [289]

Um 780 konsekrierte (weihte) Bischof Lullus von Mainz zusammen mit Basinus von Speyer und Megingaud, im Auftrag von Karl den Gro-ßen, die Kirche zu St. Goar. Goar liegt direkt am Rhein, zwischen Mainz und Koblenz. [290]

Im August 781 fand in Worms [291] eine Reichsversammlung statt. 111 km von Neustadt am Main entfernt. Ein, oder das Thema war: Der Bay-ernherzog Tassilo III. schwört Karl den Treueeid.

Auch im August 781, [292] war die Weihe des karolingischen Missions-klosters an der Neuen Statt, Abt in Rorinlacha war Megingaud. König Karl I., Bischof Lullus und Bischof Willibald sollen anwesend gewesen sein. Die Kirche des Missionskloster an der Neuen Statt war flächenmäßig ca. 6 mal größer als die Kirche des Vorgängerkloster an der Alten Statt von um 742, der Grund waren die zusätzlichen 50 Mönche aus Würzburg, die Karl nach Neustadt schickte. Die Ausrichtung dieser Klosterkirche an der Neuen Statt war 10,5° Ost. Die Patrozinien der Kirche waren laut Pater Franziskus Büll OSB aus Münsterschwarzach: Martin, Dionysius, Salvator und Hl. Kreuz. Das Patrozinium Maria existierte an der Neuen Statt an einer anderen Stelle, einer separaten Marienkapelle. Sie wurde spä-ter eingemauert, und befindet sich im Südturm der Basilika. Ca. 50 m Süd-Süd-Ost vom Vierungsturm der Kirche der Neuen Statt entfernt. Vom ehemaligen 18 m hohen Vierungsturm der Kirche an der Neuen Statt, sind noch ca. 7,5 m erhalten. Er ist der einzige karolingische Kirchenturm aus dem 8 Jhd. in Deutschland. Zu dem Kloster von der Neuen Statt gehörte noch ein weiterer Turm, der heutige Nord-Turm der Pfarrkirche, ca. 25 m Süd-Ost vom Vierungsturm der Kirche an der Neuen Statt entfernt. Er stand damals nur teilweise frei, man kann es heute noch links unten, Rich-tung Süden, an der Ostseite dieses Turms sehen. [293] Die unteren 12 m sind noch original von 781.

---

[289] RI I n. 167c, in: Regesta Imperii Online, abgerufen am 24.07.2023. URL: http://www.regesta-imperii.de/id/0774-09-01_1_0_1_1_0_520_167c.
[290] Lindner, Klaus 1972, S. 217 f.
[291] Von Worms, über Lorsch, die Nibelungenstraße nach Miltenberg, nach Wertheim, und schließlich nach Neustadt a. M. sind es ca. 122 km.
[292] Wagner, Heinrich 2000, S. 115 f.
[293] Ein Vergleich dieses Turms in Neustadt am Main, mit dem Turm vom Neumünster in Regensberg, ist absolut fehl am Platz.

Megingaud starb am 26. September 783 [294] im Kloster an der Neuen Statt, nicht in Würzburg. Der Deckel seines Sarkophags, aus rotem Sandstein, wurde sicherlich in Neustadt hergestellt. Heute befindet er sich in der Kilianskrypta im Neumünster in Würzburg. Wann der Deckel des Sarkophags nach Würzburg kam, ist nicht geklärt. Der Rest des Sarkophags in der Neumünsterkrypta ist wesentlich jünger und aus einer anderen Gesteinsart.

Der Text auf dem Deckel des Megingaud-Sarkophags ist die älteste Monumentalinschrift Frankens nach der Römerzeit. Warum der Original-Deckel aus rotem Sandstein, und der Rest des nicht Original-Sarkophag mit grauer Farbe übertüncht wurde, konnte mir bis jetzt niemand erklären.

---

[294] Wagner, Heinrich 2003, S. 17-43. Garantiert starb Megingaud nicht 794, wie es in den unzuverlässigen Daten der Würzburger Bischofschroniken ab dem 11. Jhd. aufgelistet wird. Burkard soll dort 791 gestorben sein, in Realität war es 755.

11. Die Zusammenfassung des Buchs

Ohne Merowinger keine Karolinger

482 wurde der 16-jährige Chlodwig König der Merowinger. Chlodwig gelang es durch brutales Handeln, alle Rivalen auszuschalten. 496/97 besiegte er die Alemannen und erweiterte sein Reich bis Thüringen und südlich bis Bayern. 498 ließ sich Chlodwig I. selbst, zusammen mit 3.000 Franken, von Bischof Remigius in Rheims taufen. Der kluge Pakt mit der katholischen Kirche verhalf Chlodwig I. schließlich sich langfristig als Sieger durchzusetzen. Wobei das sakrale merowingische Königtum nicht von der Kirche abhängig war.

Chlodwig I. starb 511 und hinterließ 4 Söhne, sie teilten sich das Reich, Theuderich I. gehörte Mainfranken. 531 wurde das thüringische Königshaus von den Merowingern eliminiert. Die Merowinger dezimierten sich jedoch hauptsächlich selbst. Hauptbeteiligt war Fredegunde und ihr Sohn Chlothar II. Ihre Widersacherin Brunichilde wurde 613, mit Hilfe Pippin den Älteren gefangen genommen, und von Chlothar II. gefoltert und ermordet.

Sein Sohn Dagobert I. entmachtete Pippin den Älteren 633/4 als Hausmeier. 631 setzte er Radulf als Herzog für Thüringen und 632 den Hedenen Hruodi als Herzog für Mainfranken ein. Nach dem Tod von Dagobert I. in 639, verloren die Merowinger immer mehr ihre Macht an die Karolinger. Bis sie 751 ihre Königswürde verloren, durch einen Staatstreich des Karolinger Pippin den Jüngeren, mit Hilfe der Kirche.

Das Herzogshaus der Hedenen

Das Herzoghaus der Hedenen wurde 689 nicht vom Volk vertrieben, wie in der Passio Kiliani Minor erwähnt. Die Hedenen wurden 717/718 von Verwandten eliminiert, wie in der Vita Bonifatii niedergeschrieben ist. Der Verwandte von Theodrada, der ersten Frau von Heden II., war Karl Martell, er löschte die relevanten männlichen Hedenen aus.

Der Stammbaum der Hedenen wurde von mir detailliert, erweitert und korrigiert. Der mögliche erste Mann von Geilana, Chedenoaldus, wurde identifiziert. Heden der Jüngere, in der jüngeren Vita des Burkards, sogar als zweiter Sebastian benannt, hatte zwei Frauen. Geboren wurde Heden II. um 667. Mit der ersten Frau Theodrada, die Heden II. um 685 heiratete, hatte er wahrscheinlich drei Kinder. Immina wurde um 686, Thuring um 690, und Eddanus um 694 geboren. Für Immina ließ Heden II. um 700 ein Kloster auf dem Berg in Würzburg bauen. [295] 704 und 716 stellte Heden II. jeweils eine Schenkungs-Urkunde, zusammen mit seiner Frau und Sohn Thuring, für den Missionar Willibrord aus. Thuring starb 717 auf einem Feldzug gegen Karl Martell. Eddanus war Bischof von Straßburg und nahm 742 am Concilium Germanicum teil.

Mit seiner zweiten Frau Bilihild, die er 717/718 heiratete, hatte Heden II. einen Sohn Rigibert. Jedoch starb Heden II. vor dessen Geburt, auch auf einem Feldzug gegen Karl Martell. Bilihild war mit dem Mainzer Bischof Rigibert verwandt, er war ihr Onkel. Bilihild war wahrscheinlich auch mit Bischof Rigibert/Rigobert von Reims verwandt. Er war ein Vertrauter von Pippin den Mittleren, und taufte um 690 dessen Sohn Karl Martell, wurde jedoch 717 von Karl Martell ausgeschaltet.

Der Frankenapostel Kilian

Kilian war eine Erfindung vom ersten Bischof Burkard aus Würzburg. Abgestimmt mit Bonifatius und Pippin. Und 751 abgesegnet vom Papst Zacharias, beim Besuch von Burkard 751 in Rom. Kilian und seine Gefährten existierten nicht.

Burkard hatte bei der Würzburger Bistumsgründung 742 schon einen Bistums-Heiligen, er erhielt die Reliquien des Apostel Andreas vom Papst Gregor III. bei seiner Abreise in Rom von 738 mit Bonifatius. Erwähnt in der jüngeren Vita des Burkards. Vorher wurde Burkard 738 vom Papst Gregor III. zum Bischof ohne Bischofssitz geweiht, erwähnt in der älteren und jüngeren Vita des Burkard. Nach vielen Jahren mit dem Apostel Andreas in Würzburg, brauchte Burkard jedoch einen Bistums-Heiligen, mit dem sich das Würzburger Volk identifizierte. Und für Pippin passte die Kilian-Erfindung, um von den Geschehnissen von 717/718 bez. der Hedenen mit seinem Vater Karl Martell abzulenken.

Eine Erhebung von Kilians Gebeinen und seiner Gefährten, wurde 752 von Burkard in Würzburg initiiert. Obwohl Kilian und seine Gefährten nicht existiert hatten. Das musste einmal gesagt werden. Denn Fakten sind nun mal Fakten, und alle sprechen eindeutig gegen eine Existenz von Kilian.

Weitere Erkenntnisse in diesem Kapitel sind:

---

[295] Es existieren keine archäologischen Funde zu diesem Kloster.

Die erste Würzburger Markbeschreibung stammt nicht aus dem Jahr 779, sondern aus dem Jahr 783.

Die Hammelberger Markbeschreibung stammt aus dem Jahr 774.

Auch war Karl der Große, laut fehlenden urkundlichen Belegen, 788 nicht in Würzburg, wie Rainer Leng, Privatdozent am Lehrstuhl für Fränkische Landesgeschichte der Universität Würzburg, in einer E-Mail an mich klarstellte.

Der karolingische Staatsstreich bis 741

Der Aufstieg der Karolinger von 614 (Edictum Chlothari) bis zum Tod von Karl Martell.

Er begann mit Pippin dem Älteren, Ansegisel und Pippin dem Mittleren, der 687 der Hausmeier des gesamten Merowinger Reich wurde. Der Aufstieg hatte einen zweiten Höhepunkt mit Karl Martell. Für die Finanzierung seines Heeres brauchte Karl Martell viel Geld. Er übernahm die Besitztümer von Plektrud und Pippin, den Hedenen, seinen Halb-Neffen, von Swanahild und Pilitrud aus Bayern und von den alemannischen Agilolfingern. Mit Klosterenteignungen im großen Stil vollendete er seine Heer-Finanzierung.

Mit der Heirat von Swanahild in 725, legte er den Grundstein für einen Pakt mit dem Langobardenkönig Liutprand und schaltete damit auch die bayerischen Agilolfinger aus. Liutprands Frau Guntrud und Karls zweite Frau Swanahild waren Cousinen.

Die Langobarden kämpften 731, 732, 737 und 739 zusammen mit Karl Martell gegen die Sarazenen, 738 traten die Langobarden sogar allein gegen die Sarazenen an.

Seit ca. 730 hatte der damals 22/23-jährige Karlmann bereits einen Sohn mit Namen Drogo. Die angebliche Adoption von Pippin durch Liutprand fand 735 statt. In der Realität heiratete Pippin mit 21 Jahren seine erste Frau, die Tochter von Liutprand und Guntrud. Der Bund zwischen Karl und Liutprand war damit endgültig gefestigt. Der Name der Tochter von Liutprand und Guntrud, Pippins erster Frau, ist leider nicht überliefert, wie bei einigen anderen der karolingischen Frauen, z. B. bei der Frau seines Bruder Karlmann.

Ab 737, nach dem Tod von König Theuderich IV. regierte Karl ohne Merowinger König.

Der Stammbaum der bayerischen Agilolfinger wurde von mir in diesem Kapitel erweitert und korrigiert. Vor allem wird auch erläutert, dass Odilo der Bruder von Swanahild war.

Die drei Reichsteilungen von 741 und 742

Es existierten drei Reichsteilungen in 741 und 742, wie im älteren Teil der Metzer Annalen beschrieben. Die zweite Reichsteilung legte Karl kurz vor seinem Tod fest: Grifo (*um 726, +753 durch Grafen von Pippin), stammte aus der rechtmäßigen Ehe von Karl Martell und Swanahild (bayerische Agilolfingerin), bekam den Hauptteil des Reiches.

Grifo erhielt Austrien, Thüringen, Neustrien und die Provence. Karlmann bekam Alemannien. Und Pippin bekam Burgund, dafür gibt es auch einen Hinweis, denn Pippin zog mit seinem Onkel Childebrand und einem Heer noch vor dem Tod von Karl Martell direkt nach Burgund.

Ende 741 wurde Grifo in Chevremont und Swanahild in Celles-sur-Belle von Karlmann in Klosterhaft gesteckt. Beide Klöster waren später, ab Anfang 742, im Gebiet Karlmanns. Der Grenzverlauf nach der dritten Teilung von Le Vieux-Poitiers in 742 war dann wieder der Erste, vom Märzfeld 741: Karlmann sicherte sich Austrien, Thüringen, und Alemannien. Pippin erhielt Neustrien, Burgund und die Provence und auch einen Teil vom ehemaligen Austrien, z.B. Trier und Metz.

Man muss es sich auf der Zunge zergehen lassen, die Karolinger teilten das Merowinger Reich unter sich auf, obwohl sie erst Ende 751 die Merowinger als Könige mit der Kirche verdrängten. In Realität war es 751 ein Staatsstreich der Karolinger, zusammen mit der Kirche.

Die Brüder Karlmann und Pippin ab 742

Das Bistum Würzburg wurde von Bonifatius zwischen Ende Februar 742 und April 742 gegründet, erster Bischof war Burkard. Burkard war von 718 bis 737 im Kloster Berceto im Apennin, an der der Via Francigena gelegen. Burkard traf Bonifatius insgesamt viermal bei dessen Rombesuchen in 718/719 und 721/722, bei Hin- und Rückreise. 737 zog er von Berceto aus, mit Bonifatius nach Rom. 738 wurde er vom Papst in Rom zum Bischof ohne Bischofssitz geweiht, erwähnt in der älteren und jüngeren Vita des Burkard. So wie vorher schon Bonifatius und andere.

Ab Spätsommer 738 bis Ende 741 / Anfang 742 war Burkard in Rorinlacha (übersetzt: ein mit Röhricht bewachsener Sumpf), dem späteren Neustadt am Main. Er baute zuerst, 738 initiiert von Bonifatius, das

Kloster Michilstat, erwähnt in der jüngeren Vita des Burkard, auf dem trockenen Berg. Die Saalkirche des Klosters hatte eine Apsis nach damaliger süd-angelsächsischer Bauweise. Ausgegraben vom BLfD 1974. Anschließend bzw. gleichzeitig legte Burkard mit Megingaud den ehemaligen heiligen keltischen See im Tal, mit der Furt Locoritum trocken. Locoritum wurde 150 n. Chr. von Claudios Ptolemaios erwähnt. Nach der Trockenlegung überbauten sie den ehemals heiligen großen See mit einem kleinen Kloster, auch mit einer Saalkirche mit Apsis, im südangelsächsischen Baustil, ausgegraben vom BLfD in 1981/1982.

Das Bistum Würzburg wurde von Hausmeier Karlmann dem Älteren dann 742 durch großzügige Schenkungen unterstützt. Karlmann, dem Austrien unterstand, schenkte unter anderem 26 Königskirchen (Königskirchen von den Merowingern veranlasst), mit dem Kloster in Karlburg und der Marienkathedrale am Fuße des Bergs in Würzburg.

Karlmann verbündete sich ab 742 mit Bonifatius und Burkard. Sein Bruder Pippin verbündete sich dagegen von Anfang an mit dem karolingischen Adel und der karolingischen Geistlichkeit, und später ab um 745, auch mit dem Papst.

744, unmittelbar nach dem Tod seines langobardischen Schwiegervater Liutprand, verstieß Pippin, mittlerweile 30 Jahre alt, seine langobardische Frau und die gemeinsamen Kinder, und heiratete noch 744 die begüterte fränkische Bertrada aus dem Reich seines Bruder Karlmann. Ein cleverer Schachzug von Pippin. Im gleichen Jahr schenkte Karlmann den Fiskal-Besitz in Fulda, vormals die Pfalz der Hedenen, an Bonifatius.

745 fiel Pippin, bei der Abwesenheit Karlmanns in Sachsen, in Karlmanns Gebiet in Alemannien ein! Obwohl Sachsen noch nicht erobert war, nahm Pippin nicht an dem Sachsen-Feldzug von Karlmann teil. Das taten die Karolinger eigentlich nie.

Am 1. Mai 747, überbrachte Bischof Burkard, Papst Zacharias in Rom, offiziell die Obödienz-Erklärung der englischen Bischöfe. Musste man deswegen extra nach Rom reisen? Ganz sicherlich nicht. Nur, wenn man noch geheime Informationen von Pippin an den Papst übergeben musste! Der Komplott zwischen dem Papst Zacharias und Pippin ist offensichtlich. Burkard mit seiner langobardischen Vergangenheit war der ideale Bote für Pippin zum Papst. Er konnte auch ganz einfach die Passvorschrift der Langobarden von 746 umgehen. Dies bedeutet auch, dass nicht nur der Papst, sondern auch Bischof Burkard, von Karlmann auf die Seite von Pippin wechselte!

Nach dem 15. August 747, seine letzte urkundliche Erwähnung, reiste Karlmann nach Rom zum Papst Zacharias. Die verlässlichen Metzer Annalen berichten von einer Reise nach Rom mit Geschenken, nicht von einem Rücktritt.

Diese Reise stellte für Karlmann zu diesem Zeitpunkt keine Gefahr dar, er wusste bestimmt nichts von der Schwangerschaft Bertradas seit Ende Juni 747. Damit waren für ihn, zu diesem Zeitpunkt, sein volljähriger Sohn Drogo und dessen Brüder nicht nur seine, sondern auch Pippins Erben.

Und außerdem, warum sollte Karlmann zurücktreten? Ein Mann, der sich ganz bewusst als „dux et princeps" (ein Souveranitätstitel, und inhaltlich gleichbedeutend mit rex = König) bezeichnete und von seinem Reichsteil als von „regnum meum" (mein Reich) gesprochen hatte. Und kurz vor seiner Reise nach Rom auch noch von einem göttlichen Auftrag seiner Herrschaft spricht, deswegen reiste er nach Rom. Ein Mann, der 744 Odilo das Bayerische Herzogtum zurückgab, und der sich 746 in Cannstatt mit den Alemannen verbündete und dadurch eine große Gefahr für Pippin darstellte. Und sicherlich war es auch Karlmann, der Grifo aus dem Gefängnis in seinem Gebiet freiließ und nicht wie die manipulierten karolingischen Quellen berichteten, dass es Pippin war.

In Rom angekommen, wurde Karlmann, laut der Annales Metenses Priores, auf Befehl des Papstes Zacharias das Haupthaar geschoren. Karlmann soll sich dann eine Weile in Rom aufgehalten haben. Nach einiger Zeit begab sich Karlmann dann „auf Rat des Papstes" nach Montecassino und gelobte dem Abt Optato den Gehorsam gegenüber der Regel. Das muss ab 750 gewesen sein, da Optato von 750 bis 760 Abt in Montecassino war.

Am 2. April 748 wurde Karl, der spätere Große, geboren. Jetzt wissen wir, warum Einhard die Geburt von Karl verschwieg.

Pippin löste die Merowinger als König ab

Der Komplott zwischen Pippin und Papst Zacharias gegen Karlmann und die Merowinger Könige basierte auf einem „Kuhhandel".

Lullus und Sturmi zogen beide im Auftrag von Bonifatius, jedoch getrennt, 748 nach Rom zum Papst Zacharias. Nach deren Reise, war Bonifatius informiert.

Pippin schickte 750/751 Burkard, diesmal mit Fulrad, erneut nach Rom zum Papst. Er holte die Bestätigung vom Papst, dass Pippin und seine Parteigänger von dem Eid gelöst sind, den sie dem Merowinger

König, bei dessen Machtantritt 743, geleistet hatten. Nicht nur die allgemeine Zustimmung des Papstes auf die „weltgeschichtliche wichtige Frage" war der Grund der Romreise. Ein weiterer Grund war auch, Burkard ließ sich seine Kilian-Story vom Papst absegnen. Pippin wurde daraufhin Ende 751 vom fränkischen Adel zum König gewählt und 754 vom Papst in Franken zum König gesalbt. Der Papst bekam dafür 756 seine Belohnung von Pippin.

Bischof Burkard hatte Pippin den Jüngeren durch seine Mithilfe bei der Absetzung von Hausmeier Karlmann und bei der diplomatischen Vorbereitung der Königserhebung am päpstlichen Hof einen unschätzbaren Dienst erwiesen, anders ausgedrückt: Bischof Burkard von Würzburg hatte sich an Pippin verkauft. Pippin wurde durch die Mithilfe Bischofs Burkard von Würzburg im Dezember 751 zum König gewählt, die Merowinger wurden durch die Karolinger als Könige abgelöst. Jedoch mit einem Wermutstropfen für die zukünftigen Könige. Die Karolinger installierten das „Christliche Königtum", es begann mit der Salbung Pippins durch den Papst, und ermöglichten der Kirche die ständige Einmischung in die weltlichen Staatsgeschäfte.

Die Immunitätsverleihung Pippin des Jüngeren an das Bistum Würzburg und die Zehnt-Schenkungen im Jahr 751/752 sind der Dank von Pippin an Burkard und Würzburg: Das Bistum Würzburg erhielt den Zehnt von 17 ostfränkischen Gauen und von 26 Fiskalgütern.

Karlmann verließ Montecassino und reiste auf Befehl seine Abtes 754 ins Frankenreich. Pippin ließ ihn, mit Unterstützung des Papsts, in dem Kloster Vienne festsetzen, in dem Karlmann bald darauf mit etwa 47 Jahren, in den Armen seiner Schwägerin Bertrada, starb. Der Versuch Karlmanns, die Königssalbung von Pippin durch den Papst, den Vertrag zwischen den Karolingern und dem Papst gegen die Langobarden, und die Tonsur seiner Söhne zu verhindern, scheiterte.

Karlmanns Gebeine ließ Pippin sogar nach Montecassino bringen, um eine Verehrung von Karlmann in Franken zu verhindern.

König Karl I. und sein Bruder König Karlmann

Die Brüder Karl und Karlmann sollten auf Vorschlag von Vater Pippin, wohl noch zu dessen Lebzeiten, jeder sein Teilreich nur unter der Bedingung „ex aequa parte" (gleichmäßig teilen) als König regieren. Ende 768, Karl erhielt wie vorher Pippin der Jüngere, den West-Südteil, und Karlmann, wie sein Onkel Karlmann, den Ost-Nordteil.

Pippin starb am 24. September 768. Karlmann ließ sich schon am 18. September 768 in Soissons zum König krönen und Karl wurde am 9. Oktober 768 in Noyon zum König gekrönt.

Der Papst und der Karolingerkönig Karlmann standen 769, auf der einen Seite. Der Karolingerkönig Karl, seine Mutter Bertrada, der bayerische Herzog Tassilo und der Langobardenkönig Desiderius standen auf der anderen Seite.

770 verschärfte sich das Verhältnis zwischen den beiden karolingischen Brüdern. Der Grund könnte die Geburt Pippins, des Sohnes Karlmanns, gewesen sein. Karl hatte bereits mit seiner ersten Frau Himiltrud ein Sohn mit Namen Pippin, jedoch war er „bucklig". Karlmanns gesunder Sohn Pippin stand dem verkrüppelten Pippin seines Bruders Karl gegenüber. Nachdem Karl Himiltrud verstoßen hatte, heiratete er nicht die Tochter von Desiderius, sondern Hildegard. Papst Stephan III. wechselte dann offensichtlich auf die Seite von Karl.

Im Herbst 771 gipfelte sich der Konflikt zwischen Karlmann und Karl zu. Am 4. Dezember 771 verstarb jedoch Karlmann plötzlich mit 20 Jahren in Salmoussy, ohne irgendwelche Anzeigen zuvor. Alle Quellen, außer Einhard in seiner Vita Karoli, erwähnten lapidar den Tod von Karlmann, ohne Einzelheiten zu nennen. Sicherlich hatte Karl beim plötzlichen Tod von seinem jüngeren Bruder Karlmann die Hände im Spiel. Karl übernahm das Gesamtreich, er ignorierte die Rechte von Karlmanns Kinder und ließ sie zusammen mit ihrer Mutter Gerberga verschwinden.

Im darauffolgenden Jahr 772 begann er den 32-jährigen Krieg gegen die Sachsen. Karl beauftragte Megingaud, der Anfang 769 von seinem Bruder König Karlmann als Bischof von Würzburg abgesetzt wurde, mit der Gründung eines Ausbildungsklosters für die Sachsen-Missionare in Rorinlacha an der „Neuen Statt", dem späteren Neustadt am Main. Die dritte Klosterstätte in Rorinlacha wurde 781 eingeweiht. Karl der Große, nicht Bischof Berowelf von Würzburg, schickte dafür über 50 Mönche aus Würzburg nach Neustadt am Main am östlichen Mainviereck. Ab 810 waren drei Bischöfe von Verden an der Aller gleichzeitig Abt von Neustadt am Main.

Meine neuen Erkenntnisse im Buch

Der Stammbaum der Hedenen wurde um folgende Punkte erweitert. Der erste Mann von Geilana war Chedenoaldus. Eddanus war ein weiteres Kind von Heden II. und seiner ersten Frau Theodrada. Und Bilihild war die zweite Frau von Heden II. mit einem gemeinsamen Sohn Rigibert. Auch die Geburts- und Todesdaten einzelner Personen wurden ergänzt.

Das „Vorleben" von Bischof Burkard, ab um 717 bis zur Bistumsgründung Würzburgs Anfang 742, wurde identifiziert. Von 718 bis 737 war Burkard im Kloster Berceto. Bis 731 unter Abt Moderanus, nach dessen Tod war Burkard der Abt in Berceto. Ab 737 zog er von Berceto aus, mit Bonifatius nach Rom. Dort wurde er von Papst Gregor III. zum Bischof ohne Bischofssitz geweiht. Ab Sommer 738 bis Anfang 742 hielt sich Burkard in Rorinlacha am östlichen Mainviereck auf.

Der Stammbaum der bayerischen Agilolfinger wurde korrigiert. U.a., dass Odilo, der Mann Hiltruds, der Bruder von Swanahild war. Karl Martell, der Vater Hildruds, war in zweiter Ehe mit Swanahild verheiratet.

Der fränkische Grenzverlauf, 742 nach der dritten Teilung in Le Vieux-Poitiers, war folgendermaßen: Karlmann sicherte sich Austrien, Thüringen, und Alemannien. Pippin erhielt Neustrien, Burgund und die Provence und auch einen Teil vom ehemaligen Austrien, z.B. Trier und Metz.

Pippin der Jüngere war zweimal verheiratet. Die erste Frau, die Tochter des Langobarden König Liutprand, heiratete Pippin um 735, denn Pippin wurde mit 21 Jahren nicht von Liutprand adoptiert. Pippins Schwiegermutter Guntrud war die Cousine von Swanahild, der zweiten Frau von Karl Martell. Nachdem Liutprand im Januar 744 starb, verstieß er seine Frau mit Kindern, und heiratete 744 Bertrada, Pippin war jetzt 30 Jahre alt. Die begüterte fränkische Bertrada kam aus dem Reich seines Bruder Karlmann, ein cleverer Schachzug von Pippin.

Hausmeier Karlmann trat im Herbst 747 nicht freiwillig zurück. Der Rombesuch Burkards, am 1. Mai 747 beim Papst, hängt damit zusammen.

Burkard und Fulrad holten 750/751 die Bestätigung vom Papst in Rom, dass Pippin und seine Parteigänger von dem Eid gelöst sind, den sie dem Merowinger König Childerich III., bei dessen Machtantritt 743, geleistet hatten. Das war der Hauptgrund, nicht die allgemeine Zustimmung des Papstes auf die „weltgeschichtliche wichtige Frage" war der Grund der Romreise.

Die Missionare Kilian, Kolonat und Totnan existierten nicht. Sie wurden ab 750 bis zur Inszenierung der Erhebung in 752, vom ersten Würzburger Bischof Burkard erfunden. Mit Unterstützung des Karolinger Pippin den Jüngeren, Bonifatius und Papst Zacharias.

Nach dem Tod Pippins, Ende 768, erhielt Karl, wie vorher sein Vater Pippin, den West-Südteil. Und Karlmann, wie vorher sein Onkel Karlmann, den Ost-Nordteil.

Megingaud, der zweite Bischof von Würzburg, trat 769 nicht freiwillig zurück. Er wurde von König Karlmann abgesetzt.

Nachdem Karl Himiltrud verstoßen hatte, heiratete er nicht die Tochter von Desiderius, sondern Hildegard.

Die erste Würzburger Markbeschreibung stammt nicht aus dem Jahr 779, sondern aus dem Jahr 783. Karl der Große war erst ab Dezember 771 der König im Ostfrankenreich. Und die Hammelburger Marktbeschreibung stammt aus dem Jahr 774.

Karl der Große war 788 nicht in Würzburg, die Belege fehlen.

Damit endet dieses Buch.

Über die weiteren Lebensereignisse von König Karl I. wurde schon sehr viel geschrieben. Nochmals darüber zu schreiben, macht keinen Sinn.

Für den ersten Karl, dem Hausmeier, verwendete man ab dem späten 9. Jahrhundert den Beinamen „Martellus". Sein Enkel Karl erhielt erst nach 1215 den Beinamen „der Große". Und darüber kann man sich streiten.

Ich möchte mich bei allen bedanken, die mich bei meinem Buch unterstützt haben. Besonders bei meiner Lebensgefährtin Karola für das Lektorat, das Register, und für ihr großes Verständnis.

Kreuzwertheim, im Mai 2025
Klaus Weyer

Abb. 1: Theudebert I. verwendete das christliche Kreuz auf einem Gold-Solidus. [296]

Um 534 ist das Christentum in Austrien und Mainfranken bezeugt. Nicht so, wie die Passio Kiliani Minor und Maior uns sagen will, dass ganz Mainfranken heidnisch war und Gozbert sogar angeblich 686/687 bzw. laut dem Bistum Würzburg 689 die christliche Lehre nicht kannte.

---

[296] Wikipedia: Gold-Solidus des Frankenkönigs Theudebert I., Münzstätte Mainz, ca. 534, gegenwärtiger Eigentümer Dt. Bundesbank.

Jahr	König / Könige			
482	Chlodwig I., mit 16 Jahren, König der Franken. 498 durch Bischof Remigius in Rheims getauft.			
511	Chlodwig I. stirbt			
	König Reich Paris	König Reich Soissons	König Reich Orleans	König Reich Rheims
511	Childebert I.	Chlothar I.	Chlodomer	Theuderich I.
524	Childebert I.	Chlothar I.	Chlodomer stirbt.	Theuderich I.
534	Childebert I.	Chlothar I.		Theuderich I. stirbt. --> Theudebert I. christliches Kreuz auf Gold-Solidus bezeugt
548	Childebert I.	Chlothar I.		Theudebert I. stirbt. --> Theodebald
555	Childebert I.	Chlothar I.		Theodebald stirbt. --> Chlothar I.
558	Childebert I. stirbt. 47 Jahre als König an der Macht. --> Chlothar I.	Chlothar I.		Chlothar I.
558	Chlothar I.			
561	Chlothar I. stirbt. 50 Jahre als König an der Macht.			
561	Charibert I.	Chilperich I.	Guntram I.	Sigibert I.

Tab. 1: Die Merowinger Könige von 481/482 bis 561.

Jahr	König Neustrien	König Burgund	König Austrien
567	Charibert I. stirbt --> Chilperich I.	Guntram I.	Sigibert I.
575	Chilperich I.	Guntram I.	Sigibert I. ermordet --> Childebert II.
584	Chilperich I. ermordet. 23 Jahre als König an der Macht. --> Chlothar II.	Guntram I.	Childebert II.
592	Chlothar II.	Guntram I. stirbt --> Childebert II.	Childebert II.
595	Chlothar II.	Childebert II. ver- giftet --> Theuderich II.	Childebert II. vergiftet --> Theodebert II.
612	Chlothar II.	Theuderich II.	Theodebert I. ermordet --> Theuderich II.
613	Chlothar II.	Theuderich II. ermordet --> Sibibert II.	Theuderich II. ermordet --> Chlothar II.
613	Chlothar II.	Sigibert II. ermordet --> Chlothar II.	Chlothar II.

Tab. 2: Die Merowinger Könige von 567 bis 613.

Der Geschichtsschreiber Bischof Gregor von Tours berichtet ab ca. 573 bis kurz vor seinem Tod, im Jahr 594, in 10 Büchern, von der Erschaffung der Welt und den Merowingern. Das zweite Buch beschreibt die Zeit der ersten Merowinger bis zum Tod König Chlodwigs I.

Jahr	König Neustrien/ Burgund	König Austrien
613	Chlothar II. Brunichilde wurde von ihm ermordet. Im Edictum Chlotharii musste Chlothar II. Zugeständnisse an den austrischen Adel machen, in Person Arnulf von Metz und Pippin den Älteren.	
629	Chlothar II. stirbt. 45 Jahre König. --> Dagobert I.	Dagobert I.
629	Dagobert I.	
632	Dagobert I.	Sigibert III.
639	Dagobert I. stirbt. Letzter großer König. --> Chlodwig II.	Sigibert III.
639	Chlodwig II.	Sigibert III.
656	Chlodwig II.	Sigibert III. stirbt --> Childebert adoptivus
657	Chlodwig II. stirbt -->Chlothar III.	Childebert adoptivus
662	Chlothar III.	Childebert adoptivus stirbt --> Childerich II.
673	Chlothar III. stirbt --> Childerich II.	Childerich II.
675	Childerich II. ermordet --> Theuderich III.	Childerich II. ermordet --> Dagobert II.
679	Theuderich III.	Dagobert II. ermordet --> Theuderich III.
679	Theuderich III.	
687	687 Pippin d. Mittlere ist Gesamt-Hausmeier	
689	689 soll Kilian von den Hedenen ermordet worden sein. Es ist, laut dem Autor, erfunden.	
691	Theuderich III. stirbt --> Chlodwig III.	
694	Chlodwig III. stirbt --> Childebert III.	
711	Childebert III. stirbt --> Dagobert III.	
715	Dagobert III. stirbt --> Chilperich II. (Daniel)	
717	Chilperich II.	Chlothar IV. eingesetzt von Karl Martell
	Nach Ostern 717 ist Karl Martell Hausmeier in Austrien	

Jahr	König Neustrien/ Burgund	König Austrien
718	Chilperich II.	Chlothar IV. stirbt --> Chilperich II.
718	Chilperich II.	
718	718, Herzog Heden von Mainfranken und Thüringen stirbt. Wahrscheinlich hatte Karl Martell die Hände im Spiel	
719/20	Ab 719/720 ist Karl Martell der Gesamt-Hausmeier	
721	Chilperich II. stirbt --> Theuderich IV.	
737	Theuderich IV. stirbt	
737	Kein König von Hausmeier Karl Martell eingesetzt	
741	741 Okt. 22, Karl Martell stirbt. Der ältere Sohn Karlmann erhält den östlichen und nördlichen Teil, der jüngere Pippin den westlichen und südlichen Teil des Reiches.	
742	Anfang 742 Bistumsgründung Würzburg durch Bonifatius unter Hausmeier Karlmann	
743	Childerich III., eingesetzt von Hausmeier Karlmann	
751	Childerich III., abgesetzt von Pippin dem Jüngeren, mit Zustimmung des Papst Zacharias. Die Abhängigkeit der Könige und Kaiser vom Papsttum beginnt.	

Tab. 3: Die Merowinger-Könige von 613 bis 751.

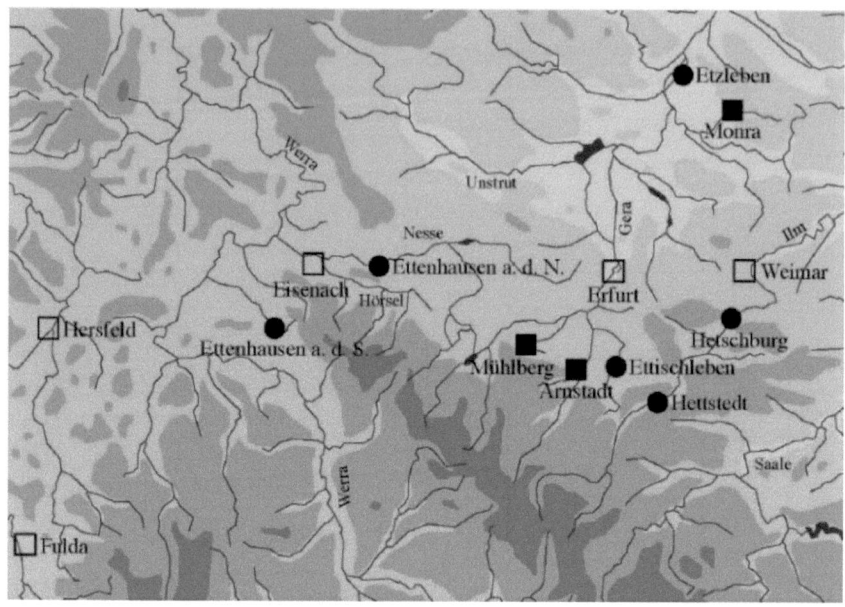

Abb. 2: Die Heden-Orte in Thüringen mit schwarzer Füllung. Quadratisch =
Orte in der Schenkung von 704, rund = Heden Ortsnamen. [297]

Hettstadt und Heidingsfeld bei Würzburg gehören zu den Heden-Orten in
Mainfranken.

---

[297] Schimpff, Volker; Theune, Claudia: Die Heden-Orte in Thüringen, in: Concilium medii
aevi vol. 11, Göttingen 1998, S. 68.

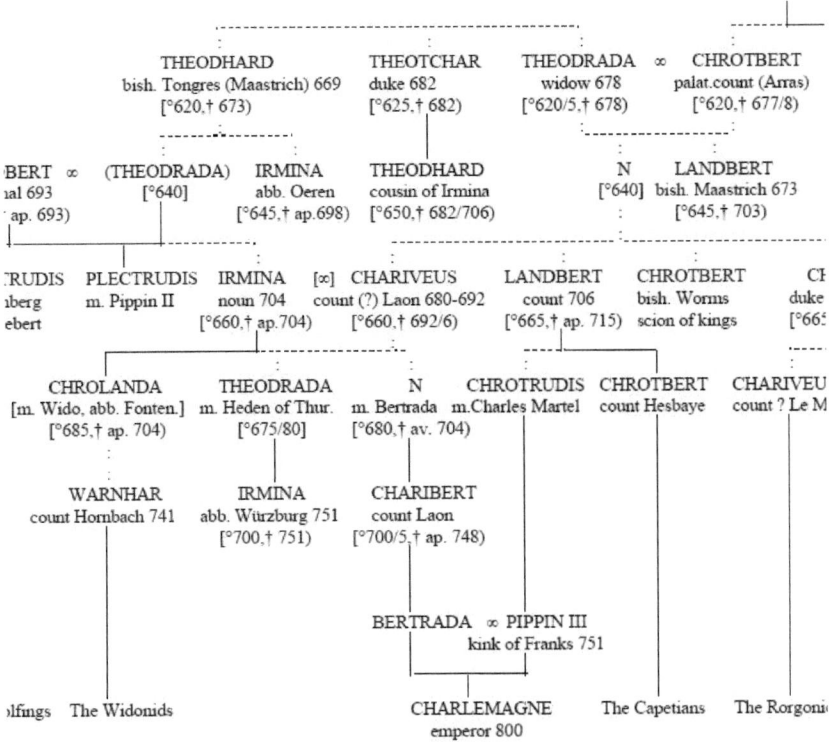

Abb. 3: Ausschnitt aus dem kognatischen Stammbaum Karl des Großen von Christian Settipani. [298]

---

[298] Settipani, Christian 2000.

145

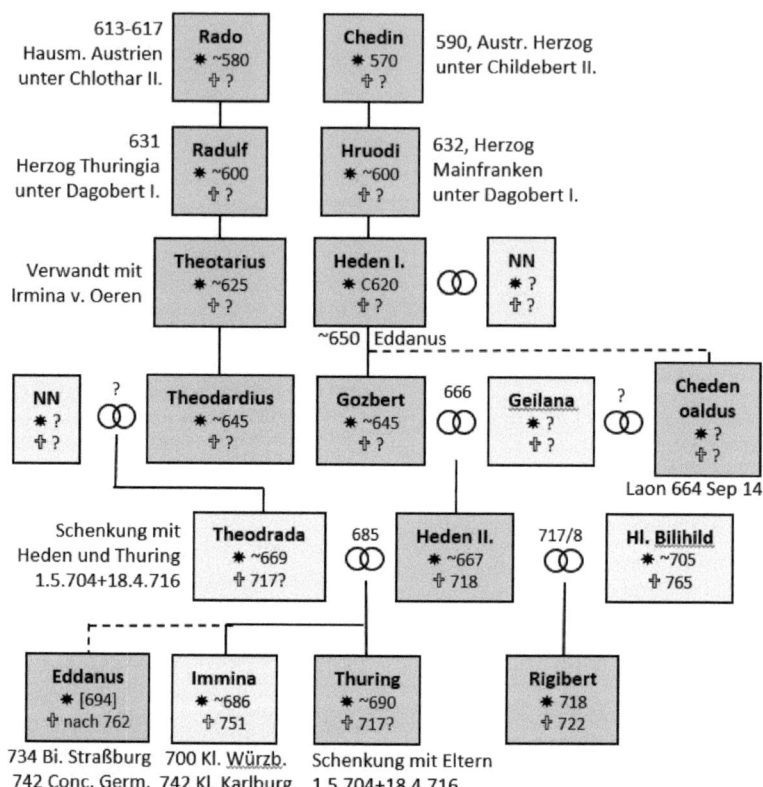

Abb. 4: Der Stammbaum der Hedenen nach Klaus Weyer.

Thuring urkundete 704, er musste dazu volljährig gewesen sein, 14 Jahre alt. Also wurde er um 690 geboren. Immina war 700 Äbtissin im Kloster auf dem Berg in Würzburg, sie musste dazu auch volljährig gewesen sein, 14 Jahre alt. Also wurde sie um 686 geboren. Heden II. müsste ein Jahr vorher, 685, Theodrada geheiratet haben. Nehmen wir an, er war 685 18 Jahre alt, dann wurde er ca. 667 geboren. [299] Die relevanten Nachkommen der Hedenen, wurden durch Karl Martell ausgeschaltet. Der komplette Besitz der Hedenen wurde Fiskalgut.

---

[299] Hier wird ein neuer Stammbaum der Hedenen veröffentlicht. Er dient dem besseren Verständnis für den Leser, speziell die Jahreszahlen helfen beim Verstehen der Zusammenhänge.

Abb. 5: Die Ermordung des Kilian. Ein Mörder, keine Enthauptung und links im Bild Herzog Gozbert. [300]

Viele unterschiedliche Aussagen zu Kilians angeblicher Ermordung.

[300] Universitätsbibliothek Heidelberg, Cod. Pal. germ. 144
"Elsässische Legenda Aurea" — Straßburg - "Werkstatt von 1418", 1419.
https://doi.org/10.11588/diglit.2196#0044

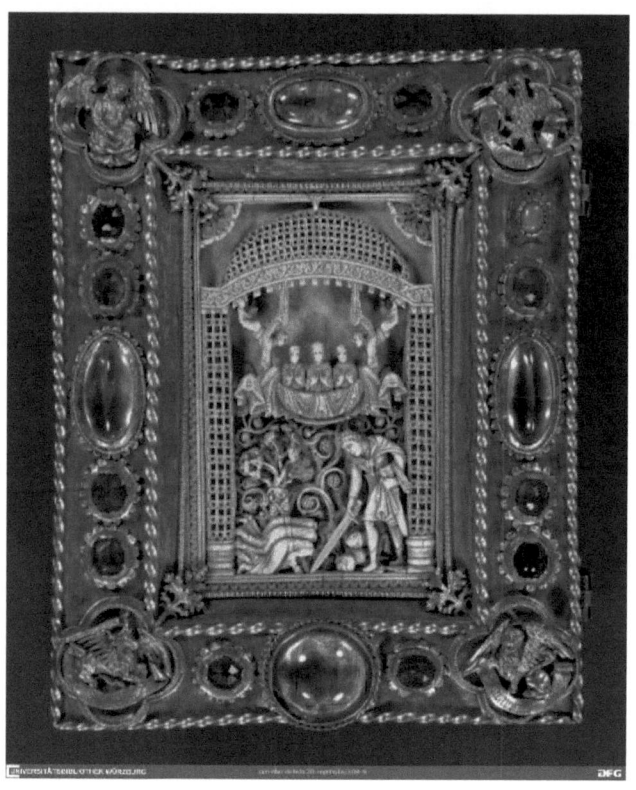

Das „Kilians-Evangeliar" aus Nordfrankreich von um 600, befindet sich in der Bibliothek der Universität Würzburg. Einträge in merowingischen Minuskeln und merowingisch ausgeprägten tironischen Noten. Der Deckel wurde später, um 1090, hergestellt. [301] Das Original könnte von Moderan aus dem Bistum Rennes stammen, und nach dessen Tod in den Besitz von Burkard übergegangen sein. Wurde das Evangeliar, nach Burkards Rücktritt 754, mit nach Rorinlacha genommen?

---

[301] Wittstadt 1984 S. 68: „Im 9. Jahrhundert berichtet Notker Balbulus, dass das Evangeliar Grabbeigabe der Frankenapostel war und man es im Jahre 752 bei der Erhebung der Gebeine fand".

Abb. 7: Pfarrer Langhans findet 1990 eine eingemauerte Kreuzkapelle und 3 Skelette mit Schädeln im Südturm der Basilika in Neustadt am Main. Links die viel zu große Grabplatte, die nicht zur Grube passt. Auf einer Seite ist die Platte komplett abgeschlagen, befanden sich dort die Namen der Toten? 2006 ein Artikel vom Autor in der Main-Post. Foto: Edeltraud Wenzel.

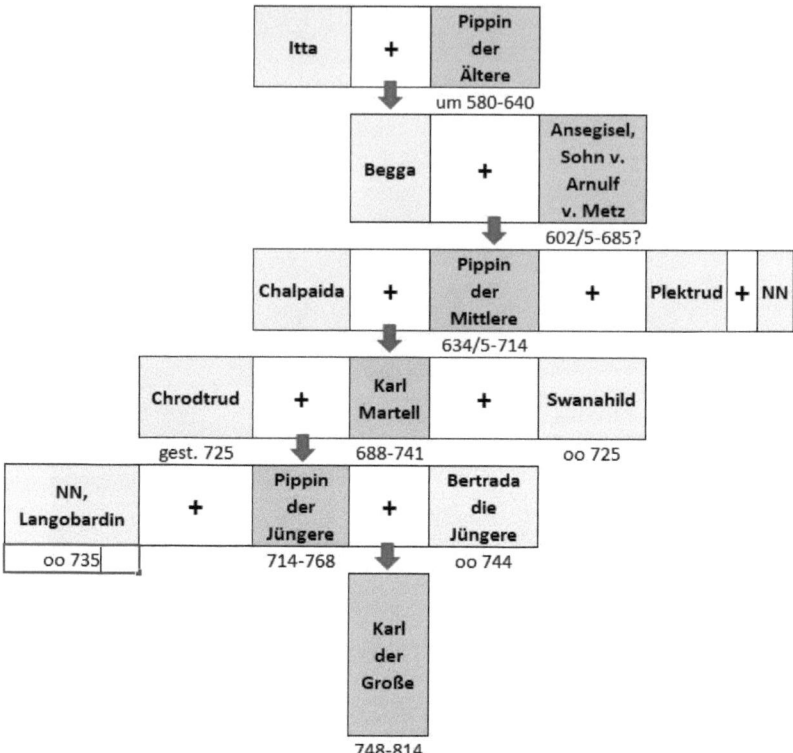

Abb. 8: Der vereinfachte Stammbaum der Karolinger bis zu Karl dem Großen, nach Klaus Weyer.

Pippin der Ältere: Eltern und Geschwister sind nicht bekannt.

Begga: Geschwister sind St. Gertrud von Nivelles, Grimoald der Ältere und Bavo; von Mutter Itta.

Pippin der Mittlere: Schwester Chrodeschild; von Mutter Begga.

Karl Martell: Stiefbrüder sind Drogo und Grimoald der Jüngere; von Mutter Plektrud. Stiefbruder Childebrand; von Mutter NN.

Pippin der Jüngere: Geschwister Karlmann der Ältere und Hiltrud; von Mutter Chrodtrud. Stiefbruder Grifo; von Mutter Swanahild (Agilolfingerin).

Karl d. Große: X Stief-Geschwister; von Mutter NN (Tochter des Langobardenkönig Liutprand, gest. Jan. 744, und der Agilolfingerin Guntrud, der Cousine von Swanahild). Geschwister sind Karlmann der Jüngere, Gisela, Pippin, Rothaid und Adelheid; von Mutter Bertrada die Jüngere.

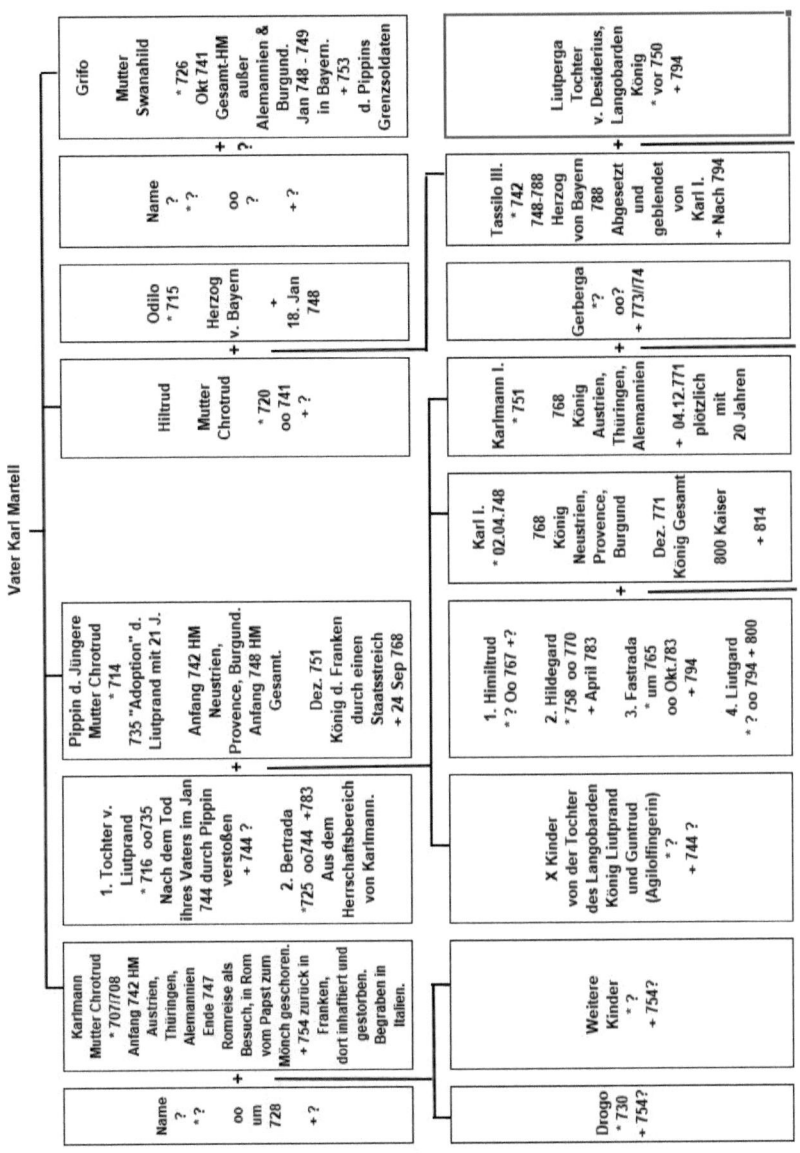

Abb. 9: Die Frauen und Kinder von Karlmann, Pippin d. Jüngeren und Grifo, nach Klaus Weyer.

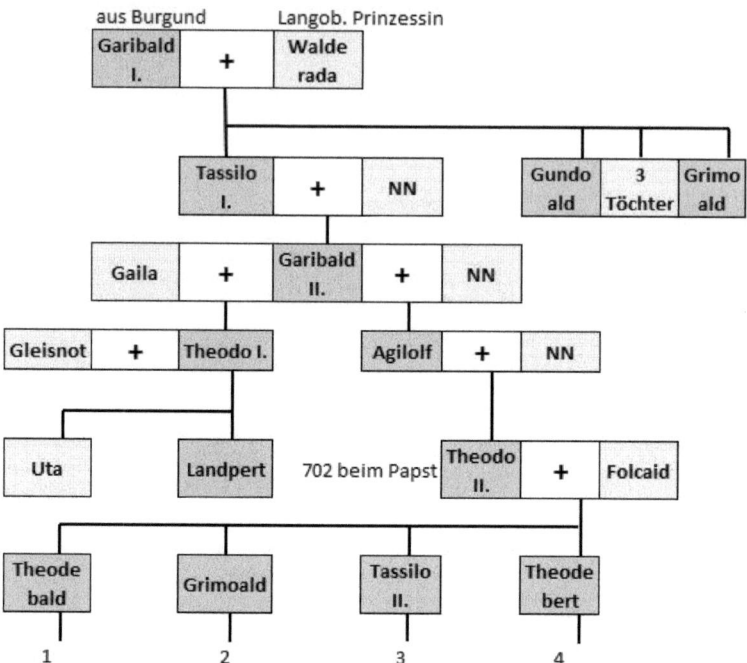

Abb. 10: Der Stammbaum der bayerischen Agilolfinger nach Klaus Weyer, Teil 1.

Eine Tochter von Garibald I. war Theudelinde, geb. um 570. Sie war ab 589 mit dem Langobardenkönig Authari, und nach dessen Tod 590, mit König Agilulf bis 615 verheiratet.

Abb. 11: Der Stammbaum der bayerischen Agilolfinger nach Klaus Weyer, Teil 2.

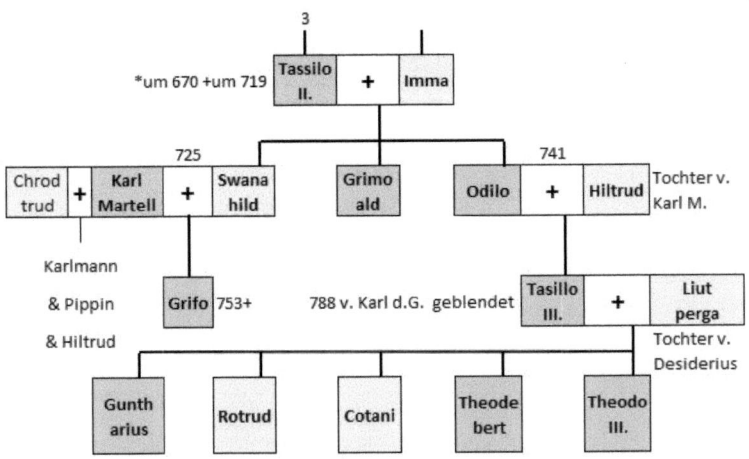

Abb. 12: Der Stammbaum der bayerischen Agilolfinger nach Klaus Weyer, Teil 3.

Odilo war ein Bruder von Swanahild.

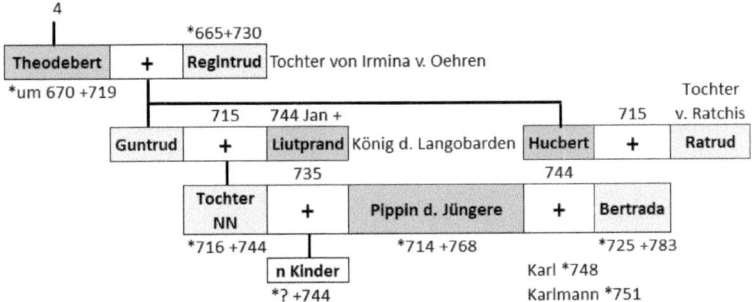

Abb. 13: Der Stammbaum der bayerischen Agilolfinger nach Klaus Weyer, Teil 4.

Liutprand, der erste Schwiegervater von Pippin dem Jüngeren starb im Januar 744. Sofort verstieß Pippin der Jüngere seine erste Frau mit den Kindern, und heiratete gleich danach in 744 Bertrada die Jüngere.

Jahr	Wer	Was
717	Karl Martell	Schlacht bei Vinchy im Cambresis, vor Ostern
718	Karl Martell	Feldzug nach Aquitanien, im Frühjahr
718	Karl Martell	Schlacht in Soissons, um April
718	Karl Martell	Feldzug gegen die Sachsen im Herbst
719	Karl Martell	Überfall der Sachsen auf die Franken, in Schlüchtern, nach Pfingsten
720	Karl Martell	Erneuter Feldzug gegen die Sachsen
722	Karl Martell	Feldzug gegen die Alamannen und Bayern
723	Karl Martell	Feldzug nach Aufstand gegen die Alamannen und Bayern
725	Karl Martell & Langobarden	Feldzug gegen die Bayern
728	Karl Martell	Feldzug gegen die Bayern
730	Karl Martell	Feldzug gegen die Alamannen unter Lantfried
730	Karl Martell	Feldzug gegen die Bayern
731	Karl Martell & Langobarden	Feldzug mit den Langobarden gegen die Sarazenen in Aquitanien
731	Karl Martell	Rebellion der Alamannen im Elsass
732	Karl Martell & Langobarden	Siegreiche Schlacht bei Tour und Poitiers mit den Langobarden gegen die Sarazenen
733	Karl Martell	Feldzug gegen die Friesen unter Friesen-Häuptling Bobo
734	Karl Martell	Feldzug gegen die Friesen
737	Karl Martell	Feldzug gegen die Sachsen
737	Karl Martell & Langobarden	Feldzug mit den Langobarden gegen die Sarazenen in der Provence
738	Karl Martell	Feldzug gegen die Sachsen, Lippe aufwärts bis an die Weser
738	Langobarden	Feldzug gegen die Sarazenen, ohne die Franken
739	Karl Martell & Langobarden	Feldzug mit den Langobarden, gegen die Sarazenen

Tab. 4: Die Feldzüge in der Regierungszeit von Karl Martell, nach Klaus Weyer.

Quelle	Wann	Wer/Wo verfasst	Startet ab wann
Fredegar 2. Fortsetzung	**751**	Childebrand. Karl Martells Halbbruder, Mentor Pippins.	734
Reichs Annalen 1. Teil	**790**	Unbekannter Autor am Hof von Karl dem Großen.	741, mit einem Satz: Tod von Karl Martell.
Metzer Annalen älterer Teil	**805**	Unbek. Autor im Kloster Celles, die Äbtissin Gisela, war die Schwester von Karl. d. Großen.	vor 741
Sog. Einhards Annalen	**815**	Unbek. Autor. Ort nicht bekannt.	741, ausführlicher als die Reichsannalen.

Tab. 5: Die Reichsteilung von 741/42 in den Quellen, Teil 1. Nach Klaus Weyer. [302]

---

[302] Mohr, Walter: Stuttgart 2001.

Quelle	Grifo erwähnt	Informationen über die Reichsteilung 741/42
Fredegar 2. Fortsetzung	**Nein**	1 Teilung 741 mit 2 Erben. Karlmann: Austrien, Alemannien, Thüringen. Pippin: Neustrien, Burgund, Provence.
Reichs Annalen 1. Teil	**Nein**	1 Teilung 742 mit 2 Erben in Vieux-Poitiers, zw. Karlmann und Pippin.
Metzer Annalen älterer Teil	**Ja**	3 Teilungen: Zuerst wie Fredegar mit 2 Erben, Märzfeld 741. Dann Anfang Oktober mit Grifo, größter Teil. Dann Anfang 742 in Vieux-Poitiers, zw. Karlmann und Pippin, wie Märzfeld 741.
Sog. Einhards Annalen	**Ja**	1 Teilung mit 3 Erben: Grifo hat, auf Anraten seiner Mutter, nach der Gesamtherrschaft gestrebt.

Tab. 6: Die Reichsteilung von 741/42 in den Quellen, Teil 2. Nach Klaus Weyer.

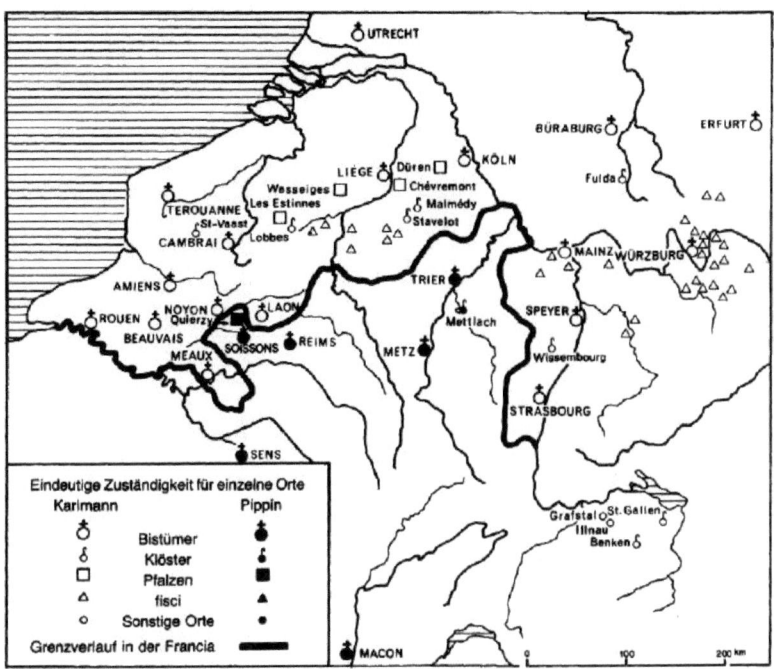

Abb. 14: Der Grenzverlauf zwischen dem Reich von Karlmann (nördlich, östlich und süd-östlich) und Pippin (westlich und süd-westlich) ab Frühjahr 742. [303]

Karlmann war ab Anfang 742 der Hausmeier von Austrien, und damit Mainfranken, nicht Pippin. 742 schenkte Karlmann 25 merowingische Königskirchen, und das Kloster Karlburg, an das Bistum Würzburg.

Das Kloster von Immina, auf dem Berg in Würzburg, gehörte nicht zu der Schenkung von Karlmann.

---

[303] Schüssler, Heinz Joachim: Die fränkische Reichsteilung von Vieux-Poitiers 742, in: Francia Forschungen, Bd. 13, Sigmaringen 1985, S. 60.

Patrozinium der Königskirchen	in welchem Ort
Andreas	Kirchheim
Johannes der Täufer	Gollhofen *
Johannes der Täufer	Herlheim
Johannes der Täufer	Iphofen *
Maria	Nierstein am Rhein *
Maria	Karlburg, mit Kloster
Maria	Würzburg, am Fuße des Berges. Nicht die Kloster-Kirche von Immina auf dem Berg.
Martin	Brendlorenzen, fränkische Saale
Martin	Gaukönigshofen *
Martin	Hammelburg, fränkische Saale *
Martin	Kleinwindsheim
Martin	Königshofen an der Tauber *
Martin	Kreuznach an der Nahe *
Martin	Lauffen am Neckar *
Martin	Mellrichstadt an der Streu
Martin	Osterburken
Martin	Schweigern
Martin	Stöckenburg an der Bühler
Martin	Untereßfeld
Martin	Willanzheim *
Michael	Heilbronn am Neckar *
Petrus	Groß-Umstadt *
Petrus	Königshofen, fränkische Saale *
Remigius	Dornheim
Remigius	Ingelheim am Rhein *
Remigius	Sonderheim *

Tab. 7: Die 25 merowingischen Königskirchen, und das Kloster Karlburg, die Hausmeier Karlmann dem Bistum Würzburg 742 schenkte. Ein zusätzlicher * bedeutet, Orte mit einem Fiskalgut.

Originaldiplom von Karlmann und Bestätigung Karls d. Gr. verloren, Bestätigung Ludwigs d. Frommen vom 19. Dez. 822 erhalten: MKS 11, BM2 Nr. 768.

Verhaltensweise von	Karlmann	Pippin
Zum fränkischen Adel	**Negativ**	Positiv
Zu den Langobarden	**Positiv**	Zuerst positiv, nach dem Tod seines 1. Schwiegervater Liutprand im Januar 744, negativ.
Zu Bonifatius und anderen englischen Bischöfen	**Positiv**	Negativ. Ab 745/746 Zusammenarbeit mit Burkard.
Zum Papst Zacharias	**Positiv ab 742**	Positiv ab Ende 743
Zum Agilolfinger Odilo	**Positiv ab 744**	Negativ

Tab. 8: Verhaltensweisen von Karlmann und Pippin. Nach Klaus Weyer.

Jahr	Feldzug nach	Wer / Was
742	Aquitanien	Karlmann & Pippin
742	Danach	Reichsteilung zwischen Karlmann & Pippin in Vieux-Poitiers.
742	Alemannien	Nur Karlmann, es gehörte zu seinem Reich.
743	Bayern	Karlmann & Pippin
744	Aquitanien	Karlmann & Pippin
745	Sachsen	Nur Karlmann. Warum nicht mit Pippin? Verweigerte Pippin den Feldzug?
745	Alemannien	Pippin. Er fiel bei der Abwesenheit Karlmanns in Sachsen, in Karlmanns Gebiet ein!
746	Alemannien, Cannstatt	Karlmann. Er versöhnte sich mit den Alemannen.

Tab. 9: Chronologie der karolingischen Feldzüge von 742 bis 746 [304].

746 versöhnte sich Karlmann in Cannstatt mit den Alemannen. Nicht so, wie uns die karolingisch manipulierten Quellen suggerieren wollen.

---

[304] Jarnut, Jörg: Sigmaringen 1990, Alemannien zur Zeit der Doppelherrschaft der Hausmeier Karlmann und Pippin, Beihefte der Francia, Bd. 22.

Was	Wo	Wann	Initiert von
Concilium Germanicum	Salz?	742, April 21	Karlmann, mit Unterstützung von Bonifatius
Römische Synode	Rom	743	Papst Zacharias
Synode	Estinnes	743, März 01	Karlmann, mit Bonifatius
Konzil	Soissons	744, März 03	Pippin, ohne Bonifatius
Gesamtfränkische Synode	Mainz?	745, Früh-jahr	Bonifatius
Römische Synode	Rom	745, Okt 25	Papst Zacharias
Synode der englischen Bischöfe	?	747, März	Bonifatius, indirekt initiiert von Pippin über Bur-kard. Karlmann und Pippin nahmen nicht teil.
Synode	Düren	748, März	Pippin
Synode	?	748, März	Drogo

Tab. 10: Die Konzilien und Synoden von 742 bis 748, Klaus Weyer.

Abb. 15: Die fränkischen Gaue. Der Waldsassengau (Waldsazi) gepunktet.

Ein Werk von Th. Menke (Ausschnitt ThF) von https://de.wikipedia.org/wiki/Datei:Spruner-Menke_Handatlas_1880_Karte_34.jpg

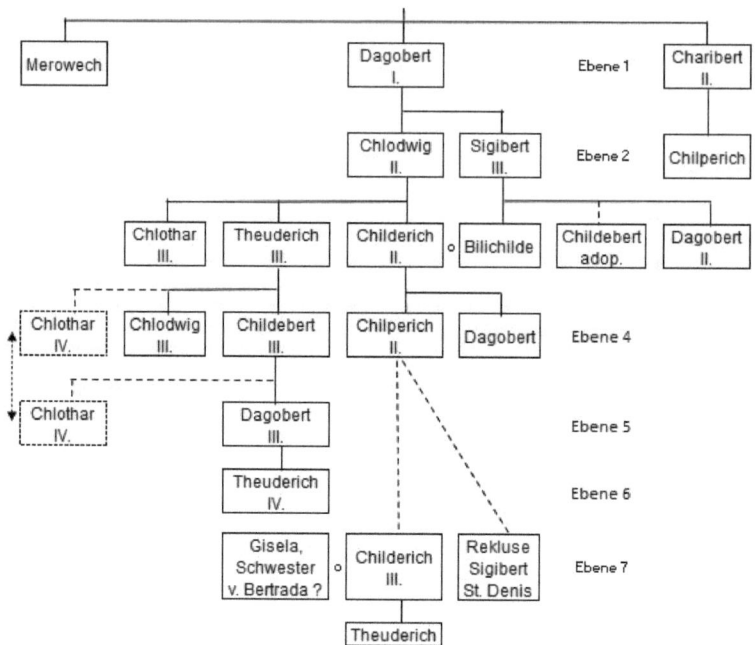

Abb. 16: Der vereinfachte Merowinger-Stammbaum ab Dagobert I. bis 751, nach Klaus Weyer.

Für Gisela, als Schwester von Bertrada, existieren keine Belege.

Childerich III. wurde 743 von Karlmann als König eingesetzt. Pippin verstieß 744 seine langobardische Frau und heiratete Bertrada 744.

Es fällt auf, dass eine Tochter von Bertrada und Pippin auf den Namen Gisela getauft ist. Und auch Hildegard und Karl, sowie Judith und Ludwig d. Fromme, hatten eine Tochter Gisela. Auch Hemma und Ludwig d. Deutsche hatten eine Tochter Gisla.

Eine Tochter Gisela findet man nicht bei Pippin dem Älteren, Pippin dem Mittleren und auch nicht bei Karl Martell.

Also kommt der Name Gisela von der Seite Bertradas.

Bei Lorenz Fries steht: Schiltereich wurde in das Kloster zu St. Heimeran in Regensburg gesperrt, seine Gemahlin Gibselde aber als Klosterfrau im Kloster Cochl untergebracht.

Was	Wann verfasst	Wer datiert	Wer / Warum geschrieben / initiiert
Passio Kiliani I. (minor)	Nach 768 Sep. 24 bis 781/783	Klaus Weyer	Der Autor ist unbekannt. Diese Passio wurde nach dem Tod Burkards (+755 Feb. 2) und Pippins den Jüngeren (+768 Sep. 24) geschrieben. Eventuell zwischen 781 und 783, mit dem Godescalc-Evangelistar. Auf keinen Fall 788.
Passio Kiliani II. (maior)	Um 960	Hartmut Homann, in 2006	Stephan von Novara, Lehrer von 952 bis 979 in der Würzburger Domschule.
Vita Burkardi I. (antiquior)	Um 960	Hartmut Hoffmann, in 2006	Stephan von Novara.
Vita Burkardi II. (posterio) Vita Sancti Burkardi Episcopi Wirziburgensis	1130 bis 1146	Thomas McCarthy, in 2018	Die Vita besteht aus 3 Büchern. Der Sünder F. bzw. E. widmet die Vita an den Abt der zu verehrenden Kongregation P. (Pilgrim v. St. Burkard? Abt 1130-1146). Der Autor ist unbekannt. Die älteste erhaltene Version der Vita ist aus dem Jahr 1448, aus dem Kloster Amorbach. Die Vita kann nicht von Eckehard von Aura geschrieben worden sein, er starb am 20. Februar 1126.
Vita Prima Bonifatius	Nach 755	Heinrich Wagner, in 2000	Geschrieben von Bischof Willibald von Eichstätt, gest. 787/788. Auf Veranlassung von Bischof Lullus von Mainz, gest. 786, und Bischof Megingaud von Würzburg, gest. 783 in Neustadt a. Main.

Tab. 11: Die Informationen zu den Viten von Kilian, Burkard und Bonifatius, nach Klaus Weyer.

Abkürzungen

AHVUfr	Archiv des historischen Vereins von Unterfranken und Aschaffenburg
Bearb.	Bearbeitet
BLfD	Bayerisches Landesamt für Denkmalpflege
GHK	Geschichts- und Heimatverein Kreuzwertheim
GMV Lohr	Geschichts- und Museumsverein Lohr
FSGA	Freiherr von Stein Gedächtnis Ausgabe
HL	Heimatland, Heimatkundliche Beilage zur Lohrer Zeitung
Hrsg.	Herausgeber
Jhd.	Jahrhundert
LK	Landkreis
Mfrk Jb	Mainfränkisches Jahrbuch
MGH	Monumenta Germaniae Historica, unter anderem
SS rer. Lang.	Scriptores rerum Langobardicarum
SS rer. Merov.	Scriptores rerum merovingicarum
DD Karol.	Diplomata Karolinorum
SS rer. Germ.	Scriptores rerum Germanicarum in usum scholarum
QFW	Quellen und Forschungen zur Geschichte des Bistums und Hochstifts Würzburg
u. a.	unter anderen
Vgl.	Vergleiche
WDGB	Würzburger Diözesan Geschichts-Blätter
zfv	Zeitschrift für Geodäsie, Geoinformation und Landmanagement
ZRG	Die Zeitschrift für Rechtsgeschichte (ZRG, auch Savigny-Zeitschrift).

Quellen

Annales regni Francorum: Hrsg. Reinhold Rau, in FSGA V, Darmstadt 1968, S. 1-155.

Bonifatiusbriefe: Latein und Übersetzung, Siehe Rau, Reinhold 1986: S.24-356.

Codex Diplomaticus Fuldensis: Dronke, Ernst Friedrich Johann, Kassel 1850.
Codex Eberhardi des Kloster Fulda: Hrsg. Heinrich Meyer zu Ermgassen, Historische Kommission für Hessen 58, Band 1+2 Marburg 1995/1996, Band 3 Marburg 2007.

Decem Libri Historiarum: Gregor von Tours, Hrsg. Rudolf Buchner, 2 Bände, in FSGA II und III, Darmstadt 1967.

Die Lebensbeschreibungen Bischoff Burchards von Würzburg: Hrsg. Barlava, Desiré, Vita antiquior – Vita posterior – Vita metrica, MHG SS rerum Germanicarum in usum scholarum separatimediti LXXVI, Hannover 2005. Online, abgerufen am 29.06.2024.
https://www.dmgh.de/mgh_ss_rer_germ_76/index.htm#page/III/mode/1up

Die Urkunden der Merowinger: Monumenta Germaniae Historica, nach Vorarbeiten von Carl-Richard Brühl, herausgegeben von Theo Kölzer unter Mitwirkung von Martina Hartmann und Andrea Stieldorf, 2 Bände, Hannover 2001, Online, abgerufen am 29.06.2024.
https://www.dmgh.de/mgh_dd_merov_2/index.htm#page/(III)/mode/1up

Die Urkunden der Arnulfinger: Monumenta Germaniae Historica, Hrsg. Ingrid Heidrich, Hannover 2011. Onlin, abgerufen am 29.06.2024.
https://www.dmgh.de/mgh_dd_arnulf/index.htm#page/III/mode/1up

Die Urkunden der Karolinger: Monumenta Germaniae Historica, Band 1. **Pippin, Karlmann und Karl der Große** (DD Karol. I). Unter Mitwirkung von Alfons Dopsch, Johann Lechner, Michael Tangl, bearb. von Engelbert Mühlbacher, Hannover 1906. Online, abgerufen am 29.06.2024.
https://www.dmgh.de/mgh_dd_karol_i/index.htm#page/(III)/mode/1up

Die Urkunden der Karolinger: Monumenta Germaniae Historica, Band 2, Erster Teil. **Die Urkunden Ludwigs des Frommen**. Unter Mitwirkung von Jens Peter Clausen, Daniel Eichler, Britta Mischke, Sarah Patt, Susanne Zwierlein u.a., bearb. von Theo Kölzer, Wiesbaden 2016. Online, abgerufen am 29.06.2024.
https://www.dmgh.de/mgh_dd_ldf_1/index.htm#page/III/mode/1up

Die Urkunden der Karolinger: Monumenta Germaniae Historica, Band 2, Zweiter Teil. **Die Urkunden Ludwigs des Frommen**. Unter Mitwirkung von Jens Peter Clausen, Daniel Eichler, Britta Mischke, Sarah Patt, Susanne Zwierlein u.a., bearb. von Theo Kölzer, Wiesbaden 2016. Online, abgerufen am 29.06.2024.

https://www.dmgh.de/mgh_dd_ldf_2/index.htm#page/III/mode/1up

Die Urkunden der Karolinger: Monumenta Germaniae Historica, Band 2, Dritter Teil.

Die Urkunden Ludwigs des Frommen. Unter Mitwirkung von Jens Peter Clausen, Daniel Eichler, Britta Mischke, Sarah Patt, Susanne Zwierlein u.a., bearb. von Theo Kölzer, Wiesbaden 2016. Online, abgerufen am 29.06.2024.
https://www.dmgh.de/mgh_dd_ldf_3/index.htm#page/III/mode/1up

Die Urkunden der Karolinger: Monumenta Germaniae Historica, Band 3.

Die Urkunden Lothars I. und Lothars II. bearb. von Theodor Schieffer, Berlin 1966. Online, abgerufen am 29.06.2024.
https://www.dmgh.de/mgh_dd_lo_i__dd_lo_ii/index.htm#page/(III)/mode/1up

Die Urkunden der Karolinger: Monumenta Germaniae Historica, Band 4.

Die Urkunden Ludwigs II., bearb. von Konrad Wanner, München 1994. Online, abgerufen am 29.06.2024.
https://www.dmgh.de/mgh_dd_lu_ii/index.htm#page/(III)/mode/1up

Die Urkunden der deutschen Könige und Kaiser: Monumenta Germaniae Historica, Band 1. **Die Urkunden von Konrad I., Heinrich I. und Otto I.,** Hrsg. Gesellschaft für ältere deutsche Geschichtskunde, Hannover 1879-1884. Online, abgerufen am 29.06.2024.
https://www.dmgh.de/mgh_dd_ko_i__dd_h_i__dd_o_i/index.htm#page/(t01)/mode/1up

Die Urkunden der deutschen Könige und Kaiser: Monumenta Germaniae Historica, Band 2. **Die Urkunden von Otto II. und Otto III.,** Hrsg. Gesellschaft für ältere deutsche Geschichtskunde, Hannover 1888. Online, abgerufen am 29.06.2024.
https://www.dmgh.de/mgh_dd_o_ii__dd_o_iii/index.htm#page/(t01)/mode/1up

Die Urkunden der deutschen Könige und Kaiser: Monumenta Germaniae Historica, Band 3. **Die Urkunden von Heinrich II. und Arduins,** Hrsg. Gesellschaft für ältere deutsche Geschichtskunde, Hannover 1900-1903. Online, abgerufen am 29.06.2024.
https://www.dmgh.de/mgh_dd_h_ii/index.htm#page/(III)/mode/1up

Historia Langobardorum: In: Paulus Diakonus und die Geschichtsschreiber der Langobarden, übersetzt von Otto Abel, herausgegeben von Alexander Heine, Stuttgart 1986.

Fredegar Chronik: Hrsg. Andreas Kusternig, in FSGA III, Darmstadt 1982-a, S. 1-271.

Fredegar Chronik-Fortsetzung: Hrsg. Herbert Haupt, in FSGA III, Darmstadt 1982-b, S. 272-325.

Fries, Lorenz: Würzburger Chronik der Bischöfe von Würzburg und Herzoge zu Franken, Band I, Hrsg. Verlag Bonitas-Bauer, Würzburg 1961.

Fries, Lorenz: Würzburger Chronik der Bischöfe von Würzburg und Herzoge zu Franken, Band II, Hrsg. Verlag Bonitas-Bauer, Würzburg 1963.

Fries, Lorenz: Chronik der Bischöfe von Würzburger Chronik, Band I, Würzburg 1992. Hrsg. Ulrich Wagner; Walter Ziegler, bearb. Thomas Heiler; Axel Tittmann; Walter Ziegler.

Leben und Leiden des heiligen Emmeram: Arbeo Bischof von Freising, übersetzt von Bernhard Bischoff, Regensburg 1985.

Liber Historiae Francorum: Hrsg. Herbert Haupt, in FSGA III, Darmstadt 1982, S. 329-379.

Passio major Sancti Kiliani: Übersetzung der jüngeren Passio, siehe Bigelmair, Andeas 1952, und Wittstadt, Klaus 1984.

Passio minor Sancti Kiliani: Übersetzung der älteren Passio, siehe Bigelmair, Andreas 1955, und Wittstadt, Klaus 1984.

Sueton Tiberius: Übersetzung siehe Blank-Sangmeister, Ursula 2015.

Tacitus Annalen: Übersetzung siehe Sontheimer, Walther 2013.

Urkundenbuch der Abtei Sanct Gallen: ed. Von Wartmann, Hermann 1863.

Velleius Paterculus: Übersetzung siehe Giebel, Marion 2019.

Vita Bonifatii Auctore Willibaldo: Latein und Übersetzung, siehe Rau, Reinhold 1968, S. 454-525.

Vita Karoli Magni: Einhard, Hrsg. Reinhold Rau, in FSGA V, Darmstadt 1982, S. 157-211.

Vita Sancti Burkardi Episcopi: Übersetzung der älteren Vita, siehe Wittstadt, Klaus 1986.

Vita Sancti Burkardi Episcopi Wirziburgensis: Übersetzung der jüngeren Vita, siehe Schmitt, Joachim 1986.

Wirtzburgische Chronick: Ignatius Gropp, Wirtzburg 1750.

Würzburger Bischofschronik des Grafen Wilhelm Werner von Zimmern: Von 1550, Hrsg. Wilhelm Engel, Würzburg 1952.

Literaturhinweise

Abel, Otto: Paulus Diakonus, Geschichte der Langobarden (Historia Langobardorum), Stuttgart 1986.
Armbruster, Fritz: Killian aller Franke, Mönch aus Irland, Würzburg 1989.

Bach, Rainer: Die Bistumsgründungen des Bonifatius, in: WDGB, 54. Band, S. 37-53, Würzburg 1992.
Bartels, Karl Heinz; Müller-Jahncke, Wolf-Dieter: Medizin und Pharmazie in der Benediktiner Abtei Neustadt am Main, Lohr 1978.
Bauer, Reinhard: Die älteste Grenzbeschreibungen in Bayern und ihre Aussagen für Namenkunde und Geschichte, München 1988.
Die Hammelburger Markbeschreibung, S. 3-27, mit Tafel 1 und Karte 2. Die Würzburger Markbeschreibungen, S. 28-66 mit Karte 3 und Tafel 2-4. Die Grenzbeschreibung des Klosters Neustadt am Main, S. 67-80 mit Karte 4. Die Grenzbeschreibung des Gebietes im Spessart bei Marktheidenfeld, S. 81-91 mit Karte 5 und Tafel 5.
Bayer, Adolf; Huttenberg, Erich: Herbipolis Sacra, Würzburg 1948.
Becher, Matthias: Drogo und die Königserhebung Pippins, in: Frühmittelalterliche Studien, Uni Münster, Band 23, S. 131-153, Münster 1989.
Becher, Matthias: Neue Überlegungen zum Geburtsdatum Karls des Großen, in: Francia Forschungen zur westeuropäischen Geschichte, Band 19, S. 37-60, Ostfildern 1992.
Becher, Matthias: Der sogenannte Staatsstreich Grimoalds. Versuch einer Neubewertung, in: Beihefte der Francia, Band 37, Ostfildern 1994.
Becher, Matthias: Eine verschleierte Krise. Die Nachfolge Karl Martells 741 und die Anfänge der karolingischen Hofgeschichtsschreibung, in: Von Fakten und Fiktionen – Mittelalterliche Geschichtsdarstellungen und ihre kritische Aufarbeitung, S. 95-134, Köln 2003.
Becher, Matthias: Kirchenreform und fränkische Herrschaft. Eine Reise nach Rom, ein Hilferuf und ein Reich ohne König, Bonifatius in den letzten Jahren Karl Martells, in: Quellen und Abhandlungen zur Mittelrheinischen Kirchengeschichte, Band 121, Seite 231-253, Mainz 2007.
Beck, Wolfgang: Die Würzburger Markbeschreibungen, Aspekte einer Neubewertung in: Sprachwissenschaft, Jahrgang 38, Ausgabe II, S. 211-226, Heidelberg 2013.
Behrens, Ernst; zu Eltz, Peter: Sotheby`s, Wertvolle Bücher, Dekorative Graphik, München 1985.
Bendel, Franz Josef: Vita Sancti Burkardi, lateinischer Text der jüngeren Lebensbeschreibung des hl. Burkard Bischof von Würzburg, Paderborn 1912.
Bergemann, Fritz: Albrecht Dürer, Tagebuch der niederländischen Reise, Leipzig 1914.
Betz Hermann: Die älteste Urkunde über das Kloster Schönrain,
Biel, Jörg; Krause Dirk: Frühkeltische Fürstensitze, älteste Städte und Herrschaftszentren nördlich der Alpen? Esslingen 2012.
Bigelmair, Andreas: Die Passio des heiligen Kilian und seiner Gefährten, Teil 1, in: Herbipolis Jubilans, 1200 Jahre Bistum Würzburg, Festschrift zur Säkularfeier der Erhebung der Kiliansreliquien, WDGB 14./15. Jahrgang 1952/53, S. 1-25, Würzburg 1952.

Übersetzter Text der Passio minor Sancti Kiliani, S. 1-4. Übersetzter Text der Passio maior Sancti Kiliani, S. 5-12.

Bigelmair, Andreas: Die Passio des heiligen Kilian und seiner Gefährten, Teil 2, in: WDGB, 16./17. Jahrgang (1954/55), S. 104-130, Würzburg 1955.

Blank-Sangmeister, Ursula: Sueton Tiberius, Lateinisch/ Deutsch, Stuttgart 2015.

Bleiken, Jochen: Augustus, eine Biografie, Berlin 1998.

Boeckelmann, Walter: Grundformen im frühkarolingischen Kirchenbau des östlichen Frankenreiches, in FS, Eberhard Hempel zum 70. Geburtstag, S. 27-69, Berlin 1956.

Boeckelmann, Walter: Die Stiftskirche zu Neustadt am Main, Berlin 1965.

Böhne, Winfried: Bischof Burchard von Würzburg und die von ihm benutzten liturgischen Bücher, WDGB 50. Band, S.43-56, Würzburg 1988.

Bosl, Karl: Franken um 800, Strukturanalyse einer fränkischen Königsprovinz. München 1959.

Brandt, Hans Jürgen; Hengst, Karl: Die Bischöfe und Erzbischöfe von Paderborn, Paderborn1984.

Bräunig, Rene: Die Sachsen und das Reich der Franken, Kirchliche Organisierung. Die Bistümer Paderborn Halberstadt. 2003.

Bröstler, Horst: Das ehemalige Kloster Mattenstatt und die neue Kapelle St. Killian, Marktheidenfeld 2009.

Brunner, Karl: Oppositionelle Gruppen im Karolingerreich, Köln 1979. Rezension von Peter Johanek im Mainfränkisches Jahrbuch für Geschichte und Kunst, 33 Band, S. 291-293, Würzburg 1981.

Butzen, Rainer: Mainfranken im Reich der Merowinger und frühen Karolinger, in: Erichsen / Brockhoff, S. 247-256.

Büll, Franziskus Lotar: Die Grafen von Castell – Nachkommen der Mattonen, in: Land zw. Main und Steigerwald im Mittelalter, S. 185-232, Erlangen 1998.

Büll, Franziskus Lotar: Baubeginn und Patrozinien der Klosterkirchen der Benediktinerabtei Neustadt am Main, in: Studien und Mitteilungen zur Geschichte des Benediktinerordens und seiner Zweige, Band 111, S. 299-307, St. Ottilien 2000.

Büll, Franziskus Lotar: Das Frauenkloster Münsterschwarzach, in Münsterschwarzacher Studien, Band 55, S. 23-42, Münsterschwarzach 2016.

Büll, Franziskus Lotar: Die Gründung der Benediktinerabtei Megingaudshausen von 816 und ihr erster Abt Benedikt, in Münsterschwarzacher Studien, Band 55, S. 135-143, Münsterschwarzach 2016.

Büll, Franziskus Lotar; Finkel, Justus: Benedikt von Aniane und die Beschlüsse des Aachener Konzils im Jahre 816, in Münsterschwarzacher Studien, Band 55, S. 145-156, Münsterschwarzach 2016.

von Bundschuh, Benno: Vom Benediktinerabt zum Superintendenten, Neu aufgefundene Briefe des Johannes Fries, ehemaligen Abtes von Neustadt/M. in: WDGB-Jahrgang 35/36, S. 177-195, Würzburg 1974.

Burchhardt, Clemens., Becker, Rudolf., Boeck, Urs., Raba, Manfred.: Bistum Verden, 770-1648, Verden 2001.

Büttner, Heinrich: Rezession: Franken um 800, in: WDGB 22. Jahrgang, S. 177-195, Würzburg 1960.

Christ, Günter: Lohr am Main, Der ehemalige Landkreis, München 2007.

Cramer, Claus; Pattloch, Paul: Landeshoheit und Wildbann im Spessart, Mit einem Exkurs über die Forstgrenzen im 10. und 11. Jahrhundert, in: Aschaffenburger Jahrbuch Band I, S. 51-123, Aschaffenburg 1952.

Dienemann, Joachim: Der Kult des heiligen Kilian im 8. und 9. Jahrhundert, Veiträge zur geistigen und politischen Entwicklung der Karolingerzeit, QFW Band X, Würzburg 1955.
Dittmaier, Heinrich: Die (H)Lar- Namen, Sichtung und Deutung, Köln 1963.

E., J.: Eine einzigartige Darstellung des zweiten Bischofs Megingaud auf dem Fritzlarer Wibgertschrein, in: 1250 Jahre Bistum, S. 271-272, Würzburg 1992.
Eckstein, Rudolf; Büll Franziskus Lotar; Hörning Dieter: Die Ostung mittelalterlicher Klosterkirchen des Benediktiner- und Zisterzienserordens, in: Studien und Mitteilungen zur Geschichte des Benediktinerordens und seiner Zweige, Band 106, Heft I, St. Ottilien 1995.
Eggenstein, Georg; Börste, Norbert; Zöller, Helge; Zahn-Biemöller, Eva (Hrsg.): Eine Welt in Bewegung, unterwegs zu Zentren des frühen Mittelalters, Begleitbuch der Gemeinschaftsausstellung in Paderborn und Würzburg, München 2008.
Ehmer, Hermann: Geschichte der Grafschaft Wertheim, Wertheim 1989.
Emmert, Jürgen: Neumünster Würzburg, Würzburg 2009.
Engel, Wilhelm: Paul Schöffel Herbipolis Sacra, Zwei Untersuchungen zur Geschichte des Bistums Würzburg im frühen und hohen Mittelalter, Würzburg 1948.
Engel, Wilhelm: Vogtei-Irrungen der Abtei Neustadt am Main (1150-1474), in: ZRG Kanonistische Abteilung, Band 36, S. 399-415, Weimar 1950.
Ettel, Peter; Rödel, Dieter: Castellum und villa Karloburg, in: 1250 Jahre Bistum Würzburg, S. 297-318, Würzburg 1992.
Ettel, Peter: Der Siedlungskomplex Karlburg bei Würzburg im 8. Jh. mit Burg, Königshof und Kloster, in: Der Südwesten im 8. Jahrhundert aus historischer und archäologischer Sicht, S. 283-312, Ostfildern 2004.
Ewig, Eugen: Die Merowinger und das Frankenreich, Stuttgart 1993.

Feineis, Dieter Michael: Überblick über die Geschichte der Herrschaft Klingenberg bis zum Beginn des 16. Jahrhunderts, WDGB 54. Band, S. 153-176, Würzburg
Feulner, Adolf: Neustadt a. Main, in: Die Kunstdenkmäler von Bayern, Bezirksamt Lohr, S. 56-88, München 1914.
Fischer, Hermann: Beiträge zur Orgelgeschichte der ehemaligen Abtei Neustadt am Main, in: WGDB-Jahrgang 30, S. 251-257, Würzburg 1968.
Fischer, Hermann; Wohnhaas, Theodor: Die Säkularisation und ihre Auswirkung aus den Orgelbestand in den ehemaligen fränkischen Kloster- und Stiftskirchen, WDGB, Band 65, Würzburg 2003.
von Freeden, Max. H.: Festung Marienberg, Würzburg 1982.
Freise, Eckhardt: Die Sachsenmission Karl des Großen und die Anfänge des Bistums Minden, in: An Weser und Wiehen, FS für Wilhelm Brepohl, S. 57-100, Minden 1983.
Friese, Alfred: Studien zur Herrschaftsgeschichte des fränkischen Adels, Der mainländisch-thüringische Raum vom 7. bis 11. Jahrhundert, Stuttgart 1979. Exkurs 1, Zu den hochmittelalterlichen Urkundenfälschungen des Klosters Neustadt am Main, S. 139-162.

Gerlach, Klaus: Der Grenzverlauf der Hammelburger Markbeschreibung des Jahres 777, in: WDGB 58. Band, S. 61-73, Würzburg 1996.

Giebel, Marion: Velleius Paterculus, Historia Romana, Römische Geschichte, Lateinisch/ Deutsch, Stuttgart 2019.

Glück, Paul: Die Festung Marienberg ob Würzburg, Würzburg 1951.

Goetz, Hans-Werner: Karl Martell und die Heiligen. Kirchenpolitik und Maiordomat im Spiegel der spätmerowingischen Hagiographie, in: Beihefte der Francia, Band 37, Ostfildern 1994.

Grisenti, Franco; Bertozzi, Giuseppe: Monasterium quod Bercetum dicitur, Berceto 2005.

Grübel, Sybille; Hartung, Sandra; Aull, Udo: Festschrift 1250 Jahre Neustadt a. Main. Gemeinde Neustadt a. Main 2019.

Gschlößl, Roland: Kirchen über Kultplätzen, in: Bayerische Archäologie II, S. 31-37, Regensburg 2012.

Hachmann, Rolf: Die Germanen, Genf 1971.

Haindl, Erika: Neustadt am Main, Biografie eines Dorfes, Würzburg 1994.

Hamann, Stefanie: Zur Chronologie des Staatsstreiches Grimoalds in: Deutsches Archiv für Erforschung des Mittelalters, Band 59, S. 49-96, Köln 2003.

Hartmann, Florian: Nochmals zur sogenannten Pippinischen Schenkung und zu ihrer Erneuerung durch Karl den Großen, in: Francia – Forschungen zur westeuropäischen Geschichte, Band 37, Ostfildern 2010.

Hartmann, Florian: Die Adoption von Karl Martells Sohn durch den Langobardenkönig Liutprand im Kontext ihrer Zeit, in: Frühmittelalterliche Studien Bd. 54(1), S. 87-103, Berlin 2020.

Hartmann, Martina: Pater incertus? Zu den Vätern des Gegenkönigs Chlothar IV. (717-718) und des letzten Merowingerkönigs Childerich III. (743-751), in: DA, Band 58 Heft 1, S. 1-15, Köln 2002.

Hartmann, Martina: Aufbruch ins Mittalter, Die Zeit der Merowinger. Darmstadt 2011.

Hartmann, Wolfgang: Vom Main zur Burg Trifels, vom Kloster Hirsau zum Naumburger Dom, Aschaffenburg 2004.

Hasenfuß, Josef: Hafenlohr, Windheim und Marienbrunn, Aus der Vergangenheit in die Gegenwart zur 650 Jahrfeier, Marktheidenfeld 1974.

Hasenfuß, Josef: Karbach im Zeitenwandel zur 1200 Jahrfeier, Marktheidenfeld 1975.

Heidrich, Ingrid: Die Urkunden Pippins d. M. und Karl Martells: Beobachtungen zu ihrer zeitlichen und räumlichen Streuung, in: Beihefte der Francia, Band 37, Ostfildern 1994-a.

Heidrich, Ingrid: Synode und Hoftag in Düren im August 747, in: Deutsches Archiv für Erforschung des Mittelalters, Band 50, S. 415-440, Köln 1994-b.

Heidrich, Ingrid: Die Urkunden der Arnulfinger, deperditum Nr. 82a, internet edition, Bad Münstereifel 2001.

Hellmann, Siegmund: Die Heiraten der Karolinger, in: FS Karl Theodor von Heigel, 1903.

Herrmann, Franz Xaver: Die Versinschrift für Bischof Megingoz (+ 794) im Neumünster zu Würzburg, in: WDGB Band 48, S. 133-162, Würzburg 1986.

Herrmann, Franz Xaver: Die Inschrift zu Ehren des zweiten Würzburger Bischof Meginoz, ein Zeugnis des kulturellen Aufschwungs in der Karolingerzeit, in: 1250 Jahre Bistum Würzburg, S. 69-75, Würzburg 1992.

Herrmann, Max: Siegfried I, Erzbischof von Mainz, Jena 1889.

Hlawitschka, Eduard: Zur landschaftlichen Herkunft der Karolinger, in: Rheinische Vierteljahrsblätter, Jahrgang 27, S. 1-17, Bonn 1962.

Hock, Georg: Führer durch das fränkische Luitpold Museum in Würzburg, Würzburg 1913.

Hofmann, Josef: Verstreute Blätter eines deutsch-insularen Sakramentars aus Neustadt am Main, (Würzburg-Wertheim-Leningrad), in: Mfrk Jb 9, S. 133-141, Würzburg 1957.

Hoffmann, Hartmut: Die ältere Burchardvita, die jüngere Kilianspassio und Stephan von Novara, in: Deutschen Archiv für Erforschung des Mittelalters, Band 62, Heft II, S. 485-503, Köln 2006.

Irtenhaus, Wolfgang: Ein Kalenderfragment aus Neustadt/Main (12. Jhd.), in WDGB-Jahrbuch 22, S. 105-107, Würzburg 1960.

Jahn, Joachim: Hausmeier und Herzöge, Bemerkungen zur Agilolfingisch-Karolingischen Rivalität bis zum Tode Karl Martells, in: Beihefte der Francia, Band 37, S. 317-344, Ostfildern 1994.

Janssen, Walter; Wamser, Ludwig.: Neue Ausgrabungen auf dem Michelsberg und in der Klosterkirche St. Peter und Paul in Neustadt am Main, LK Mainspessart, Unterfranken, S. 135-139, Stuttgart 1982.

Jarnut, Jörg: Miszellen, Untersuchungen zur Herkunft Swanahilds, der Gattin Karl Martells, in: Zeitschrift für Bayerische Landesgeschichte, Band 40, München 1977.

Jarnut, Jörg: Bonifatius und die fränkischen Reformkonzilien (743-748), in: Zeitschrift der Savigny-Stiftung für Rechtsgeschichte: Kanonistische Abteilung, S. 1-26, Band 65 Heft 1, Weimar 1979.

Jarnut, Jörg: Geschichte der Langobarden, Stuttgart 1982.

Jarnut, Jörg: Chlodwig und Chlothar – Anmerkungen zu den Namen zweier Söhne Karls des Grossen, in: Francia – Forschungen zur westeuropäischen Geschichte, S. 645-651, Band 12, Paris 1984.

Jarnut, Jörg: Agilolfingerstudien, Stuttgart 1986.

Jarnut, Jörg: Alemannien zur Zeit der Doppelherrschaft der Hausmeier Karlmann und Pippin, in: Beihefte der Francia, Band 22, S. 57-66, Sigmaringen 1990.

Jarnut, Jörg: Ein Bruderkampf und seine Folgen: Die Krise des Frankenreiches (768-771), in: Herrschaft, Kirche, Kultur Beiträge zur Geschichte des Mittelalters, S. 165-176, Stuttgart 1993.

Jarnut, Jörg: Die Adoption Pippins durch König Liutprand und die Italienpolitik Karl Martells, in: Beihefte der Francia, Band 37, Karl Martell in seiner Zeit, S. 217-226, Ostfildern1994.

Jarnut, Jörg; Nonn, Ulrich; Richter, Michael: Karl Martell in seiner Zeit, Sigmaringen 1994.

Joch, Waltraud: Karl Martell – Ein minderberechtigter Erbe Pippins? In: Karl Martell in seiner Zeit, S.149-169, Beihefte der Franca, Band 37, Sigmaringen 1994.

Johanek, Peter: Die Frühzeit der Siegelurkunde im Bistum Würzburg, QFW Band XX, Würzburg 1964.

Johanek, Peter: Rezession: Oppositionelle Gruppen im Karolingerreich, in: Mainfränkisches Jahrbuch, S. 113, Würzburg 1983.

Jürgensmeier, Friedhelm: Das Bistum Mainz, Von der Römerzeit bis zum II. Vatikanischen Konzil, Band II, Frankfurt am Main 1988.

Kaiser, Reinhold: Die Zeit Karl Martells – eine Umbruchphase des frühen Mittalalters? in: Historische Zeitschrift, Band 262, München 1997.

Kaiser, Reinhold; Scholz, Sebastian: Quellen zur Geschichte der Franken und der Merowinger vom 3. Jahrhundert bis 751, Stuttgart 2012

Kamradt, Marco: Die frühfränkische Historiographie und die Schlacht von Vinchy am 21. März 717, in: Concilium medii aevi 10, S. 153-166, Paderborn 2007

Kaspar, Adelhard: Zur inneren Geschichte der Abtei Neustadt am Main, in: WDGB-Jahrgang 30, S. 208-227, Würzburg 1968-a.

Kaspar, Adelhard: Porträts und Wappen von Neustädter Äbten, in: WDGB-Jahrgang 30, S. 258-259, und 7 Abbildungen, Würzburg 1968-b.

Keller, Walter E.: Der Karlsgraben, Fossa Carolina, Treuchtlingen 1993.

Kleineberg, Andreas; Knobloch, Eberhard; Lelgemann, Dieter: die Weltkarte des Klaudios Ptolemaios – geodätisch entzerrt, in: Spektrum der Wissenschaft, S. 88-93, Heidelberg 2006.

Kleineberg, Andreas.; Marx, Christian; Knobloch, Eberhard.; Lelgemann, Dieter.: Germania und die Insel Thule, Darmstadt 2010.

Kleinebertg, Andreas: Marx, Christian; Knobloch, Eberhard; Lelgemann, Dieter: Die antike Karte von Germania des Klaudios Ptolemaios, in: zfv, Jahrgang 136, S. 105-112, Augsburg 2011.

Kleineberg, Andreas; Marx, Christian; Lelgemann, Dieter: Europa in der Geographie des Ptolemaios, Darmstadt 2012.

Kolb; Peter: Miszellen zur vermögensmäßigen Ausstattung der Juliusspitalstiftung in Rothenfels, Kloster Mattenstatt – Mainfähre Hafenlohr, in: Mainfränkisches Jahrbuch, Band 35, S. 24, Würzburg 1983.

Kolb, Peter; Krenig, Ernst-Günter: Unterfränkische Geschichte, Band I, von der germanischen Landnahme bis zum hohen Mittelalter, Würzburg 1989.

Koller, Rudolf: Grabhügel Wallanlagen Burgställe, Archäologische Ziele rund um Marktheidenfeld, Marktheidenfeld 2011.

Kölzer, Theo: Die letzten Merowingerkönige: rois faineants? In: Der Dynastiewechsel von 751, hsg. von Matthias Becher und Jörg Jarnut, S. 33-60, Münster 2004.

Kölzer, Theo: Zwischen Tradition und Innovation: Die Urkunden Kaiser Ludwigs des Frommen, Paderborn 2014.

Kölzer, Theo: Hartmann, Martina; Stieldorf, Andrea: Die Urkunden der Merowinger, München 2001.

Konrad, Ruprecht: Hartrat – Rebell gegen Karl den Großen (785/86). Ein Nachtrag zum Gedenkjahr 814, Langenweißbach 2014.

Kraus, Johann Adolph: Beschreibung des zu Neustadt a. M. gefundenen Taufsteins, in: AHVUfr 9, H. 3, S. 110-112, Würzburg 1848.

Kraus, Johann Adolph: Urkundliche Nachrichten über das Kloster Einsiedel im Spessart, in: AHVUfr 9, H. 3, S. 122-139, Würzburg 1848.

Kraus, Johann Adolph: Die Benediktiner-Abtei Neustadt am Main, Historische Monografie, Würzburg 1856.

Krüger, Karl Heinrich: Königskonversionen im 8. Jhd., Frühmittelalterliche Studien 7, 1973, S. 169-222.

Kuhn, Rudolf Edwin: Kloster Neustadt am Main, Versuch zur Ausdeutung von Funden aus dem Abbruch der Klosterruine, Lohr 1963.

Kuhn, Rudolf Edwin: Die Bauornamentik des St. Killiansdoms in Würzburg um die Zeit des heiligen Bruno, in: WDGB 46. Band, S. 133-181, Würzburg 1984-a.

Kuhn, Rudolf Edwin: Die Allerheiligenkapelle – Die Kapelle Annuntiationis Mariae, Grabungen auf dem Würzburger Paradeplatz, durchgeführt 1944/45 unter Leitung von Prof. Clemens Schenk, in: WDGB 46. Band, S. 182-254, Würzburg 1984-b.

Kuhn, Rudolf Edwin: Vorromanische Plastiken in der Neumannkirche zu Holzkirchen, in: WDGB 54. Band, S. 109-124, Würzburg 1992.

Langhans, Rudolf; Bippus, Bernd: Festschrift zur 1200-Jahr-Feier des Klosters Neustadt am Main, Festausschuss Neustadt am Main 1969.

Leng, Rainer: Ein Würzburger Necrolog aus dem 9. Jahrhundert, in: Deutsches Archiv für Erforschung des Mittelalters, Jahrgang 63, Köln 2007.

Levison, Wilhelm: Vitae Sancti Bonifatii Archiepiscopi Moguntini, Hannover 1905. MGH SS rer. Merov. 5.

Lindner, Klaus: Untersuchungen zur Frühgeschichte des Bistum Würzburg und das Würzburger Raumes, Göttingen 1972.

Link, Georg: Beschreibung der Benedictinerabtei, Neustadt am Main, Festgabe zur feierlichen Einweihung der ehemaligen Abteikirche daselbst, Würzburg 1872.

Link, Georg: Klosterbuch der Diöcese Würzburg, Band I, Geschichte der Benediktinerklöster, Würzburg 1873.

Link, Georg: Klosterbuch der Diöcese Würzburg, Band II, Geschichte der übrigen Klöster und klösterlichen Institute, Würzburg 1876.

Link, Georg: Hundertjähriges Wiesen- und Leidensbuch einer katholischen Pfarrei im Königreich Bayern, Neustadt am Main 1892.

Loibl, Werner: Der Vater der Fürstbischöflichen Erthals, Philipp Christoph von und zu Erthal, Aschaffenburg 2016.

Maier, Bernhard: Die Kelten, ihre Geschichte von den Anfängen bis zur Gegenwart, München 2000.

Mälzer, Gottfried: Das Evangeliar des heiligen Burkard, in: 1250 Jahre Bistum Würzburg, S. 49-68, Würzburg 1992.

Märtin, Ralf-Peter: Die Varusschlacht, Frankfurt am Main 2008.

Mikoletzky, Hanns Leo: Karl Martell und Grifo, in: Festschrift Edmund E. Stengel zum 70. Geburtstag, S. 130-156, Münster 1952.

Mogge, Winfried: „Dies uralt Haus auf Felsengrund", Rothefels am Main: Geschichte und Gestalt einer unterfränkischen Burg, Würzburg 2012.

Mohr, Walter: in: Studien zur Geistes- und Herrschaftsgeschichte des Mittelalters, Stuttgart 2001.

Mordeck, Hubert: Die Hedenen als politische Kraft im austrasischen Frankenreich, in: Jarnut, Jörg: Karl Martell in seiner Zeit, Beihefte der Francia, Band 37, S. 356-366, Sigmaringen 1994.

Müller, Edith; Kuhn, Burkard: Trennfeld am Main, Ein fränkisches Dorf im Wandel der Zeiten, Band IV, Trennfeld 1990.

Müller, Peter: 1153-1803 Kloster Bronnbach, 650 Jahre Zisterzienser im Taubertal, Neustadt a. A. 2003.

Nistahl, Matthias: Studien zur Geschichte des Klosters Schlüchtern im Mittelalter, Darmstadt/ Marburg 1986.

Noble, Thomas F. X: The republic of St. Peter, the birth of papal, Philadelphia 1984.

Nonn, Ulrich: Das Bild Karl Martells in mittelalterlichen Quellen, in: Beihefte der Francia, Band 37, S. 9-21, Sigmaringen 1994.

Nonn, Ulrich: Zur Vorgeschichte der Bildungsreform Karls des Großen, in: Charlemagne and his heritage, in: Karl der Große und sein Nachwirken, 1200 Jahre Kultur und Wissenschaft in Europa, Band I, Wissen und Weltbild, S. 63-77, Turnhout 1997.

Nonn, Ulrich: Die Nachfolge Karl Martells und die Teilung von Vieux-Poitiers, in: Der Dynastiewechsel von 751, Scriptorium, S. 61-73, Münster 2004.

Nonn, Ulrich: Die Franken, Suttgart 2010.

Nöth, Gertrud; Krebs, Dieter: Neuer Denkansatz zur Grenzbeschreibung von 839, in: Wertheimer Jahrbuch 2010/2011, S. 17-43, Wertheim 2012.

Nöth, Gertrud; Krebs, Dieter: Burgställe Neuenburg und Stockenhahn – Versuch einer Einordung zwischen Kloster Triefenstein, Hochstift Würzburg und Reichspolitik, in: Wertheimer Jahrbuch 2013/2014, Wertheim 2015.

Nöth, Gertrud: Die Ritter von Espelbach, Esselbach 2021.

Oswald, Friedrich; Plagemann, Volker: Die ehemalige Benediktinerabteikirche in Neustadt am Main, in: WDGB-Jahrgang 30, S. 228-250, und 9 Abbildungen, Würzburg 1968.

Padberg, von Lutz E.: Bonifatius, Missionar und Reformer, München 2003.

Pauler, Roland: Karl der Große, Der Weg zur Kaiserkrönung, Darmstadt 2009.

Peters, Michael: Geschichte Frankens, vom Ausgang der Antike bis zur Gegenwart, Hamburg 2013.

Peterson, Jürgen: Zur geographisch-politischen Terminologie und Datierung der Passio major sankti Kiliani, Jahrbuch für fränkische Landesforschung, Band 52, Neustadt a. A. 1992.

Peterson, Jürgen: Die Kilians- und Burkardsviten der frühen und hohen Mittelalter, in: WDGB-Band 70, S.13-44, Würzburg 2008-a,

Peterson, Jürgen: Franken im Mittelalter, Ostfildern 2008-b.

Pleticha-Geuder, Eva: Ex Bibliotheca Monasterii Neustatt ad Moenum, Zur Geschichte der Bibliothek von Kloster Neustadt am Main bis zur Säkularisation, in: Kostbare Bücher aus drei alten fränkischen Bibliotheken Bronnbach, Kleinheubach, Neustadt a.M. / Peter Kolb (Hrsg.); Beiträge zur Bibliotheksgeschichte und Katalog des 1985 ersteigerten Bestandes, S. 69-112, Würzburg 1988.

Rau, Reinhold: Briefe des Bonifatius, Willibalds Leben des Bonifatius, und einige zeitgenössische Dokumente, auf Basis der Übersetzungen von Michael Tangl und Philipp H. Külb neu bearbeitet, Darmstadt 1968.

Richter, Michael: Die Lange Machtergreifung der Karolinger. Der Staatsstreich gegen die Merowinger in den Jahren 747-771, in: Große Verschwörungen, S. 48-59, München 1998.

Riesenberger, Dieter: Zur Geschichte des Hausmeiers Karlmann, in: Westfälische Zeitschrift, Band 120, S. 271-285, Münster 1970.

Rohde, Dorothea; Schneider, Helmuth: Hessen in der Antike, die Chatten vom Zeitalter der Römer bis zur Alltagskultur der Gegenwart, Kassel 2006.

Rosenstock, Dirk: Zur Genealogie des mainländisch-thüringischen Herzoghauses der Heden, in: 1250 Jahre Bistum Würzburg, S. 31-34, Würzburg 1992.

Rost, Alfred: St. Gertraud, Würzburg,1996.

Rückert, Peter: Ravensburg und Falkenburg, die Geschichte zweier Burgen in der Stauferzeit, Würzburg 1992.

Rückert, Peter: Der Mord an Bischof Konrad von Würzburg in Jahr 1202, in: Mainfränkisches Jahrbuch, Band 48, S. 271-285, Würzburg 1996.

Ruf, Alfons: Die Pfarrkirche St. Michael. In Lohr und ihre Baugeschichte, Lohr 1983.

Ruf, Alfons: 800 Jahre Pflochsbach und Sendelbach, Lohr am Main 1992.

Ruf, Alfons: 1200 Jahre Lohr a. Main. Karolingische Kolonisation am Ostrand des Spessarts, Lohr 2003.

Ruf, Theodor: Die Grafen von Rieneck, I. Genealogie 1085 bis 1559 und Epochen der Territorien Bildung, Würzburg 1984-a.

Ruf, Theodor: Die Grafen von Rieneck, II. Herkunftstheorien und Systematik der Territorien Bildung, Würzburg 1984-b.

Ruf, Theodor: Der Name von Lohr und Lohrhaupten, in: Spessart-Zeitschrift 07-2007, 4 Seiten, Aschaffenburg 2007.

Ruf, Theodor: Lohrhaupten im Frühmittelalter, in: Spessart-Zeitschrift 07-2007, 15 Seiten, Aschaffenburg 2007.

Ruf, Theodor: Quellen und Erläuterungen zur Geschichte der Stadt Lohr am Main bis zum Jahr 1559, Lohr 2011.

Ruf, Theodor: Die Neustädter Klostermark, in: Quellen und Erläuterungen zur Geschichte von Rothenbuch im Spessart bis zum Jahr 1582, S. 41-65, Würzburg 2018.

Ruf, Theodor: Kaum Licht im Nebel. 769 – vor 1250 Jahren – wurde das Kloster Neustadt am Main (vielleicht) gegründet, in: Würzburger katholisches Sonntagsblatt 18/2019, S. 18-19, Würzburg 4. Mai 2019.

Ruf, Theodor: Kilian und die Frühzeit des Bistums Würzburg (686-803), in: Mainfränkisches Jahrbuch für Geschichte und Kunst, Band 72, S. 13-94, Würzburg 2020.

Ruf, Theodor: Die Reliquien der Heiligen Kilian, Kolonat und Totnan, in: Mainfränkisches Jahrbuch für Geschichte und Kunst, Band 73, S. 171-195, Würzburg 2021.

Ruf, Theodor: Kloster Neustadt am Main 769 (?) – 1300, Untersuchungen und Regesten, Würzburg 2022.

Sage, Walter: Die Kirche auf dem Michaelsberg bei Neustadt a. M., Landkreis Main-Spessart, in: 1250 Jahre Bistum Würzburg, S. 209-215, Würzburg 1992.

Sander, Johannes; Weiß, Wolfgang: Der Würzburger Dom im Mittelalter, Würzburg 2017.

Sander, Johannes: Die Baugeschichte des Würzburger Domes im Mittelalter, Würzburg 2021.

Sauser, Ekkart: Meingold. in: Biographisch-Bibliographisches Kirchenlexikon (BBKL). Band 21, Nordhausen 2003.

Schaelow, Karen: Kirchen und Kapellen der Pfarrei Neustadt am Main, Passau 1997.

Schäferdiek, Knut: Kilian von Würzburg, Gestalt und Gestaltung eines Heiligen, in: Iconologia Sacra, S. 314-340, Berlin 1994.

Schecher, Otto: Die Grafen von Rieneck. Studien zur Geschichte eines mittelalterlichen Hochadelsgeschlechtes in Franken. Dissertation Julius-Maximilians-Universität zu Würzburg, Schreibsatz und Offsettdruck Gugel, Lohr am Main 1963.

Schemmel, Bernhard: Sankt Gertrud in Franken, in: WDGB-Band 30, S. 7-153, Würzburg 1968.

Schieffer, Theodor: Winfrid -Bonifatius und die christliche Grundlegung Europas, Freiburg 1954.

Schieffer, Rudolf: Karl Martell und seine Familie, in: Beihefte der Francia, Band 37, Ostfildern 1994.

Schieffer, Rudolf: Die Karolinger, Stuttgart 1997.

Schimpff, Volker: Bemerkungen zu den fränkisch-thüringischen Beziehungen im ersten Drittel des 7. Jahrhunderts, in: Festschrift für Klaus-Dieter Jäger zum 70. Geburtstag, 2007.

Schimpff, Volker; Theune, Claudia: Die Heden-Orte in Thüringen, in: Concilium medii aevi vol. 11, Göttingen 1998.

Schlitzberger, Udo; Fröhlich, Klaus: Die Römer im Chattenland, Spuren römischer Präsenz in Nordhessen, Kassel 2017.

Schmitt, Joachim: Vita Sancti Burkardi Episcopi Wirzibergensis II, die Übersetzung der jüngeren Lebensbeschreibung des Burkards, in: WDGB, Band 48, S. 19-89, Würzburg 1986.

Schneider, Olaf: Die Königserhebung Pippins 751 in der Erinnerung der Karolingischen Quellen, in: Becher, Matthias und Jarnut, Jörg; Der Dynastiewechsel von 751, Scriptum, S. 243-275, Münster 2004.

Schnetz, Josef: Das Lar-Problem mit besonderer Berücksichtigung der unterfränkischen Lohrorte am Main, Würzburg 1912.

Schnetz, Joseph: Ältere Geschichte von Neustadt am Main, Lohr 1914.

Schnetz, Josef: Flurnamenkunde, München 1952.

Schöffel, Paul: Herbipolis Sacra, Würzburg 1948.

Schöffel, Paul: Amorbach, Neustadt am Main und das Bistum Verden, in: Zeitschrift für bay. Kirchengeschichte XVI, Jahrgang 9. Halbb., S. 131-143, Erlangen 1941.

Schönmann, Hans: in: in der Nähe von Margarethenhof befindet sich der älteste bekannte Brunnen des Ostspessarts, S. 47-49, Lohr 2003.

Schröder, Brigitte: Mainfränkische Klosterheraldik, Die wappenführenden Mönchsklöster und Chorherrenstifte im alten Bistum Würzburg, QFW Band XXIV, Würzburg 1971.

Schröer, Norbert: Die Annales Mettenses Priores, in Festschrift für Heinz Löwe zum 65. Geburtstag, S. 139-158, Köln 1978.

Schulze, Helmut: Das Oratorium und die Grabkirche des Bischofs Megingoz am Platz des späteren neuen „Allerheiligen-Münsters" in Würzburg, in WDGB 50. Band, S. 545-550, Würzburg 1988.

Schüll, Gernot: Dokumentation: Kloster Mattenstatt zu Hafenlohr, Hafenlohr 2009-a.

Schüll, Gernot: Dokumentation: Der Lauterhof zu Hafenlohr, Hafenlohr 2009-b.

Schüll, Gernot: Dokumentation: Das Hofgut von Hafenlohr, Hafenlohr 2011.

Schüll, Gotthard S.H.: Aus der Vergangenheit des Waldsassengaues in die Gegenwart des Landkreises Marktheidenfeld, Band I, Marktheidenfeld 1968.

Schulze, Helmut: Neue Gedanken zur Baugeschichte der Andreas-/Burkarduskirche in Würzburg, WDGB 48. Band, S. 163-180, Würzburg 1986.

Schüssler, Heinz Joachim: Die fränkische Reichsteilung von Vieux-Poitiers (742) und die Reform der Kirche in den Teilreichen Karlmanns und Pippins, in: Francia Forschungen, Band 13, S. 47-112, Sigmaringen 1985.

Schwerdtfeger, Regina E.: Kirche auf dem Weg, das Bistum Mainz, Band I, Römische und fränkische Zeit, Strasbourg 1991.

Schwerdtfeger, Regina E.: Kirche auf dem Weg, das Bistum Mainz, Band II, Mittelalter, Strasbourg 1992.

Seegrün, Wolfgang: Das Bistum Osnabrück, Band I, Das Mittelalter, Osnabrück 2011.

Seiters, J. Ch. A.: Bonifacius, der Apostel der Deutschen, Mainz 1845.

Semmler, Josef: Zur pippinidisch-karolingischen Sukzessionskrise 714-723, in: Deutsches Archiv für Erforschung des Mittelalters, Band 33, S.e1-36, Köln 1977.

Semmler, Josef: Der Dynastiewechsel von 751 und die fränkische Königssalbung, Düsseldorf 2003,

Semmler, Josef: Verdient um das karolingische Königtum und den werdenden Kirchenstaat: Fulrad von Saint-Denis, in: Festschrift Hubert Mordek, Ostfildern 2004.

Settipani, Christian: The Ancestors of Charlemagne, Addenda 1990 and January 31 2000.

Sontheimer, Walther: P. Cornelius Tacitus Annalen, Stuttgart 2013.

Sprandel, Rolf: Kilian und die Anfänge des Bistum Würzburg, in: WDGB 54. Band, S. 5-17, Würzburg 1992.

Staab, Franz: Königin Fastrada, die dritte Gattin Karls des Großen, in: Münsterschwarzacher Studien, Band 55, S. 15-21, Münsterschwarzach 2016.

Stahr, Adolf; Krenkel, Werner: SUETON, Berlin/ Weimar, 1985.

Stegerwald, Hans: Die Burg und ihre Ritter in Birkenfeld (Main-Spessart), Band VI, Güntersleben 2006.

Steidl, Bernd: Römer und Germanen am Main, Obernburg am Main 2016.

Stengel, Edmund E.: Urkundenbuch des Klosters Fulda, Band I, Marburg 1958.

Störmer, Wilhelm: Adelsgruppen im früh- und hochmittelalterlichen Bayern in: Studien zu bayerischer Verfassungs- und Sozialgeschichte, Band IV, München 1972.

Störmer, Wilhelm: Karl IV und die Grafen von Wertheim, in: (HG), Kaiser Karl IV 1316-1378, Forschungen über Kaiser und Reich, S. 547-561, Neustadt an der Aisch 1978.

Störmer, Wilhelm: Zu Herkunft und Wirkungskreis der Merowinger zeitlichen mainfränkischen Herzöge, in: Festschrift für E. Hlawitschka, S. 11-21, Kallmünz 1993.

Störmer, Wilhelm: Entwicklungstendenzen in der ostfränkischen Klosterlandschaft der Karolingerzeit, in: FS Josef Semmler, S.77-97, Sigmaringen 1998.

Störmer, Wilhelm: Bedeutende Grafen in Ostfranken und im Donaugau, in: Zeitschrift f. bayerische Landesgeschichte, S. 7-49, München 2009.

Strothmann, Jürgen: Das Königtum Pippins, in: Zeitschrift der Savigny-Stiftung für Rechtsgeschichte, Wien 2008, S. 411-429.

Tangl, Georgine: Die Passvorschrift des Königs Ratchis und ihre Beziehung zu dem Verhältnis zwischen Franken und Langobarden vom 6. – 8. Jahrhundert, in: Quellen und Forschungen aus italienischen Archiven und Bibliotheken, Band 38, S. 1-66, Bonn 1958.

Tangl, Georgine: Die Sendung des ehemaligen Hausmeiers Karlmann in das Franken-reich im Jahre 754 und der Konflikt der Brüder, in: Quellen und Forschungen aus italienischen Archiven und Bibliotheken, Band 40, Bonn 1960.

Tangl, Michael: Die Briefe des hl. Bonifatius und Lullus, Berlin 1916.

Thiel, Matthias: Urkundenbuch des Stifts St. Peter und Alexander zu Aschaffenburg, Band I, 861-1325, Aschaffenburg 1986.

Tischler, Manfred: Die Leibeigenschaft im Hochstift Würzburg vom 13. bis zum beginnenden 19. Jahrhundert, Würzburg 1963.

Tomcsyk, Leonhard: Eine Ausstellung in Lohr gibt den Kenntnissen über die Glashütte in Einsiedel eine neue Grundlage, in: Spessart-Zeitschrift 10-1995, S.23-34, Aschaffenburg 1995.

Trost, Werner: Die gleichnamigen Uferorte beiderseits des Mains, in: Mainfränkisches Jahrbuch, Band 21, S. 33,41,44, Würzburg 1969.

Ullrich, Rudolf: Urkunde König Ludwig IV über die Schenkung einiger Besitzungen aus dem Krongut an Bischof Rudolf von Würzburg im Jahr 903, in: WDGB-Band 58, S. 47-112, Würzburg 1996.

Vescoli, Michael: Der Keltische Baumkalender, über den Menschen die Zeit und die Bäume, München 1995.

Vogtherr, Thomas: Die Chronik der Verdener Bischöfe, Stade 1998.

Volk, Paulus: Das Necrologium der Benediktiner-Abtei Neustadt am Main, in WDGB 6. Jahrgang, S. 21-39, Würzburg 1938.

Völling, Thomas: Das Römerlager in Marktbreit, Erläuterungen zum Archäologischen Rundwanderweg, Würzburg 2001.

Vorstand WDGB: HERBIPOLIS JUBILANS, 1200 Bistum Würzburg, Festschrift zur Säkularfeier der Erhebung der Kiliansreliquien, Würzburg 1952.

Vorwerk, Wolfgang: „Via Publica" ein Fernweg am Ostrand des Spessarts, in: Wertheimer Jahrbuch 1997, S.291-293, Wertheim 1998.

Vorwerk, Wolfgang: „Via Publica" ein Fernweg am Ostrand des Spessarts, in: Historische Spurensuche des GMV Lohr, S. 17-46, Lohr 2000.

Vorwerk, Wolfgang: Die neue Genauigkeit der prolemäischen Ortskoordinaten von „Germania magna", in: Mainfränkischen Jahrbuch 2011, S. 7-18, Würzburg Jan 2012-a.

Vorwerk, Wolfgang: Der Landweg der Römer von Mainz zum Truppenlager Marktbreit, in: Mainfränkisches Jahrbuch 2011, S.19-90, Würzburg Jan 2012-b. Anmerkung: Auf diesen Artikel bezog sich die TU Berlin am 1.1.2011, er diente ihnen, bez. der Lokalisierung von Locoritum, als historische Information, obwohl er noch gar nicht veröffentlicht war.

Vorwerk, Wolfgang: Landwege vom römischen Mainz ins Lager Marktbreit, in: Wertheimer Jahrbuch 2010/ 2011, S.13-44, Wertheim nach Jan. 2012-c.

Vorwerk, Wolfgang: Am Ende münden alle Bäche des Spessarts in den Main, in: Wertheimer Jahrbuch 2012, S. 183-254, Wertheim 2013. (Eine merkwürdige Reaktion auf Nöth, Gertrud; Krebs, Dieter 2012).

Vorwerk, Wolfgang: Der Gütertausch zwischen Kaiser Ludwig den Frommen und Kloster Fulda anno 839, in: Wertheimer Jahrbuch 2013/ 2014, Wertheim 2015.

Wagner, Heinrich: Zur Frühzeit des Bistums Würzburg, Teil 1. in: Mainfränkisches Jahrbuch für Geschichte und Kunst 33, S. 95–121, Würzburg 1981.

Wagner, Heinrich: Die Äbte des Klosters Neustadt am Main im Mittelalter, in: WDGB 46. Band, Seite 5 -60, Würzburg 1984.

Wagner, Heinrich: Zur Frühzeit des Bistums Würzburg (II), in: WDGB 48. Band, Seite 111 – 131, Würzburg 1986.

Wagner, Heinrich: Die Äbte von St. Burkhard zu Würzburg im Mittelalter, in WDGB 50. Band, S. 11-41, Würzburg 1988.

Wagner, Heinrich: Die Zehnschenkung Pippins für Würzburg (751/2), in: 1250 Jahre Bistum Würzburg, Seite 35-38, Würzburg 1992.

Wagner, Heinrich: Die Äbte von Amorbach im Mittelalter, in: WDGB 54. Band, S. 69-107, Würzburg 1992.

Wagner, Heinrich: Die Hedene, die hl. Bilhildis und die Erstnennung von Bamberg, in: WDGB, 61. Band, S. 13-50, Würzburg 1999.

Wagner, Heinrich: Zur Neustädter Privilegienfrage, in: Archiv für Diplomatik. Band 46, S. 49–154, Köln 2000.

Wagner, Heinrich: Bonifatiusstudien, Würzburg 2003-a.

Wagner, Heinrich: Die Würzburger Bischöfe 741 – 842, in: WDGB 65. Band, S. 17-43, Würzburg 2003-b.

Wagner, Heinrich: Die Mainzer Bilihild-Urkunde vom 22. April 734, in: Mainzer Zeitschrift, Mittelrheinisches Jahrbuch für Archäologie Kunst und Geschichte, Jahrgang 103, S. 3-14, Mainz 2008-a.

Wagner, Heinrich: Die hl. Bilhildis, abgerufen im März 2014, in: www.historica.gmxhome.de/bilihild.htm, mittlerweile nicht mehr verfügbar, 7-seitiges Dokument, Nachtrag zu 2008-a vom 5.7.2008-b.

Wagner, Heinrich: Kissingen, Stadt und Altlandkreis, München 2009.

Wagner, Heinrich: Eine Quelle zur Frühgeschichte des Klosters St. Burkard zu Würzburg, in: WDGB, 72. Band, S. 347-372, Würzburg 2010.

Walter, Ludwig K.: Die Domschule in Würzburg, online als PDF, 27.07.2023.

Wamser, Egon; Périn, Patrick, Hrsg.: Königinnen der Merowinger, Adelsgräber aus den Kirchen von Köln, Saint-Denis, Chelles und Frankfurt am Main, Schnell & Steiner, Regensburg 2012.

Wamser, Ludwig: Eine thüringisch-fränkische Adels- und Gefolgschaftsgrabanlage des 6./7. Jahrhunderts bei Zeuzleben. In: Wegweiser zu vor- und frühgeschichtlichen Stätten Mainfrankens, Heft 5, Bayerisches Landesamt für Denkmalpflege, 1984.

Wamser, Ludwig: Erwägungen zur Topografie und Geschichte des Klosters Neustadt am Main und seiner Mark, in: 1250 Jahre Bistum Würzburg, S. 163 – 208, Würzburg, 1992-a.

Wamser, Ludwig: Kloster Neustadt am Main, in: 1250 Jahre Bistum Würzburg, S. 270-271, Würzburg 1992-b.

Wamser, Ludwig: Zur archäologischen Bedeutung der Karlburger Befunde, in: 1250 Jahre Bistum Würzburg, S. 319-342, Würzburg 1992-c.

Wamser, Ludwig: Die Römer zwischen Alpen und Nordmeer, Rosenheim 2000.

Weber, Karl: Die Integration des Elsass ins regnum Francorum der Karolinger, in: Die Formierung des Elsass im Regnum Francorum, S. 157-183, Aachen 2011.

Weigand, Waldemar: Das Hirsauer Priorat, Schönrein am Main, Teil I, Heft II, Lohr am Main 1951.

Weigand, Waldemar: Aus der Frühgeschichte des Klosters Neustadt am Main, Lohr 1961.

Weiß, Ludwig: Ephemeris Neostadiana, in: WDGB 30. Jahrgang, S. 154-207, Würzburg 1968.

Wendehorst, Alfred: N.F.1, Das Bistum Würzburg Teil 1, Die Bischofsreihe bis 1254, Germania Sacra, Berlin 1962.

Wendehorst, Alfred: Das Bistum Würzburg 1803 -1957, Würzburg 1965.

Wendehorst, Alfred: Die Iren und Christianisierung Mainfrankens, in: Die Iren und Europa im frühen Mittelalter I, S. 319-329, Stuttgart 1982.

Wendehorst, Alfred: Burghard – Bischof von Würzburg, in: WDGB 48. Band, Seite 91-95, Würzburg 1986.

Wendehorst, Alfred: Megingoz, in: Neue Deutsche Biografie (NDB). Band 16, Duncker & Humblot, S. 615 f. (Digitalisat), Berlin 1990.

Wendehorst, Alfred: Neustadt am Main, Die Männer- und Frauenklöster der Benediktiner in Bayern: in: Germania Benedictina II, S. 1417-1432, St. Ottilien 2014.

Werner, Matthias: Adelsfamilien im Umkreis der frühen Karolinger, Sigmaringen 1982.

Weyer, Klaus: Vom Keltenheiligtum zum karolingischen Missionskloster – Neustadt am Main, Würzburg April 2019.

Weyer, Klaus: Via publica und Heristrata, Zwei Grenzen und Fernwege im Spessart, in: Jahrbuch Kreuzwertheim 2021, Band 34, S .142 -157, Kreuzwertheim April 2022-a.

Weyer, Klaus: Die neuen Erkenntnisse zur Lokalisierung des Ptolemaios Ort Locoritum, in: Mainfränkisches Jahrbuch für Geschichte und Kunst, Band 74, S. 341-357, Würzburg 2022-b.

Wies, Ernst W.: Karl der Große, Kaiser und Heiliger, Biografie, Esslingen 2000.

Wintergerst, Eleonore: document niedermünster, Schnell-Kunstführer 2805, Regensburg 2012.

Wittstadt, Klaus: Sankt Killian, Würzburg, 1984.
Übersetzter Text der Passsio minor Sancti Kiliani, die ältere Passio, S. 14-17. Übersetzter Text der Passio maior Sancti Kiliani, die jüngere Passio, nach Andreas Bigelmair, mit modifiziertem Kap. I, S. 80-84.

Wittstadt, Klaus: Die älteste Lebensbeschreibung des heiligen Burkards – Lateinischer Text und deutsche Übersetzung, in: WDGB, 48. Band, S. 7-17, Würzburg 1986.

Wittstadt, Klaus: Die Gründung des Bistums Würzburg vor 1250 Jahren, in: WDGB, 54. Band, S. 19-35, Würzburg 1992.

Wolf, Gunther: Miszellen, Die Königssöhne Karl und Karlmann und ihr Thronfolgerrecht nach Pippins Königserhebung 750/51, in: Zeitschrift der Savigny-Stiftung für Rechtsgeschichte, S.282 – 296, Köln 1991.

Wolf, Gunther: Grifos Erbe, die Einsetzung des Königs Childerichs III. und der Kampf um die Macht – zugleich Bemerkungen um die karolingische Hofhistoriographie, in: Archiv für Diplomatik Schriftgeschichte Spiegel- und Wappenkunde, 38. Band, S. 1-16, Köln 1992a.

Wolf, Gunther: Mögliche Gründe für Karlmann d. Ä. Resignation 747, in: Zeitschrift der Savigny-Stiftung für Rechtsgeschichte, Kan. Abt., Weimar 1992b.

Wolf, Gunther: Die Qualität der fränkisch-langobardischen Verbindung 770/71 und die sonstigen Verbindungen Karls des Großen, in: Zeitschrift der Savigny-Stiftung für Rechtsgeschichte, Band 113, Köln 1996.

Wolf, Gunther: Das sogenannte „Blutgericht" von Cannstatt 746, in: Archiv für Diplomatik 44, S. 1-6. Münster i. W. 1998.

Wolf, Gunther: Die Peripetie in des Bonifatius Wirksamkeit und Resignation Karlmann d. Ä. 745/47, in: Archiv für Diplomatik, Band 45, S. 129-138, Göttingen 1999-a.

Wolf, Gunther: Einige Bemerkungen zum Tod von Karlmann d. Ä. (+ 17. August 754) und Karlmann d. J. (+ 4. Dezember 771), in: Archiv für Diplomatik, Schriftgeschichte Siegel- und Wappenkunde, Band 45, S. 317 – 344, Göttingen 1999-b.

Wolters, Reinhard: Die Römer in Germanien, München 2002.

Wood, Juliette: Die Kelten, Weisheit und Mythos, London 2000.

Zotz, Thomas: Zur Raumordnung und Geschichte einer Randzone des Frankenreiches, in: Der Südwesten im 8. Jahrhundert aus historischer und archäologischer Sicht, S. 13-30, Stuttgart 2004.

Personenregister

Abt Chrodoin von Weißenburg 30
Adaelarius 83
Adalgisel 16, 17, 30
Aed 36
Alarich 11
Alarich II. 11
Alboin 62
Alfred Friese 26
Alfred Wendehorst 42
Amalafrid 12, 13
Amalarich 13
Amalarich II. 13
Amalberga 12
Amalbert 20
Amegunde 18
Andreas 35, 48, 49, 50, 56, 98, 130, 158, 168, 176, 181
Andreas Bigelmair 35
Anna-Maria Stolze 23
Ansegisel 16, 17, 26, 59, 131
Ansprand 62, 63, 101
Anstrud 62
Apostel Andreas 49, 50, 51, 54, 56, 57, 103, 104, 130
Arbeo 67, 169
Aripert II. 62
Armarma 36
Arno Rettner 13
Arnulf 9, 15, 16, 17, 29, 59, 61, 110, 142
Arnulf von Metz 15, 16, 17, 29, 59, 61, 142
Arnuval 40
Artavasdos 84
Astronomus 74
Audofleda 10
Audovera 14, 15, 18
Aurona 62
Balthasar 55
Balthilde 20
Basine 18
Begga 16, 150
Berchar 41, 45, 52, 61
Bernard 46

Berowelf 35, 124, 125, 126, 136
Bertetrud 19
Berthar 17, 29, 52
Berthar von Scarpona 29
Bertrada 70, 87, 88, 92, 94, 95, 96, 99, 102, 104, 107, 112, 113, 119, 120, 133, 135, 136, 137, 150, 153
Bigelmair 35, 42, 169, 171, 172, 184
Bilichild 20
Bilichilde 19, 20
Bilichildis 15
Bilihild 25, 26, 27, 32, 33, 130, 136, 183
Bischof Burkard 38, 47, 51, 94, 107, 110, 133, 135
Bischof Gerold 26
Bischof Hugo 57
Bischof Moderan von Rennes 47
Bischof Remigius 9, 10, 43, 129, 140
Bischof Remigius in Rheims 10, 43, 129, 140
Bischof Rigibert von Mainz 25, 33
Bischof Rigibert von Rheims 26, 33
Bischof Virgil 68
Bodilo 20
Bonifatius 8, 22, 31, 33, 34, 36, 37, 38, 46, 47, 48, 50, 53, 54, 56, 57, 60, 66, 70, 73, 74, 78, 81, 82, 83, 84, 85, 86, 88, 89, 91, 92, 93, 94, 97, 99, 102, 103, 104, 105, 107, 108, 109, 111, 113, 124, 125, 130, 132, 133, 134, 137, 159, 160, 163, 171, 175, 178, 180, 182, 184
Brodulf 19
Brunichild 14
Brunichilde 14, 15, 18, 19, 29, 59, 129, 142
Bruno Krusch 63
Burchardus 37, 46
Burghardum 83
Burgunda 44
Burkard 8, 16, 20, 21, 27, 33, 35, 36, 37, 38, 39, 40, 41, 43, 47, 48, 49, 50, 51, 54, 56, 57, 60, 73, 82, 84, 85, 93, 94,